O PODER DO PENSAMENTO POSITIVO

Norman Vincent Peale
Hasan Abdullah Ismaik

O PODER DO PENSAMENTO POSITIVO

EDIÇÃO EXPANDIDA E COMENTADA
PARA O SÉCULO XXI

Tradução
Leonidas Gontijo de Carvalho
Marcelo Brandão Cipolla

Título original: *The Power of Positive Thinking – Interfaith 21st Century Edition*.
Copyright 1952, 1956 Prentice-Hall, Inc.
Copyright renovado © 1980 Norman Vincent Peale.
Comentário e anotações © 2022 Hasan Abdullah Ismaik.
hasanismaik.com
twitter.com/HasanIsmaik
facebook.com/HasanIsmaikOfficial
instagram.com/hasan.ismaik/
Copyright da edição brasileira © 1956, 2023 Editora Pensamento-Cultrix Ltda.
1ª edição 2023.
Todos os direitos reservados. Nenhuma parte desta obra pode ser reproduzida ou usada de qualquer forma ou por qualquer meio, eletrônico ou mecânico, inclusive fotocópias, gravações ou sistema de armazenamento em banco de dados, sem permissão por escrito, exceto nos casos de trechos curtos citados em resenhas críticas ou artigos de revistas.

A Editora Cultrix não se responsabiliza por eventuais mudanças ocorridas nos endereços convencionais ou eletrônicos citados neste livro.

Editor: Adilson Silva Ramachandra
Gerente editorial: Roseli de S. Ferraz
Preparação de texto: Marcelo Brandão Cipolla
Gerente de produção editorial: Indiara Faria Kayo
Editoração eletrônica: Join Bureau
Revisão: Claudete Agua de Melo

Dados Internacionais de Catalogação na Publicação (CIP)
(Câmara Brasileira do Livro, SP, Brasil)

Peale, Norman Vincent
  O poder do pensamento positivo: edição expandida e comentada para o século XXI / Norman Vincent Peale, Hasan Abdullah Ismaik; tradução Leonidas Gontijo de Carvalho, Marcelo Brandão Cipolla. – São Paulo: Editora Cultrix, 2023.

  Título original: The power of positive thinking
  ISBN 978-65-5736-261-7

  1. Autoajuda 2. Desenvolvimento pessoal 3. Sucesso – Aspectos psicológicos I. Ismaik, Hasan Abdullah. II. Título.

23-161263   CDD-158.1

Índices para catálogo sistemático:
1. Sucesso: Psicologia aplicada 158.1
Eliane de Freitas Leite – Bibliotecária – CRB 8/8415

Direitos de tradução para a língua portuguesa adquiridos com exclusividade pela **EDITORA PENSAMENTO-CULTRIX LTDA.**, que se reserva a propriedade literária desta tradução.
Rua Dr. Mário Vicente, 368 - 04270-000 - São Paulo, SP – Fone: (11) 2066-9000
E-mail: atendimento@editoracultrix.com.br
http://www.editoracultrix.com.br
Foi feito o depósito legal.

Para os jovens de todas as nações, raças e religiões nos quatro cantos da Terra que já estão cansados da vida, exauridos pelo excesso de pensamentos e perderam os sonhos e as esperanças, cedendo ao desespero. O mundo que vão herdar – ameaçado por pandemias, pelo aquecimento global, por guerras infindáveis, desastres naturais e crises de todo tipo, econômicas, morais e espirituais – os deixou à beira do desespero e levou-os a não crer que a vida tem um sentido. Convido-os de modo especial a adotar o poder do pensamento positivo. Armados de esperança no futuro e tendo os três Livros Sagrados para guiá-los, possam eles entender que a fé é a resposta, como foi no passado e será hoje e sempre.

– Hasan Abdullah Ismaik

SUMÁRIO

Nota à Nova Edição 9

Prólogo 11

Por que a religião? 23

Prefácio 29

Introdução 33

1 Tenha confiança em si mesmo 37

2 O espírito tranquilo gera energias 57

3 Como ter constante energia 75

4 Recorra ao poder da oração 91

5 Como criar a sua própria felicidade 113

6 Acabe com a exaltação e a agitação 131

7 Espere sempre o melhor e consiga-o 153

8 Não acredito em fracassos 175

9 Como acabar com as preocupações 191

10 Como solver os problemas pessoais 207

11	Como empregar a fé na cura	223
12	Quando a vitalidade estiver em declínio, experimente esta fórmula de saúde	243
13	O influxo de novos pensamentos poderá fazer de você um novo homem	255
14	Acalme-se para que possa adquirir facilmente novas forças	275
15	Como fazer as pessoas gostarem de você	289
16	Receita contra a amargura	303
17	Como recorrer ao poder supremo	319

Epílogo	335
Conclusão	337
Norman Vincent Peale	341
Hasan Abdullah Ismaik	343

NOTA À NOVA EDIÇÃO
Uma proposta para aumentar o alcance de um clássico atemporal para os seguidores de três grandes religiões

O inspirador *O Poder do Pensamento Positivo*, do dr. Norman Vincent Peale, é um dos livros mais influentes da era moderna. Publicado em 1952, fez sucesso de imediato, passando 186 semanas na lista de mais vendidos do *New York Times* e dando origem a todo um gênero de literatura de autoajuda. Vendeu mais de 24 milhões de exemplares no mundo inteiro e foi traduzido para 42 idiomas, sendo um deles o árabe, e foi assim que o livro atraiu a atenção de Hasan Abdullah Ismaik.

O que poderia atrair um bilionário árabe e muçulmano para a obra de um ministro protestante norte-americano que morreu quando Ismaik ainda era adolescente?

O apelo estava na força simples das duas crenças principais de Peale: que nossos pensamentos e sentimentos determinam nossas ações e que nossa vida pode ser transformada pela positividade. Para vencer a negatividade, Peale citava afirmações tiradas da Bíblia cristã. Depois de estudar as três bíblias abraâmicas,* Ismaik reconheceu na mesma hora a proximidade que havia entre as passagens selecionadas por Peale da Bíblia King James e

---

* O adjetivo "abraâmico" se refere ao patriarca Abraão, de quem descendem os fundadores das religiões judaica (Moisés), cristã (Jesus Cristo) e islâmica (Maomé). (N. do T.)

aquelas contidas no Alcorão e nos três livros da Bíblia Hebraica ou Tanakh: Torá, Nevi'im e Ketuvim.

Essa ideia poderosa inspirou este livro, uma edição do clássico à qual foram acrescentadas citações análogas do Alcorão e da Bíblia Hebraica, que ecoam e reforçam as lições bíblicas de Peale. Até agora, *O Poder do Pensamento Positivo* não representava muito bem os não cristãos. Depois de estudar os livros sagrados das três religiões abraâmicas, Ismaik, que também experimentou na própria vida a força espiritual do livro do reverendo Peale, acredita que esta "edição ecumênica", com citações, pode ressoar com membros de outras religiões, não somente levando-os a realizar todo o seu potencial, mas também despertando-os para a filosofia e as crenças que as três religiões abraâmicas têm em comum. E ele crê firmemente que os jovens desiludidos que encontra em suas viagens, de modo especial, precisam desse farol que ilumina o caminho da esperança. Que a leitura deste livro os inspire a explorar melhor a grandeza e a majestade dos livros sagrados que os guiarão a um caminho de salvação espiritual pavimentado de contemplação e paciência.

O Poder do Pensamento Positivo: Edição Comentada para o Século XXI oferece uma voz unificadora e universal em nosso mundo polarizado. A mensagem do livro é universal: quaisquer que sejam os desafios que enfrentamos, todos nós temos o poder de nos elevar mediante a superação da desconfiança em si, do ceticismo e do desespero. Peale nos conclamou a cultivar uma "confiança simples, porém sólida" capaz de "libertar a [nossa] força interior". Para alcançar essa confiança, precisamos de um fundamento mais sólido que a areia movediça dos medos e limitações humanos.

As três grandes religiões monoteístas que descendem de Abraão – o judaísmo, o cristianismo e o islamismo – oferecem, pela fé, o mesmo caminho que conduz a esse fundamento divino. Para culturas que muitas vezes são dilaceradas pelas diferenças, esta nova edição do clássico é uma poderosa afirmação de como as doutrinas religiosas que partilhamos mapeiam os mesmos passos que precisamos dar no caminho de busca pela graça e inspiração que vêm do Deus que temos em comum.

– WILLIAM GLADSTONE, EDITOR

PRÓLOGO

O *Poder do Pensamento Positivo* parece um título que vem de outra época e de um mundo menos conturbado do que o nosso. No entanto, este livro clássico é tão importante hoje quanto era quando publicado pela primeira vez. Talvez seja ainda mais necessário.

Segundo o reverendo dr. Norman Vincent Peale, o pensamento positivo não é um otimismo ingênuo, mas, antes, uma "confiança simples, porém sólida" em que somos capazes de superar os desafios. Escreveu: "É lamentável que as pessoas se deixem vencer pelos problemas, cuidados e dificuldades da existência, o que não deixa de ser completamente desnecessário".

Em que sentido a derrota é desnecessária? Muita coisa na vida – nossas circunstâncias e limitações pessoais, as ações das outras pessoas – parece estar fora do nosso controle. O sucesso ou o fracasso parecem depender muito mais da sorte do que da vontade. Na visão do reverendo Peale, sucumbimos à derrota quando deixamos a negatividade dominar nossa mente. A falta de autoconfiança, a intimidação e o medo, entre outras coisas, nos programam para fracassar. Não podemos mudar as realidades que enfrentamos, mas podemos, sim, mudar o modo como pensamos sobre elas.

Se formos capazes de resistir às ideias destrutivas, poderemos cultivar os sentimentos positivos que conduzem a ações produtivas que nos trazem paz de espírito, energia e vitalidade, aliviam-nos da preocupação e da tristeza e conduzem à realização pessoal e ao triunfo profissional.

Essa é uma promessa imensa. Mas o pensamento positivo, tal como o reverendo Peale o definiu, transcende o mero otimismo. Para alcançá-lo, primeiro temos de olhar para além de nós mesmos e de nossa limitada imaginação. Para quebrar os grilhões dos pensamentos nocivos, temos de invocar uma força superior – nas palavras de Peale, "canalizar a força espiritual" baseada no fortalecimento da nossa crença em Deus e da nossa absoluta confiança n'Ele.

Quando descobri este livro, essas ideias me chamaram a atenção por serem tão parecidas com as minhas. Muita gente relaciona a positividade com o temperamento individual e com o fato de estarmos em condições confortáveis. Para mim, no entanto, ela é a força que nos move a viver plenamente, a dominar nosso mundo e a reconstruí-lo para deixá-lo melhor do que o encontramos. Não se trata de um processo intelectual ou lógico, mas de uma riqueza emocional cheia de esperança. O pensamento positivo é uma energia que dá a partida em nossa iniciativa e nossa coragem e alimenta nossos esforços e nossa confiança.

Isso se evidencia quando percebemos e aceitamos que é natural que a vida seja cheia de dificuldades e obstáculos. Sofremos tormentos e tropeçamos, como aconteceu com os profetas e mensageiros que nos precederam. A *Bíblia*, em sua versão King James, aconselha: "Irmãos, tomai como exemplo de paciência e perseverança a atitude dos profetas, que pregaram em Nome do Senhor, diante do sofrimento" (Tiago 5:10). Como a deles, nossa fé em Deus é a única força por meio da qual somos capazes de seguir adiante. Assim como os profetas venceram pela força espiritual, assim também podem ser vencedores todos aqueles cujo coração se abra para crer em Deus e confiar n'Ele.

Sem essa energia, ficamos presos num círculo vicioso de pensamentos, sentimentos e comportamentos negativos. No estágio do pensamento, somos hesitantes e duvidamos de nós mesmos; as ideias giram em nossa cabeça, mas relutamos em agir. No estágio do sentimento, somos vencidos pelas emoções, incapazes de contê-las por meio da racionalidade de uma filosofia abrangente; assim, tendemos a agir de maneira descontrolada. O pensamento positivo exige um alinhamento de pensamentos e sentimentos que conduza a um comportamento construtivo que abrace a vida com todas as suas glórias e dores, em vez de rejeitá-la.

Muitos jovens que conheci estão presos nesse círculo vicioso negativo. É certo que compreendo o sofrimento deles. Vivemos numa época de grandes divisões e conflitos globais, sociais, religiosos e econômicos. Os ciclos incansáveis dos noticiários e das redes agitam as chamas do desassossego. No nível pessoal, os jovens se desesperam para alcançar suas ambições, ganhar um salário decente, realizar-se espiritualmente ou mesmo encontrar um lugar confortável neste mundo.

A desesperança muitas vezes descamba para um comportamento destrutivo que prende as almas numa rotina de negatividade e profecias autodestrutivas de derrota e decepção.

Como mudar essa mentalidade? Há muito tempo acredito que a mudança começa com o reconhecimento de que somos criaturas escolhidas por Deus para ser Seus representantes, agindo em Seu nome na terra. Deus confiou a nós – e a mais nenhuma de Suas criaturas – o poder do pensamento, para que possamos distinguir o bem do mal, obedecer às Suas leis e, mais importante ainda, honrá-Lo mediante o enriquecimento de nossa efêmera existência.

Se experimentarmos uma conexão consciente com o Divino e manifestarmos Seu espírito por meio de nossas ações, não poderemos viver na desolação e na derrota. Apoio a crença de Peale de que, para alcançar nosso potencial humano, precisamos compreender e viver de maneira visceral a nossa fé e canalizar nossa força espiritual; concordo com isso.

O Poder do Pensamento Positivo não é um livro proselitista. É uma envolvente coletânea de histórias a respeito dos problemas que os congregados do reverendo Peale enfrentaram quando ele era pastor na Marble Collegiate Church, em Nova York. São dificuldades como as que todos nós vivemos: uma sensação de inferioridade ou de incapacidade, preocupações que nos paralisam, obstáculos aparentemente insuperáveis e a dor da tristeza e da perda.

Peale descreve como aconselhou esses sofredores para nos mostrar como nós também podemos enfrentar as dificuldades fortalecendo nossa própria conexão com Deus. As técnicas que ele usou para aliviar a angústia deles foram derivadas da sua fé cristã e dos versículos do Antigo e do Novo Testamentos, sobretudo da *Bíblia* em sua versão King James.

Os não cristãos talvez não se sintam à vontade com essas soluções. Muitas pessoas às quais recomendei o livro entenderam erroneamente sua mensagem, como se fosse uma obra de proselitismo cristão. Ao lê-lo com a mente aberta, no entanto, encontrei forte correspondência entre os ensinamentos do islamismo e as lições de Peale, a começar por sua crença na fé como fonte e origem de todo pensamento vivificante. A interconexão entre a fé e a razão está bem representada na tradição islâmica.* E me impressionou de maneira especial a semelhança entre os trechos da Bíblia citados por Peale e certos trechos do Alcorão. Quanto mais eu prestava atenção no que lia, mais encontrava ecos de nosso livro sagrado e dos nobres hadiths.**

---

* A concepção de pensamento positivo do reverendo Peale se baseia na filosofia de Santo Agostinho (354-430 d.C.), teólogo cristão que escreveu esta passagem muito famosa: "O entendimento é a recompensa da fé. Portanto, não procures entender para só depois crer, mas crê para então entenderes". Os filósofos e estudiosos muçulmanos levaram essa ideia alguns passos adiante. Os mutazilitas dos séculos VIII a X sustentavam que a Sharia (lei religiosa) aprova o que o intelecto aprova e rejeita o que o intelecto considera repreensível. Abu Nasr al-Farabi, filósofo e cientista do século IX, dizia que a Sharia (a religião) tem dois papéis: o de conduzir os indivíduos à perfeição humana e o de estabelecer a harmonia nas comunidades humanas. O polímata e filósofo andaluz Ibn Rushd (Averróis), escrevendo no século XII, resumiu de maneira muito bela o vínculo entre a filosofia (sabedoria) e a religião (Sharia) ao falar da "unidade da verdade". Afirmou que a filosofia é necessária para enriquecer a fé e a fé é necessária para guiar a humanidade; sendo a verdade o objetivo de ambas, elas não se contradizem, mas se complementam. O rabino Menachem Mendel de Kotzk (1787-1859), chamado de Kotzker Rebbe, talvez o tenha formulado da maneira melhor e mais sucinta, com estas duas observações: "Onde está Deus? Onde quer que O deixem entrar"; e "Quem quer que não veja Deus em toda parte, não O vê em lugar nenhum".

** Foi isto que o Profeta Muhammad (que a paz esteja com ele) expressou num hadith narrado pelos *Sheiks* Muhammad Bukhari e Muslim Ibn al-Hajjaj (Imam Muslim): "De todos os seres humanos, eu sou o mais próximo de Jesus nesta vida e na outra. Disseram: 'Ó mensageiro de Deus, como isso é possível?' Ele disse:

Fascinado por esses paralelos, voltei-me para a Bíblia hebraica (Tanakh) e encontrei a mesma semelhança de lições e ensinamentos.

No fim, passei a ver as sucessivas lições do livro como um excelente mapa para a jornada espiritual que leva da ansiedade e da incapacidade rumo à tranquilidade e ao poder. Era como se cada versículo da Bíblia cristã, ao lado dos textos equivalentes das tradições islâmicas e judaicas, fossem uma lâmpada acesa que iluminasse nossa caminhada pela estrada da vida, que às vezes é escura e pedregosa.

Em nossos tempos, que me parecem extremamente difíceis para os jovens – sobretudo para os que perderam a esperança e acabaram se afastando da redoma protetora das religiões abraâmicas quando não encontraram ninguém que os guiasse dentro delas ou lhes apresentasse a força e a positividade contidas em seus livros sagrados –, encontrei em *O Poder do Pensamento Positivo*, do reverendo Peale, uma tocha acesa capaz de iluminar o caminho para essas pessoas perdidas. Oro para que os acréscimos que fiz ao livro original deem a todos os jovens – sejam eles cristãos, muçulmanos ou judeus – acesso aos versículos sagrados que poderão ajudar a preservar sua fé e a protegê-los dos pensamentos e influências negativos. Creio que salvar esses jovens era o objetivo principal que o reverendo Peale queria alcançar com sua ideia genial de apresentar histórias da vida cotidiana e depois revelar o caminho que pode conduzir de volta à fé em Deus e em Seus ensinamentos. Essas descobertas me inspiraram tanto que criei esta edição anotada, usando os textos fundamentais das três grandes religiões abraâmicas.

Publicar essas anotações foi um agradável processo de "turismo espiritual", que confirmou e aprofundou minha própria fé religiosa. O fato de os três livros sagrados oferecerem palavras de sabedoria tão semelhantes para

---

'Os profetas são irmãos na fé, nascidos de diferentes mães. Sua religião é uma só, e não houve outro mensageiro entre nós [Maomé e Jesus Cristo]'". O sentido do *hadith* é que as leis religiosas trazidas pelos profetas podem ser diferentes, dependendo dos tempos e das condições em que foram recebidas, mas que a fonte de toda fé é o único Deus verdadeiro.

nos consolar e nos guiar em meio aos desafios da vida é algo profundamente tranquilizador,* uma prova inegável de que Deus cuida de nós.

"Quem não agradece às pessoas, não agradece a Deus": esse ensinamento de cortesia religiosa é comum às três grandes religiões abraâmicas. Seu sentido é simples e profundo. Agradecer aos outros pelo bem que nos fizeram é um dos atos bons que refletem a bondade e as boas maneiras que Deus prescreve para as relações entre as pessoas. Deus pergunta no Alcorão: "A recompensa pela bondade não é, acaso, a própria bondade?" (Ar-Rahman: 60).

A expressão, neste prefácio, de minha apreciação pelo impacto imenso deste livro sobre mim e da força de que ele dotou a minha vida particular é uma forma de gratidão ao reverendo Peale. Lembro-me muito bem de um certo dia, pouco depois que comecei a trabalhar nesta nova edição do livro. Era meu aniversário. Eu estava me preparando para organizar um grande número de planilhas e anotações sobre textos semelhantes dos três livros sagrados. Queria terminar essas tarefas antes de ir a uma festinha de aniversário organizada em casa pela minha família. No entanto, a data do meu nascimento se tornou a data da morte de meu pai.

Eu era muito próximo do meu pai, não só por morarmos na mesma casa, mas também porque ele era a pessoa com quem eu podia conversar sobre todos os meus pensamentos e ideias. Era meu melhor amigo e meu confidente, o homem mais importante de toda a minha vida. Era um modelo inigualável que combinava uma bondade inesgotável com uma firmeza inflexível. Era paciente e amoroso e nunca hesitou em ajudar ninguém, sempre que pôde. Depois que seu diabetes se agravou, o ato de cuidar dele se tornou um momento essencial do meu dia. Eu era incapaz de imaginar minha vida sem ele, e, no fim, passei meus últimos dias em sua companhia sem sequer pensar na possibilidade de perdê-lo.

---

* O Alcorão menciona um diálogo entre Deus e Seu mensageiro Abraão, quando este Lhe pergunta como Ele ressuscita os mortos. "E quando Abraão implorou: 'Ó Senhor meu, mostra-me como ressuscitas os mortos'; disse-lhe Deus: 'Acaso ainda não crês?' Afirmou: 'Sim, mas apenas para tranquilizar meu coração'". (Al-Baqara, 260).

Confesso que, a partir do momento de sua morte e ao longo de todos os preparativos para os ritos funerários e o enterro, eu sentia que ele estava cuidando de mim, observando todos os meus assuntos e me protegendo como sempre fizera. E imaginava que, como sempre, poderia consultá-lo sobre as minhas decisões, inclusive as relativas aos ritos funerários e ao enterro. Está claro que eu vivi um estado psicológico de completa negação.

Sua morte se tornou um fato inegável no exato instante em que o enterro terminou e voltei para uma casa já desprovida de sua presença, sabedoria e amor. Senti um sofrimento insuportável. A vida como eu a conhecia se tornara irreconhecível. A profundidade da minha tristeza pôs à prova tudo o que eu vinha acalentando, em todas as fibras do meu ser, a respeito de me submeter aos decretos de Deus e preservar um pensamento positivo baseado na fé.

No fim das contas, o que me salvou foi a fé nas crenças que eu tinha. Primeiro, a morte e a vida estão nas mãos de Deus. Além disso, a morte é uma transição para outra vida, uma vida eterna, pois implica retornar a Deus. É como está dito no Alcorão: "E tu, ó alma tranquila, retorna ao teu Senhor, satisfeita (com Ele) e Ele satisfeito (contigo)! Entra no número dos Meus servos! E entra no Meu Paraíso!" (Al-Fajr: 30).

Nos dias que se seguiram, minha fé em Deus me confortou e, embora não tenha diminuído minha tristeza, impediu-me de cair num abismo de desespero e desânimo. A fé em Deus e a crença de que voltamos para Ele depois da morte me deu força para aceitar que a existência de meu pai não desaparecera, mas, ao contrário, evoluíra para um estado completamente diferente do meu estado terreno.

À medida que a neblina do sofrimento começou a se dissipar, comecei a me perguntar o que sentem os não crentes quando perdem seus entes queridos. E comecei a compreender melhor o versículo bíblico dos cristãos: "Se vivemos, para o Senhor vivemos; e, se morremos, é para o Senhor que morremos. Sendo assim, quer vivamos ou morramos, pertencemos ao Senhor" (Romanos 14:8). E do mesmo modo na Bíblia hebraica: "Ainda que eu caminhe por um vale tenebroso, nenhum mal temerei, pois estás junto a mim; teu bastão e teu cajado me deixam tranquilo" (Salmos 23:4).

Anos antes da morte de meu pai, a situação mais estressante que eu já vivera fora a opressão causada pelo sentimento de injustiça. Embora a associação entre opressão e injustiça muitas vezes conduza as pessoas ao desespero ou à vingança cega, o método de pensamento positivo apresentado pelo reverendo Peale tinha sido suficiente para afastar ambas as coisas.

Um belo dia, um amigo me ligou e disse: "Você leu o que estão falando sobre você nos jornais?". Um conhecido tinha feito uma alegação falsa a meu respeito no contexto de um caso muito complexo e sensível, relacionado a acusações de ter prejudicado a economia do país. Pior ainda, sites de péssima reputação relataram as mentiras daquela pessoa sem se importar em confirmar sua veracidade.

Na época, não encontrei nada melhor para me defender dessas alegações do que aquilo que o Alcorão recomenda para quem sofre uma situação dessas: "Ó crentes, quando um ímpio vos trouxer uma notícia, examinai-a prudentemente, para não prejudicardes a ninguém, por ignorância, e não vos arrependerdes depois" (Al-Hujurat: 6).

Na verdade, eu repetia esse versículo sempre que alguém me perguntava sobre a veracidade da acusação. Mas o problema não terminou por ali, pois infelizmente nada se transmite tão rápido quanto uma manchete sensacionalista. Por simples repetição, a falsidade ganhou impulso suficiente para ser reproduzida em noticiários respeitáveis. Eu estava arrasado, mas resisti ao pânico. Consolei-me com este trecho da Bíblia hebraica: "Que pretendam o mal contra ti, façam planos: nada conseguirão" (Salmos 21:12).

Entreguei o problema a Deus, ajudado por estes versículos:

> ✡ Bíblia de Jerusalém: "Porque a Mim se apegou, eu o livrarei, protegê-lo-ei, pois conhece o Meu nome. Ele me invocará e eu responderei: 'Na angústia estarei com ele, livrá-lo-ei e o glorificarei'; saciá-lo-ei com longos dias e lhe mostrarei a Minha salvação" (Salmos 91:14-16).

> ☪ Alcorão: "Sê paciente, que a tua paciência será levada em conta por Deus. Não te condoas deles (os incrédulos), nem te angusties por sua conspirações" (An-Nahl: 127).

> ✝ Versão da Bíblia King James Atualizada: "Porém, se esperamos por algo que ainda não podemos ver, com paciência o aguardamos" (Romanos 8:25).

Assim, temos fé em Deus e confiança n'Ele, como o Alcorão nos instrui: "Que os crentes confiem em Deus!" (Ibrahim: 12). Dessa maneira, a opressão e a raiva se transformam em contentamento e na confiança de que Deus nem oprime nem aceita as tramas dos opressores. Isso também é mencionado na Bíblia hebraica: "Bendito sejas, ó nosso Deus, que hoje aniquilaste os inimigos de teu povo!" (Judite 13:17). E a Bíblia King James Atualizada: "Bem-aventurados os que choram, porque serão consolados" (Mateus 5:4).

No fim, fui inocentado de modo completo e total. Para não me sentir envenenado pelo amargor de toda essa situação, refleti sobre a história de Yunus (Jonas), que se encontra nos livros sagrados das três religiões abraâmicas.

Esses foram apenas dois casos dos muitos em que fui inspirado por essa maneira de viver mais valente e corajosa preconizada em *O Poder do Pensamento Positivo*. Minha esperança é que todos os leitores encontrem em *O Poder do Pensamento Positivo: Edição Comentada para o Século XXI* uma nova confiança no amor de Deus tal como é expresso pelo texto sagrado de sua própria religião. Espero também que todos os crentes pratiquem com firmeza a sua religião e nutram a alma com o esplendor e a grandeza da proximidade com Deus, lendo Suas palavras e seguindo os livros que Ele revelou a Seus profetas. Aderindo ao que Deus mandou e proibiu, todos os crentes podem alcançar a felicidade e o sucesso na vida.

Peço a todos que lerem este livro notável que sejam embaixadores e embaixadoras de Deus na Terra e alimentem o amor entre todos os seres humanos em geral e entre os povos de Abraão em particular, apesar de suas diferenças em matéria de costumes, tradições e crenças. Nunca será errado que os crentes das três religiões abençoadas, bem como os membros de outras religiões, leiam todos os livros sagrados para descobrir o esplendor do dom divino que Deus nos concedeu. Para os que hesitam em ler um texto sagrado que não seja o da sua própria religião, peço que não tenham medo e leiam de coração aberto. Todos nós somos criaturas de Deus e Seus representantes na Terra.

Oro para que esta edição anotada nos desperte para a beleza não somente das outras religiões, mas também da nossa. Que possa também sublinhar que cristãos, muçulmanos e judeus são todos filhos de Abraão – literalmente irmãos e irmãs da mesma família, com muito mais pontos em comum do que diferenças.

No decorrer dos séculos, nossas três religiões se separaram em razão de conflitos por política, território e dominação ideológica, às vezes movidos em nome da religião, mas nunca relacionados com a opinião comum que temos a respeito de Deus. A visão dos textos sagrados das nossas religiões lado a lado, refletindo as mesmas soluções divinas para problemas terrenos, deve deixar claro que as supostas divisões ideológicas entre nós não são fundamentais, mas questão de ênfase, interpretação e adaptação a diferentes culturas.*

---

* Nossos textos sagrados confirmam explicitamente o parentesco entre nossas religiões. No Alcorão, Deus nos lembra: "O Mensageiro crê no que foi revelado por seu Senhor, e todos os crentes creem em Deus, em Seus anjos, em Seus Livros e em Seus mensageiros. Nós não fazemos distinção entre os Seus mensageiros. Disseram: Escutamos e obedecemos. Só anelamos a Tua indulgência, ó Senhor nosso! A Ti será o retorno!" (Al-Baqara: 285).

Versão da Bíblia King James Atualizada: "Então o SENHOR viu que ele deu uma volta e se aproximava para observar melhor. E Deus o chamou do meio da sarça ardente: 'Moisés, Moisés!'. Ao que ele prontamente respondeu: 'Eis-me aqui!'. Deus continuou para dizer: 'Não te aproximes daqui; tira as sandálias dos pés, porque o lugar em que estás é uma terra santa'. Disse mais: 'Eu Sou o Deus de teus pais, o Deus de Abraão, o Deus de Isaque e o Deus de Jacó!'" (Êxodo 3:4-6).

Pelo fato de sermos parentes tão próximos, com uma herança comum e sistemas éticos idênticos, espero com fervor que as três religiões abraâmicas possam se juntar para promover uma nova harmonia para a humanidade. Numa época em que o mundo parece mais cruel e materialista do que nunca, os ideais que temos em comum ganham cada vez mais importância.

Há muitas coisas no mundo que precisam de cura: a inimizado entre o Oriente e o Ocidente; a divisão global entre conservadores e progressistas; os conflitos entre os gêneros e grupos raciais e étnicos; e o desequilíbrio entre os pobres e os ricos, para citar apenas alguns pontos mais sensíveis. Se as três grandes religiões encontrarem um propósito comum, estaremos muito mais próximos de alcançar a paz, o amor e a aceitação universais.

Essa filosofia inspirou uma união de forças entre o Vaticano e a Al--Azhar, as maiores instituições religiosas cristã e muçulmana do mundo. Em 2019, o Papa Francisco e o Grande Imam Ahmed Al-Tayeb assinaram o Documento sobre a Fraternidade Humana em Abu Dhabi e criaram o Comitê Superior para a Fraternidade Humana, composto por cinco muçulmanos, um judeu, dois católicos e uma oficial da ONU cuja religião não é declarada em sua biografia.

Inspirado por esse fato, o Sheik Mohamed bin Zayed, presidente dos Emirados Árabes Unidos, mandou que se construísse na Ilha de Saadiyat, em Abu Dhabi, um complexo que contém uma sinagoga, uma igreja, uma mesquita e um centro educacional, onde se realizam seminários o ano inteiro. Recomendo a todos que visitem a Casa da Família de Abraão, que incorpora a mensagem da fraternidade e do amor entre todos os crentes.

Talvez *O Poder do Pensamento Positivo: Edição Comentada para o Século XXI*, promovendo ainda mais o diálogo ecumênico, também possa desempenhar um papel, ainda que pequeno, na promoção da fraternidade e na superação da intolerância.

Agradeço ao reverendo Norman Vincent Peale pelo modo como seus ensinamentos abriram meus olhos e expandiram meu pensamento. Jurei que, toda vez que estiver no interior do estado de Nova York, visitarei seu túmulo no Quaker Hill Cemetery para rezar por sua alma e expressar minha profunda gratidão.

Robert Leighton, bispo escocês do século XVII, disse algo que vem muito ao caso aqui: "A flor que segue o sol o faz até nos dias nublados". Isso significa que, por escuros que estejam os dias da nossa vida, ainda somos guiados pelo sol, que é a presença de Deus. Como revela esta edição anotada do clássico atemporal do reverendo Peale, todos nós somos iluminados pelos raios do mesmo sol.

Para concluir, gostaria de agradecer também à Fundação Peale e à família Peale por me confiar a tarefa de produzir esta versão anotada do livro magnífico do reverendo Peale. E agradeço também aos que ajudaram a produzi-lo: os editores da Waterside Productions, Inc.; minha advogada, Courtney Rockett; minha editora pessoal, Lisa McCormack; meu tradutor pessoal, Salsabil Mahmoud; o dr. Suleiman Ahmed, professor de filosofia; o dr. Ahmed Shamer, professor de Sharia; e Abdelrahman Ismaik, meu irmão.

— Hasan Abdullah Ismaik

POR QUE A RELIGIÃO?

Depois de servir ao público por quatro décadas, o primeiro presidente dos Estados Unidos aproveitou seu Discurso de Adeus para resumir a importância da religião para a moralidade do indivíduo e da nação. George Washington disse ao país que então nascia:

"De todas as disposições e hábitos que conduzem à prosperidade política, a religião e a moralidade são apoios indispensáveis. Em vão pode reclamar o tributo do patriotismo o homem que trabalha para subverter esses grandes pilares da felicidade humana, esses firmíssimos apoios dos deveres dos homens e dos cidadãos. O simples político deve respeitá-los e estimá-los tanto quanto o homem piedoso. Um livro não seria suficiente para esgotar seus vínculos com a felicidade privada e pública. Pergunte-se apenas: onde estará a segurança da propriedade, da honra e da vida se o senso de obrigação religiosa for eliminado dos juramentos, que são instrumentos de investigação nos tribunais de justiça? E, com cautela, admitamos a suposição de que a moral pode se conservar sem a religião. Por mais que se queira valorizar a influência da educação superior sobre as mentes dotadas de uma certa estrutura, tanto a razão quanto a experiência nos proíbem de esperar que a moral possa prevalecer à exclusão do princípio religioso".

A religião e a preservação de sua liberdade era um elemento tão essencial da moralidade nacional que George Washington garantiu pessoalmente a um grupo preocupado com o fato de a liberdade religiosa não estar incluída na constituição original (ela veio a se tornar, depois, a primeira emenda que lhe foi acrescentada) que jamais assinaria o documento se pensasse que ele poria em risco os direitos de qualquer grupo religioso.

Desde a primeira existência consciente nesta terra até hoje, a humanidade viveu com religião. À medida que nossa consciência dessa experiência progrediu da simplificação sensorial parcial à abstração espiritual completa, a filiação religiosa foi sempre um componente importantíssimo da nossa identidade individual e coletiva. A natureza da religião, baseada na fé e no comportamento, acarreta não somente que nossas crenças sejam compartilhadas com outras pessoas, mas também que sejamos membros de uma cultura ampla, sobretudo se fizermos parte de uma das três religiões abraâmicas, que pertencem todas à mesma família, com rituais, textos, profetas, dias santos e locais de reunião iguais ou muito parecidos – e, o mais importante de tudo, uma origem comum: nosso mestre Abraão (que a paz esteja com ele).

Os livros sagrados das três religiões abraâmicas são uma bênção e uma luz derramada por Deus Todo-Poderoso sobre Seus mensageiros. Como está dito no Alcorão: "E também te inspiramos com um Espírito, por ordem Nossa, antes do quê não conhecias o que era o Livro, nem a fé; porém, fizemos dele uma Luz, mediante a qual guiamos quem Nos apraz dentre os Nossos servos. E tu certamente te diriges para uma senda reta" (Ash-Shura: 52).

Esses livros sagrados nos mostram quem é Deus, evidenciam Sua grandeza e Seu poder e explicam o que Ele deseja de Sua criação. Seu chamado é universal e não é circunscrito a um só povo ou uma só nação; seu caráter milagroso não é limitado pelo tempo nem afetado pelo lugar. Sua mensagem de unificação corrobora a mesma verdade básica: a unicidade de Deus Todo-Poderoso.

A própria ciência, invocada por muitos como uma razão para rejeitar a religião, demonstrou por meio de pesquisas os benefícios da religião como antídoto para doenças sociais como o racismo, a violência, o crime, a depressão, a dependência, o suicídio e a desintegração das famílias. A fé religiosa desempenha um papel importantíssimo no combate a todas essas coisas – quer de modo direto, proibindo os comportamentos negativos, quer indireto, encorajando comportamentos e pensamentos positivos que geram felicidade, tranquilidade, entrega, calma e equilíbrio.

Além disso, as pesquisas científicas provaram que a fé e a religiosidade colaboram na resistência às doenças fisiológicas, aumentando a probabilidade de recuperação e cura e melhorando, no geral, a saúde física dos indivíduos. Isso ajuda a explicar as experiências de pessoas que chegaram às portas da morte em razão de uma doença terminal e se recuperaram depois de os médicos terem concordado, por unanimidade, que a sobrevivência era impossível.

A religião, além disso, nos liberta do vazio existencial que rege todos os outros aspectos da dimensão material e pode matar a alma muito antes de o corpo ser tragado pela morte. Embora muitos afirmem que o ateísmo é uma posição racional com base no argumento da experiência realista e da lógica clara, ele na verdade deriva da negação da dimensão espiritual que está profundamente embutida na própria estrutura e essência da natureza humana. O ateísmo se alimenta da ansiedade existencial que nos priva da reconciliação com o passado, da aceitação do presente e da confiança no futuro.

A razão e a espiritualidade são os dois elementos que distinguem os seres humanos dos outros seres vivos e alimentam nossa capacidade de explorar o sentido e o propósito da vida – não só no que se refere a sua efêmera existência na terra, mas também no que toca a continuidade e infinitude da alma após a morte corporal.

Quanto às questões existenciais que sempre assombraram a humanidade no decorrer das eras, somente a religião satisfaz nossa fome de conhecimento do eterno e nosso anseio pelo sagrado, e somente ela nos salva do pecado e da impureza de uma maneira que nem as ciências nem as artes conseguiram fazer.

A religião é a lente pela qual interpretamos os fenômenos da existência, seus determinantes e seus resultados. Por meio de seus ensinamentos, compreendemos as experiências da vida e como reagir a elas. Desenvolvemos um sentido e um propósito, ganhamos força para lidar com a adversidade e a dificuldade e nos tornamos capazes de amar para ajudar os que precisam do nosso apoio. Isso porque nossa fé em Deus nos enche de luz, tranquilidade e paz. Quanto mais nossa fé aumenta e se nossa confiança na sabedoria e na justiça de Deus se aprofunda, mais a amargura da vida se transforma em doçura e suas dificuldades se transformam numa força que nos impulsiona a seguir em frente e prosperar.

As religiões, sobretudo as abraâmicas, alçam o crente a espaços espirituais mais elevados a fim de elevar o valor de sua existência, e o fazem por meio de três pontos. O primeiro é o reconhecimento e o contentamento que as leis celestiais estimulam quando dão ênfase à crença na vontade, no decreto e no destino de Deus. O segundo diz respeito à natureza da ligação do indivíduo com Deus, a conexão do relativo com o Absoluto, do limitado com o ilimitado, do finito com o infinito. E o terceiro é que a vida "verdadeira" é a vida depois da morte, e o que vem antes dela é apenas uma passagem temporária, um teste e uma experiência.

Os exploradores usam a crença em Deus como um instrumento para controlar as pessoas e usam seu dinheiro ou um ópio qualquer para entorpecê-las. A religião não tem nada a ver com esses mentirosos exploradores, assim como o lobo não tinha nada a ver com o profeta Yusuf (José) – que a paz esteja com ele. Com efeito, todos os movimentos de reforma religiosa nasceram como formas de protesto contra os que usavam a fé para servir a seus próprios fins, mesmo que fossem do próprio clero. Foi isso o que aconteceu na Europa durante três séculos de reforma moderna, e é isso que está acontecendo hoje no mundo árabe e islâmico. Só podemos esperar que continue e cresça até que a religião volte a ser tão pura e refinada quanto era no começo.

Quanto aos que são afligidos pela confusão e pela dúvida, que encontrem consolo nas palavras de Deus:

> ✡ Bíblia de Jerusalém: "São muitos os tormentos do ímpio, mas o amor envolve quem confia em Iahweh" (Salmos 32:10).

> ☪ Alcorão: "Quando Meus servos te perguntarem por Mim, dize-lhes que estou próximo e ouvirei o rogo do suplicante quando a Mim se dirigir. Que atendam ao Meu apelo e que creiam em Mim, a fim de que se encaminhem" (Al-Baqara: 186).

> ✝ Versão da Bíblia King James Atualizada: "Pois, mesmo sem tê-lo visto, vós o amais; e ainda que não estejais podendo contemplar seu corpo neste momento, credes em sua pessoa e exultais com indescritível e glorioso júbilo. Porquanto, estais realizando o alvo da vossa fé: a Salvação de todo o vosso ser!" (1 Pedro 1:8-9)

Este livro é um convite a todos os seguidores das três religiões de nosso mestre Abraão para que renovem sua compreensão da vida; encontrem um propósito em sua presença aqui; renunciem aos seus amargos ressentimentos e suas profundas divisões; perdoem quem os magoou, esqueçam as ofensas e olhem para o futuro com confiança e tranquilidade. A unidade das três doutrinas é mais forte que a desunião que nos separa.

Afinal de contas, se cabe à humanidade encontrar a paz, os seguidores das religiões abraâmicas devem ser os primeiros a cumprir essa obrigação, pois seus profetas são mensageiros da paz e do amor e sua fraternidade é uma união de paz e amor. Chegou a hora de todos os cristãos, judeus e muçulmanos porem em prática a sua fé e começar a construir juntos um futuro que cumpra as mensagens divinas contidas em seus livros sagrados.

— Hasan Abdullah Ismaik

PREFÁCIO

Na época em que escrevi este livro, nunca imaginei que mais de dois milhões de exemplares seriam vendidos em diversas edições de capa dura e que um dia ele viria a atrair um imenso número de novos leitores com uma edição em brochura, como esta.

Para falar a verdade, no entanto, minha gratidão por esses fatos não tem relação com o número de livros vendidos, mas com as muitas pessoas às quais tive o privilégio de sugerir uma filosofia de vida simples e praticável.

As leis dinâmicas que o livro ensina foram aprendidas da maneira mais difícil, por tentativa e erro, na minha busca pessoal por um modo de vida. No entanto, encontrei nelas uma resposta para meus próprios problemas – e, creia-me, sou a pessoa mais difícil com quem já tive de trabalhar. O livro representa meu esforço para partilhar minha experiência espiritual, pois, se ela me ajudou, sinto que também pode ajudar outras pessoas.

Ao formular esta simples filosofia de vida, encontrei minhas próprias respostas nos ensinamentos de Jesus Cristo. Apenas tentei descrever essas verdades com uma linguagem e por meio de formas de pensamento compreensíveis pelas pessoas de hoje. O modo de vida de que este livro dá testemunho é maravilhoso. Não é fácil. Pelo contrário, muitas vezes é difícil, mas também é repleto de alegria, esperança e vitória.

Lembro-me muito bem do dia em que me sentei para começar a escrever o livro. Sabia que, para ficar bom, ele precisava de uma capacidade maior que a que eu possuía; assim, eu precisava de uma ajuda que só Deus podia me dar. Minha esposa e eu estamos acostumados a tomar Deus por parceiro de trabalho em todos os nossos problemas e atividades. Assim, fizemos uma ardorosa sessão de oração; pedimos orientação e colocamos o projeto nas mãos Dele. Quando o manuscrito estava pronto para ser entregue ao editor, eu a Sra. Peale mais uma vez oramos, dedicando o manuscrito a Deus. Pedimos somente que ajudasse as pessoas a levarem uma vida mais produtiva. Quando recebemos direto da gráfica o primeiro desses dois milhões de exemplares, vivemos um momento espiritual. Agradecemos a Deus por Sua ajuda e, uma vez mais, dedicamos o livro a Ele.

O livro foi escrito para as pessoas comuns deste mundo, das quais, sem dúvida, faço parte. Nasci e fui criado em circunstâncias humildes no Meio-Oeste americano, numa família de cristãos dedicados. O povo comum desta terra é meu tipo de gente; conheço-os, amo-os e tenho grande fé neles. Quando qualquer um deles entrega a Deus sua vida, o poder e a glória de Deus se demonstram de maneira admirável.

O livro foi escrito a partir de uma compaixão profunda pela dor, a dificuldade e a luta da existência humana. Ensina o cultivo da paz de espírito, não para nos refugiarmos da vida num quietismo protegido, mas como uma usina da qual nasce a energia que impulsiona uma vida pessoal e social produtiva. Não ensina o pensamento positivo como meio para a fama, a riqueza ou o poder, mas como aplicação prática da fé para superar as derrotas e realizar na vida valores criativos que valem a pena. Ensina um modo de vida difícil, de muita disciplina, mas que oferece grande alegria à pessoa que vence a si mesma e às difíceis circunstâncias do mundo.

A todos os que me escreveram sobre a feliz vitória que obtiveram por meio da prática das técnicas espirituais deste livro, e a todos que ainda virão a ter essa experiência, gostaria de dizer o quanto estou feliz por tudo o que está acontecendo com eles, à medida que vão pondo em prática estas fórmulas espirituais dinâmicas.

Por fim, gostaria de expressar minha profunda apreciação por meus editores, em razão do apoio permanente que me deram e da cooperação e da amizade que me dedicam. Nunca trabalhei com gente tão boa quanto meus caros amigos da Prentice-Hall. Aguardo com grande prazer minha associação com a Fawcett Publications. Que Deus continue a usar este livro para ajudar os seres humanos.

— Norman Vincent Peale

INTRODUÇÃO

Eis o que este livro poderá fazer por você

A finalidade deste livro é sugerir técnicas e dar exemplos que demonstrem não haver necessidade de você se deixar vencer por coisa alguma, podendo, assim, manter paz de espírito, melhor saúde e constante fluxo de energia. Em resumo, você poderá levar uma vida feliz e satisfeita. Disso não tenho dúvida alguma, pois tenho observado inúmeras pessoas aprenderem e aplicarem um sistema de procedimentos simples que lhes tem proporcionado, em suas vidas, os benefícios acima. Tais asserções, que poderão parecer extravagantes, baseiam-se em demonstrações observadas na experiência humana.

Realmente, muitas pessoas se deixam vencer pelos problemas da vida cotidiana. Passam os dias lutando, talvez até mesmo lamuriando-se, sob o peso de um penoso ressentimento para com aquilo que consideram a "má sorte" que a vida lhes reservou. Em certo sentido, poderá haver tal coisa como "a sorte" nesta vida, mas há também um espírito e método, pelos quais poderemos dominar e mesmo determinar essa "sorte". É lamentável que as pessoas se deixem vencer pelos problemas, cuidados e dificuldades da existência, o que não deixa de ser completamente desnecessário.

Ao dizer isso, certamente não ignoro nem mesmo menosprezo as dificuldades e tragédias do mundo, mas também não permito que elas predominem. Você poderá deixar-se dominar pelos obstáculos, a ponto de eles o escravizarem e se tornarem os fatores dominantes em seus padrões de pensamento.

Sabendo como afastá-los do espírito, recusando-se a tornar-se mentalmente subserviente a eles e canalizando a força espiritual pelos seus pensamentos, você poderá sobrepujar os obstáculos que comumente poderiam esmagá-lo. Pelos métodos que delinearei, não haverá lugar para que tais obstáculos se interponham para destruir-lhe a felicidade e o bem-estar. Você apenas será vencido se quiser. Este livro lhe ensinará como "não querer" ser derrotado.

O objetivo deste livro é direto e simples. Não há nele pretensão de oferecer lavores literários e tampouco demonstrar quaisquer conhecimentos desusados da minha parte. Trata-se apenas de um manual de aperfeiçoamento pessoal prático e direto. Foi escrito com o único fim de auxiliar o leitor a conseguir uma vida feliz, satisfeita e digna. Creio inteira e entusiasticamente em certos princípios realmente eficientes que, se praticados, proporcionarão uma vida vitoriosa. É meu alvo expô-los neste volume de uma maneira lógica, simples e compreensível, a fim de que o leitor possa aprender um método prático pelo qual chegue a construir para si, com a ajuda de Deus, a espécie de vida que deseja no âmago de seu coração.

Se você ler este livro com profunda atenção, absorvendo cuidadosamente os seus ensinamentos, e se praticar, sincera e persistentemente os princípios e fórmulas nele expostos, irá experimentar extraordinária melhoria em si mesmo. Usando a técnica nele delineada, poderá alterar ou modificar por completo as circunstâncias em que agora vive, passando a dominá-las ao invés de ser dominado por elas. Suas relações com as outras pessoas tornar-se-ão melhores. Você se tornará uma pessoa mais popular, mais estimada e mais benquista. Apoderando-se de tais princípios, gozará uma nova e agradável sensação de bem-estar. Poderá atingir um grau de saúde que até então desconhecia e experimentar novo e inefável prazer na vida. Tornar-se-á uma pessoa mais útil e verá expandir a força de sua influência.

Como posso ter tanta certeza de que a prática desses princípios produzirá tais resultados? É muito simples: durante muitos anos, no Marble Collegiate Church da cidade de Nova York, ensinamos um sistema de vida criadora, baseado numa técnica espiritual, anotando cuidadosamente sua atuação na vida de centenas de pessoas. O que faço não é uma série especulativa de asserções extravagantes, pois tais princípios operaram de modo tão eficiente durante tão grande período de tempo que se encontram agora firmemente estabelecidos como uma verdade documentada e demonstrável. O sistema delineado é um método aperfeiçoado e extraordinário para se viver feliz.

Em meus trabalhos escritos, inclusive vários livros, em meus artigos que semanalmente aparecem em quase uma centena de jornais, no programa para as estações de rádio que venho fazendo há mais de dezessete anos, em nossa revista, a *Guideposts,* e nas palestras em dezenas de cidades, tenho ensinado esses mesmos princípios científicos, porém simples, para se obter a saúde e a felicidade. Centenas de pessoas os têm lido, escutado e praticado e os resultados têm sido invariavelmente os mesmos: vida nova, nova energia, aumento de eficiência e maior felicidade.

Como muitas pessoas me pediram que pusesse esses princípios em forma de livro, o que seria melhor para estudar e praticar, resolvi então publicar este novo volume, sob o título de *O Poder do Pensamento Positivo.* Desnecessário acentuar que os poderosos princípios aqui contidos não são inventados por mim; são-nos dados pelo maior Mestre que já viveu e ainda vive. Este livro ensina um cristianismo aplicado; é um sistema simples, mas científico, de técnicas práticas que garantem uma vida bem-sucedida.

– NORMAN VINCENT PEALE

1
TENHA CONFIANÇA EM SI MESMO

Tenha confiança em si mesmo! Tenha confiança em suas aptidões! Sem uma confiança simples, porém sólida, em sua própria força, você não poderá ser coroado de êxito nem ser feliz. Terá, porém, sucesso se tiver a necessária confiança em si mesmo. A sensação de inferioridade e de inaptidão costuma intervir na materialização de nossas esperanças, mas, se tivermos confiança em nós mesmos, atingiremos nossos objetivos. Dada a importância dessa atitude mental, este livro auxiliará você a acreditar em si mesmo e a libertar a sua força interior.

É contristador notar o número de pessoas que se veem prejudicadas e infelizes em virtude desse mal que popularmente se designa por complexo de inferioridade. Mas você não tem necessidade alguma de sofrer desse mal; pode vencê-lo mediante certas medidas, podendo desenvolver em si mesmo uma fé criadora — uma fé que justifica.

Após falar perante uma convenção de homens de negócios, no auditório de uma cidade, estava eu ainda no palco cumprimentando algumas pessoas quando se acercou de mim um homem, presa de viva emoção. Perguntou-me se podia falar comigo a respeito de uma questão importante que o atormentava.

Pedi-lhe que esperasse até que todos saíssem. Quando isso se deu, fomos sentar-nos nos bastidores do palco.

— Estou nesta cidade para tratar de um negócio, o mais importante de minha vida — explicou. — Se eu for bem-sucedido, será minha felicidade. Se fracassar, serei um desgraçado.

Sugeri-lhe que se acalmasse um pouco e não encarasse a questão sob um aspecto assim tão desanimador. Se fosse coroado de êxito, seria naturalmente esplêndido. Se não o fosse, bem, começaria novamente a vida.

— Falta-me confiança em mim mesmo — murmurou ele com desalento. — Não tenho confiança em mim, nem creio que possa adquiri-la. Sinto-me deprimido, completamente sem coragem. Realmente — lamentou — sinto-me prestes a naufragar, e dizer que estou com quarenta anos de idade! Por que me vejo sempre atormentado por essa sensação de inferioridade, por essa falta de confiança e essa descrença constante? Ouvi sua conferência esta noite, o que o senhor falou sobre o poder do pensamento positivo e quero perguntar-lhe como poderei adquirir essa confiança em mim mesmo.

— Há certas medidas a tomar — respondi. — Em primeiro lugar, é importante descobrir por que tem essa sensação de que não tem poder algum. Isso requer análise e levará tempo. Devemos sondar os males de nossa vida emotiva, do mesmo modo que o faz um médico ao procurar descobrir algo que, fisicamente, esteja mal. Não se pode fazer isso imediatamente, nesta nossa curta entrevista de hoje. Talvez o seu caso exija certo tratamento para que se possa conseguir uma solução permanente. Contudo, a fim de que possa auxiliá-lo no problema que o preocupa, vou dar-lhe uma fórmula que surtirá efeito se a usar.

— Quando estiver na rua, sugiro que repita certas palavras que vou lhe dar. Diga-as várias vezes depois de se deitar. Quando acordar amanhã cedo, repita-as três vezes antes de se levantar. Quando estiver a caminho para ir tratar do seu importante negócio, repita-as novamente três vezes. Faça-o com fé de que receberá força e aptidão suficiente para tratar do problema. Mais tarde, se quiser, poderemos analisar o seu caso básico. Independentemente do que poderá acontecer ao seguir esse estudo, a fórmula que vou lhe dar agora poderá afinal ser um grande fator na cura.

Eis as palavras que lhe recomendei: "Tudo posso naquele que me fortalece" (Filipenses 4:13).

> ✡ Bíblia de Jerusalém: "És tu Iahweh, minha lâmpada. Iahweh ilumina minha treva" (2 Samuel 22:29). E: "Deus, Seu caminho é íntegro. A palavra de Iahweh é provada; é um escudo para todos aqueles que nele se abrigam. Quem, então, é Deus exceto Iahweh? Quem é uma rocha exceto nosso Deus? Este Deus, ele é minha praça-forte e poderosa; ele desembaraça meu caminho e ele é íntegro" (2 Samuel 22:31-33).

> ☪ Alcorão: "Mas, se te negam, dize-lhes: Deus me basta! Não há mais divindade além d'Ele! A Ele me encomendo, porque é o Soberano do Trono Supremo" (At-Tawba: 129). "Meu Senhor está comigo e me iluminará!" (Ash-Shu'ara: 62).

Como o desconhecido não estava familiarizado com essas palavras, escrevi-as num cartão e mandei que as lesse três vezes em voz alta.

— Agora, siga esse conselho. Tenho certeza de que tudo correrá bem.

Ele se animou e quedou-se um momento em silêncio. Disse depois muito comovido:

— Está bem, doutor.

Vi-o empertigar-se e mergulhar nas sombras da noite. Sua figura, a princípio desconsolada, parecia então demonstrar, na maneira pela qual saiu, que a fé já estava operando no seu espírito.

Comunicou-me, posteriormente, que aquela fórmula simples lhe "fizera maravilhas" e acrescentou: "Parece incrível que umas poucas palavras da Bíblia possam fazer tanto bem a uma pessoa".

Esse homem mandou fazer, tempos depois, um estudo das razões de suas atitudes de inferioridade, as quais foram eliminadas por meio de conselhos de ordem científica e observância de fé religiosa. Aprendeu a ter fé;

recebeu certas instruções específicas que deveria seguir (essas serão dadas mais adiante neste capítulo). Adquiriu gradativamente uma forte, firme e razoável confiança. Não cessa de proclamar sua grande surpresa ao ver como as coisas lhe correm bem agora. Sua personalidade adquiriu um caráter positivo e não negativo, de modo que não mais afugenta o êxito; ao contrário, costuma atraí-lo para si. Possui agora verdadeira confiança em sua própria força.

Há várias causas para a sensação de inferioridade e não são poucas as que se originam da nossa infância.

O diretor de uma companhia consultou-me a respeito de um jovem a quem desejava promover.

— Acontece, porém — explicou ele —, que não podemos confiar-lhe certas informações importantes e sigilosas. É lamentável. Não fosse isso, fá-lo-ia meu assistente na administração. O rapaz tem todas as aptidões necessárias, mas fala muito e, sem que seja esta a sua intenção, divulga questões de natureza particular e importante.

Tendo feito uma análise descobri que o jovem "falava muito" simplesmente devido a uma sensação de inferioridade e, para compensá-la, sucumbia à tentação de alardear o que sabia.

Ligara-se a homens mais ou menos bem instalados na vida, que haviam cursado universidades e faziam parte de associações. Ele, no entanto, havia sido criado na pobreza, não cursara uma universidade e não era membro de associação alguma. Sentia-se, assim, inferior aos companheiros tanto em cultura como em posição social. Para fazer figura no meio deles e realçar seu amor-próprio, seu subconsciente, que sempre procurava prover um mecanismo que compensasse, fornecia-lhe os meios para elevar o seu "eu".

Sabia o que se passava na "alta esfera" da indústria e acompanhava o chefe a conferências, onde encontrava homens preeminentes e ouvia importantes conversações de caráter particular. Relatava aos companheiros boa parte das informações que não deviam transpirar, com o propósito de fazer com que eles o admirassem e invejassem. Isso servia para aumentar o seu amor-próprio e satisfazer seu desejo de ser reconhecido como um elemento importante.

O chefe, um homem bom e compreensivo, quando percebeu a causa dessa característica de sua personalidade, fez ver ao rapaz as oportunidades a que suas aptidões poderiam conduzir. Descreveu-lhe também como aquela sua sensação de inferioridade fazia com que não se pudesse contar com ele em assuntos confidenciais. Caindo em si e observando depois sinceramente a técnica da fé e das orações, o jovem veio a tornar-se um valioso elemento na companhia. Sua verdadeira força tinha se libertado.

Posso, talvez, por meio de uma referência pessoal, ilustrar a maneira pela qual muitos jovens adquirem o complexo de inferioridade. Quando menino, eu era extremamente magro. Tinha muita energia, fazia parte do "time" de corredores nas competições esportivas, gozava de boa saúde e era bastante rijo, mas muito magro. Isso me atormentava porque não queria ser magro. Desejava ser gordo. Chamavam-me de "magricela" e eu não gostava desse apelido. Preferiria que me chamassem de "gorducho". Sonhava em ser valentão, forte e gordo. Fazia de tudo para engordar. Bebia óleo de fígado de bacalhau, consumia uma grande quantidade de *milk-shakes*, sorvetes de chocolate com creme e nozes, bolos e tortas, mas era como se nada adiantasse. Não engordava mesmo. Passava noites acordado, pensando no meu físico, e sofria com isso. Continuei a tentar ganhar peso até quase os trinta anos, e foi então que, inesperadamente, comecei a engordar a olhos vistos. A gordura começou a preocupar-me. Passara da conta. Finalmente tive de fazer uma dieta para reduzir o peso. Foi um sofrimento poder conseguir um corpo mais ou menos razoável.

Em segundo lugar (para encerrar esta análise pessoal que estou expondo, para mostrar aos outros como opera esse mal), eu era filho de um pastor e ninguém se esquecia de lembrar-me esse fato. Todos os companheiros podiam fazer o que bem entendessem, mas ai de mim se tentasse fazer uma pequenina coisa qualquer! Lá vinha a crítica: "Oh! você! um filho de pastor!". Não queria ser filho de pastor, pois é de se supor que seus filhos devem ser a delicadeza em pessoa. Desejava ser conhecido como sendo um valentão. Talvez seja essa a razão por que os filhos de pastores adquirem a reputação de serem um tanto intratáveis; revoltam-se contra o fato de terem de empunhar sempre a bandeira da igreja. Jurei que uma coisa jamais faria: a de tornar-me pastor.

Acontece que eu descendia de uma família cujos membros, na sua totalidade, eram artistas e gostavam de fazer discursos, uma coisa de que eu absolutamente não queria ouvir falar. Costumavam fazer levantar-me em público para discursar, e nessas ocasiões eu quase morria de medo; ficava mesmo apavorado. Isso faz muitos anos. De vez em quando sinto ainda algo daquela desagradável sensação de outrora quando subo a uma tribuna para falar em público. Tinha de empregar todos os recursos conhecidos para despertar a confiança na força que, porventura, Deus me dera.

Encontrei a solução do problema nas normas simples da fé que a Bíblia nos ensina. São princípios científicos e bons que podem curar qualquer pessoa do doloroso complexo de inferioridade. Empregando-os, a pessoa que sofre desse mal poderá descobrir e libertar a sua força interior, inibida por causa de uma sensação de deficiência.

Tais são algumas das origens do complexo de inferioridade que criam fortes barreiras em nossa personalidade. Ele advém de alguma emoção violenta em nossa infância ou das consequências de certas circunstâncias ou de algo que fizemos a nós mesmos. É um mal que, da névoa do passado, surge nos recessos sombrios de nossa personalidade.

Talvez você tenha um irmão que foi um estudante brilhante. Ele tirava as primeiras notas na escola e você as notas baixas e isso durante todo o tempo do curso. Você acreditou então que jamais alcançaria o mesmo êxito que estava reservado a seu irmão. Ele obtinha notas altas e você notas baixas; isso fazia você pensar que nunca poderia melhorar sua situação.

Aparentemente, não lhe passava pelo espírito que algumas das pessoas que não haviam tirado boas notas na escola eram justamente aquelas que tinham tido maior êxito na vida. O simples fato de alguém tirar notas brilhantes no colégio não quer dizer que esteja fadado a ser o homem mais importante do país, pois é bem possível que essas notas brilhantes cessem ao receber ele o diploma e que a pessoa que teve notas baixas venha a receber, depois, na vida, as verdadeiras notas altas.

O segredo para eliminar o complexo de inferioridade, que é outro termo para a completa falta de confiança em nós mesmos, está em impregnar o espírito de uma grande fé. Desenvolva sua fé em Deus e isso o fará ter absoluta confiança em si mesmo.

Consegue-se uma formidável confiança em nós mesmos por meio de orações, lendo e absorvendo mentalmente a Bíblia e praticando as suas normas. Tratarei, em outro capítulo, das fórmulas específicas de orações, mas desejo acentuar aqui que é de natureza particular a espécie de orações que produzem a fé necessária para eliminar o complexo de inferioridade. Orações superficiais, formalísticas e rotineiras não são suficientemente poderosas.

Perguntaram a uma excelente senhora negra, cozinheira de uns amigos que tenho no Texas, como conseguia vencer as suas dificuldades. Ela respondeu que os pequenos problemas podiam ser resolvidos por meio de orações comuns, mas que, "quando havia um problema muito grave, tornava-se então necessário fazer muitas orações".

Um dos meus mais interessantes amigos foi o finado Harlowe B. Andrews, de Siracusa, Nova York, um dos melhores homens de negócios e um dos mais competentes peritos espirituais que até hoje conheci. Declarou ele que o mal da maioria das orações está no fato de não serem compridas. "Aprenda a fazer orações compridas para que possa, com fé, chegar a um resultado. Deus avaliará a pessoa de acordo com a magnitude de suas orações." Sem dúvida, ele tinha razão, pois dizem as Escrituras: "De acordo com a tua fé é que receberás" (Mateus 9:29). Portanto, quanto maior o problema, tanto maior a oração.

> ✡ Bíblia de Jerusalém: "E se seguires os meus caminhos, guardando os meus estatutos e os Meus mandamentos como o fez teu pai Davi, dar-te-ei uma vida longa" (1 Reis 3:14).

> ☪ Alcorão: "E aqueles que creem em Deus e em Seus mensageiros são os leais; e os mártires terão, do Seu Senhor, a recompensa e a luz" (Al-Hadid: 19). E: "E, a quem temer a Deus, Ele lhe apontará uma saída, e o agraciará quando menos esperar. Quanto àquele que confiar em Deus, saiba que Ele lhe será Suficiente, porque Deus cumpre o que promete" (At-Talaq: 2-3)

> ✝ Livro do Eclesiástico: "Não deixará impune o pecador com o seu furto e nem a paciência do piedoso ficará frustrada" (Eclesiástico 16:13).*

O cantor Roland Hayes citou-me uma frase do avô, um homem que não teve a educação que o neto recebeu, mas cuja sabedoria natural era evidentemente sólida: "O mal de muitas orações é de não virem do fundo do coração". Aprofunde-se em suas dúvidas, temores e inferioridades. Ore muito, faça muitas orações, fazendo-as brotar do íntimo de seu coração, e conquistará uma vital e forte confiança em si mesmo.

Procure um competente conselheiro espiritual e deixe-o ensinar-lhe como ter fé. A capacidade de possuir e utilizar a fé e de conseguir a libertação da força que ela proporciona é uma habilidade que, como qualquer outra, deve ser estudada e praticada a fim de se chegar à perfeição.

No fim deste capítulo, há uma lista de dez sugestões para se vencer o complexo de inferioridade e desenvolver a fé. Pratique-as diligentemente e elas o auxiliarão a criar confiança em si mesmo, dissipando a sua sensação de inferioridade, por mais profunda que seja.

---

* Vale mencionar que o Livro do Eclesiástico não pertence a uma religião abraâmica independente. Ao contrário, é reconhecido pelo judaísmo e pelo cristianismo. (É considerado canônico pelos católicos e ortodoxos e apócrifo pelos protestantes – N. do T.)

Neste ponto, desejo frisar que, para adquirir essa sensação de confiança, é de grande eficiência a prática de infundir no espírito conceitos encorajadores. Se seu espírito ficar obcecado por ideias de insegurança e inaptidões, será isso naturalmente devido ao fato de as ter deixado dominar-lhe o pensamento durante um longo período de tempo. É preciso que dê ao espírito outra qualidade de ideias mais positivas, o que conseguirá com repetidas sugestões de pensamentos estimuladores. Nas árduas atividades da vida cotidiana, é preciso disciplinar o pensamento se se quer educar novamente o espírito e fazê-lo um gerador de energias. É possível, mesmo em meio aos trabalhos diários, alimentar o espírito com pensamentos estimuladores. Permita-me, leitor, que lhe fale sobre um homem que assim procedia, utilizando-se de um método característico.

Numa manhã de rigoroso inverno, ele veio buscar-me no hotel, numa cidade do Centro-Oeste, para levar-me a outra cidade, 35 milhas distante, onde eu tinha que fazer uma palestra. Entramos no automóvel. Ele passou logo a imprimir certa velocidade ao carro, o que achei algo inconveniente, pois a estrada estava escorregadia. Lembrei-lhe de que dispúnhamos de bastante tempo e sugeri que moderasse a marcha.

— Não se preocupe quando eu estiver guiando — respondeu ele. — Eu mesmo costumava sentir muita insegurança, mas acabei dominando-me. Tinha medo de tudo, de andar de automóvel e de avião. Quando alguma pessoa de minha família fazia uma viagem, ficava preocupado até que regressasse. Vivia sempre com a sensação de que ia acontecer alguma coisa, e isso me tornava a vida um sofrimento. Vivia dominado por esse complexo. Não tinha confiança em mim. Esse estado de espírito refletiu-se em meus negócios. As coisas não me corriam muito bem. Mas descobri um plano maravilhoso que me eliminou toda aquela sensação de insegurança. Hoje em dia tenho confiança em mim e na vida.

Era este o "plano maravilhoso": ele apontou para dois *clips* fixados no painel do carro, logo abaixo do para-brisa, e depois tirou do porta-luvas um maço de cartões; escolheu um e colocou-o debaixo do *clip*. Lia-se no cartão: "Se tens fé nada te será impossível" (Mateus 17:20).

> ✡ Bíblia de Jerusalém: "Iahweh é minha luz e minha salvação: de quem terei medo? Iahweh é a fortaleza de minha vida: frente a quem tremerei?" (Salmos 27:1).

> ☪ Alcorão: "Mas, se os moradores das cidades tivessem acreditado (em Deus) e O tivessem temido, tê-los-íamos agraciado com as bênçãos dos céus e da terra" (Al-A'raf: 96).

> ✞ Livro do Eclesiástico: "Confia no Senhor, ele te ajudará, endireita teus caminhos e espera nele. Vós que temeis ao Senhor, contai com sua misericórdia e não vos afasteis para não cairdes. Vós que temeis ao Senhor, tende confiança Nele e a recompensa não vos faltará" (Eclesiástico 2:6-8).

Tirou o cartão e embaralhou com uma só mão os outros cartões, enquanto guiava com a outra; pegou um ao acaso e colocou-o debaixo do *clip*. Dizia o segundo cartão: "Se Deus estiver conosco, quem irá poder estar contra nós?" (Romanos 8:31).

> ✡ Bíblia de Jerusalém: "Iahweh é minha luz e minha salvação: de quem terei medo? Iahweh é a fortaleza de minha vida: frente a quem tremerei?" (Salmos 27:1).

> ☪ Alcorão: "Meu Senhor está comigo e me iluminará!" (Ash-Shu'ara: 62. E: "Em verdade, Deus defende os crentes, porque Deus não aprecia nenhum traidor e ingrato" (Al-Hajj: 38).

— Sou caixeiro-viajante — explicou ele. — Ando o dia todo de automóvel visitando a freguesia. Descobri que, quando a gente está guiando, toda sorte de pensamentos nos assalta o espírito. Se a qualidade do pensamento é negativa, passa-se o dia todo com ideias negativas, o que é ruim. Era o que acontecia comigo. Quando no automóvel, entre uma visita e outra, costumava pensar coisas pessimistas, sempre com a impressão do medo e, a propósito, essa era uma das razões por que minhas vendas estavam decrescendo. Porém, depois que comecei a usar esses cartões e a decorar suas frases enquanto guio, aprendi a pensar diferentemente. Aquela sensação antiga de insegurança que não me largava desapareceu, por assim dizer. Ao invés de pensar agora em coisas pessimistas, penso em coisas otimistas e encho-me de coragem. É realmente maravilhosa a transformação que esse método operou em mim. Auxilia-me nos negócios também. De fato, como pode uma pessoa esperar fazer uma venda se vai à casa do freguês com a ideia de que não conseguirá vender-lhe coisa alguma?

Esse plano usado pelo meu amigo é muito sábio. Imbuindo o espírito com a afirmativa de que Deus está presente e o auxiliará, modificou realmente o processo de seus pensamentos. Fez cessar aquela sensação de insegurança que, havia muito, o dominava. Libertou-se-lhe a poderosa força que nele se achava inibida.

Formamos essa sensação de insegurança ou segurança consoante à maneira de pensarmos. Se, em nossos pensamentos, ficamos sempre na expectativa de horríveis acontecimentos, resultará que ficaremos constantemente presa de uma sensação de insegurança. O que é ainda mais grave: tenderemos a criar, pela força do pensamento, as próprias condições que tememos. Aquele vendedor realmente criou resultados positivos pensando em coisas estimuladoras por meio daquele processo de colocar os cartões diante de si, no carro. Sua força, curiosamente inibida por uma psicologia derrotista, flui agora de uma personalidade na qual foram estimuladas atitudes criadoras.

A falta de confiança em si mesmo é, aparentemente, um dos grandes problemas que atormentam um considerável número de pessoas hoje em dia. Fez-se uma investigação em seiscentos alunos de cursos de psicologia. Pediu-se-lhes que expusessem os seus mais difíceis problemas pessoais. Setenta e cinco por cento declararam que não tinham confiança em si.

Seguramente é de presumir que essa mesma grande proporção se aplique à população em geral. Encontram-se, por toda parte, pessoas que, intimamente, são medrosas, receiam enfrentar a vida, sofrem de uma profunda sensação de incapacidade e insegurança e duvidam de sua própria força. No íntimo de seu ser, não confiam em sua capacidade de arcar com responsabilidades; com isso, deixam de aproveitar as oportunidades que aparecem. Vivem sempre atormentadas por um vago e sinistro temor de que algo não vai dar certo. Não acreditam que o que desejam ser depende unicamente delas, razão por que procuram contentar-se com algo menos digno do que poderiam conseguir com a sua capacidade. Milhares e milhares de pessoas passam a vida rastejando, vencidas e presas do medo. No entanto, na maioria dos casos, tal negação de força é desnecessária.

Os golpes da vida, a acumulação de dificuldades e a multiplicidade de problemas tendem a solapar as energias e a deixar a pessoa gasta e desencorajada. Em tais condições, a verdadeira situação da força se acha muitas vezes obscura e a pessoa deixa-se vencer pelo desânimo, o que os fatos, aliás, não justificam. É vitalmente essencial avaliar novamente os bens que a nossa personalidade possui. Se o fizermos de modo razoável, constataremos que a nossa situação é menos penosa do que se nos afigura.

Um exemplo: um homem de cinquenta e dois anos veio consultar-me uma vez. Demonstrava estar completamente desesperado. Disse-me que "estava liquidado". Informou-me que havia perdido tudo que tinha, fruto de toda uma existência de trabalho.

— Tudo? — perguntei.

— Tudo! Estou liquidado — repetiu. — Não ficou coisa alguma. Perdi tudo. Não há mais esperanças e estou muito velho para recomeçar a vida. Perdi toda a fé em mim.

Naturalmente condoeu-me aquela sua situação. Mas era evidente que a principal dificuldade era o fato de as pesadas sombras do desespero lhe terem penetrado o espírito, descolorindo-lhe as perspectivas e provocando-lhe uma distorção. Suas verdadeiras energias tinham ficado inibidas com a tortura de seus pensamentos, travando-lhe assim a ação.

— Mas que tal se pegássemos uma folha de papel e anotássemos os bens que ainda lhe restam? — propus.

— Não há necessidade — suspirou ele. — Não me ficou coisa alguma. Creio que já mencionei isso.

— Mesmo assim, vamos ver — insisti. Perguntei-lhe depois: — Sua esposa ainda está com o senhor?

— Como? É claro que está. É uma criatura admirável. Há trinta anos que estamos casados. Jamais ela me abandonaria por pior que fosse a situação.

— Está bem. Vamos anotar isso. Sua esposa continua em sua companhia e não o abandonará aconteça o que acontecer. Que diz a respeito dos filhos? Tem filhos?

— Tenho — respondeu. — Tenho três, e são realmente três criaturas adoráveis. Comoveu-me bastante a maneira com que eles logo me procuraram e disseram de seu amor por mim e que também não me abandonariam.

— Bem, aí temos o item número dois. Três filhos que o amam e não o abandonarão. Tem amigos?

— Sim. De fato, tenho alguns bons amigos. Devo confessar que foram muito corretos. Vieram visitar-me e disseram que gostariam de auxiliar-me. Mas que podem fazer? Não podem fazer coisa alguma.

— Este é o item número três: tem alguns amigos que gostariam de ajudá-lo e o têm em grande estima. Que me diz de sua integridade? Agiu mal alguma vez?

— Nada há contra minha integridade. Sempre procurei agir direito. Tenho a consciência limpa.

— Muito bem. Anotemos a sua integridade como sendo o item número quatro. Que me diz de sua saúde?

— Gozo de boa saúde. Poucas vezes fiquei doente. Creio que estou em boa forma fisicamente.

— Anotemos isso como sendo o item número cinco: boa saúde. Que acha dos Estados Unidos? Acha que continuam ainda em franco comércio e seja o país das oportunidades?

— Acho, sim. É o único país no mundo em que eu gostaria de viver.

— Eis o item número seis: o senhor vive nos Estados Unidos, o país das oportunidades, e está satisfeito de viver aqui. — Indaguei depois: — E que me diz de sua fé religiosa? Crê em Deus e crê que Ele o auxiliará?

— Sim. Não creio que teria suportado tudo isso se não tivesse alguma ajuda de Deus.

— Agora, vamos ver a relação dos bens anotados:

"1. Uma esposa maravilhosa — casado há trinta anos.

"2. Três filhos dedicados que não o abandonarão.

"3. Amigos que o querem ajudar e que o têm em grande estima.

"4. Integridade. Nada fez que o possa envergonhar.

"5. Boa saúde.

"6. Vive nos Estados Unidos, o maior país do mundo.

"7. Tem fé religiosa."

Mostrei-lhe, na mesa, a folha de papel.

— Olhe isto! Acho que possui tantos bens! Julgara, pelo que me dissera, tivesse perdido tudo!

Ele sorriu meio envergonhado.

— De fato, não pensei nessas coisas — disse. — Isso não me passou pela cabeça. Talvez a situação não seja realmente tão má — declarou pensativamente. — Quem sabe? Talvez pudesse começar de novo a vida, se conseguisse apenas adquirir certa confiança, se pudesse sentir alguma força dentro de mim...

Bem, ele compreendeu tudo e tratou de começar a vida novamente. Conseguiu fazê-lo somente depois de ter modificado o seu ponto de vista e sua atitude mental. A fé varreu as dúvidas que o assaltavam e uma força, o bastante para vencer suas dificuldades, emergiu do íntimo de seu ser.

Esse incidente ilustra uma profunda verdade, expressa num documento muito importante do célebre psiquiatra, Dr. Karl Menninger. Disse ele:

"As atitudes são mais importantes que os fatos". Vale a pena repetirmos essa frase para que possamos absorver a verdade que ela encerra. Qualquer fato que enfrentarmos, por mais penoso que seja, mesmo que pareça irremediável, não será tão importante quanto a nossa atitude em relação a ele. Da maneira como julgarmos um fato é que poderemos ser derrotados antes que possamos tomar qualquer medida com relação a ele. Poderemos, talvez, permitir que o fato nos esmague mentalmente antes que comecemos a tratar realmente dele. Por outro lado, a observância de pensamentos otimistas e animadores pode modificar ou dominar inteiramente o fato.

Conheço um homem que é muito valioso para a sua companhia, não por causa de qualquer habilidade extraordinária, mas por causa do fato de ele sempre demonstrar ser possuidor de um espírito animador. Quando seus colegas encaram com pessimismo certo problema, ele logo emprega um método a que deu o nome de "o método do aspirador de pó", isto é, por meio de uma série de perguntas, ele "aspira o pó" do espírito de seus companheiros; arranca-lhes as atitudes negativas. Depois, muito serenamente, sugere-lhes ideias positivas com relação ao problema, infundindo-lhes novas atitudes, as quais lhes dão nova concepção dos fatos.

Muitas vezes, os colegas comentavam os problemas, os quais lhes pareciam diferentes quando esse homem "começava a operar sobre eles". É a atitude de confiança que cria a diferença e ela não elimina a objetividade na avaliação dos fatos. A vítima do complexo de inferioridade vê os fatos por meio de atitudes que lhe são prejudiciais. O segredo para corrigir-se está simplesmente em adquirir uma visão normal que se incline para o lado positivo.

Se você, leitor, se julga vencido e perdeu a confiança em sua capacidade de vencer, sente-se, pegue uma folha de papel e faça uma lista, não dos fatores que lhe são adversos, mas dos que tenha a seu favor. Se pensarmos constantemente nas forças que parecem estar contra nós, acabaremos transformando-as numa verdadeira força, o que, aliás, não se justifica. Elas tomarão uma consistência que, na realidade, não possuem. Mas se, ao contrário, encararmos mentalmente os nossos valores e os pesarmos e fixarmos neles os nossos pensamentos, realçando-os ao máximo, conseguiremos libertar-nos de nossas dificuldades, independentemente do que possam ser. As nossas forças interiores começarão a firmar-se e, com o auxílio de Deus, nos tirarão da derrota para nos conduzir à vitória.

Uma das mais poderosas concepções, que é seguramente a cura para a falta de confiança, é o pensamento de que Deus está realmente ao nosso lado, ajudando-nos. Este é um dos mais simples ensinamentos da religião: Deus Todo-Poderoso será nosso companheiro, não nos abandonará e nos auxiliará até o fim. Nenhuma ideia é tão poderosa para desenvolver a confiança em nós mesmos quanto a dessa simples crença, quando praticada. Para praticá-la basta afirmar: "Deus está comigo; Deus está me ajudando; Deus está me guiando".

> ✡ Bíblia de Jerusalém: "Não te ordenei: Sê firme e corajoso? Não temas e não te apavores, porque Iahweh teu Deus está contigo por onde quer que andes" (Josué 1:9).

> ☪ Alcorão: Deus lhes disse: Não temais, porque estarei convosco; ouvirei e verei (tudo)" (Ta-Ha: 46).

Dedique alguns minutos de cada dia visualizando Sua presença. Repita depois essa afirmação com fé. Trate de seus afazeres com a ideia de que aquilo que você afirmou e visualizou é verdadeiro. Faça essa afirmação, visualize a Sua presença, tenha fé e será senhor de si. A libertação das forças que esse processo estimula o surpreenderá.

A sensação de confiança depende do tipo de pensamentos que habitualmente ocupa seu espírito. Pense no fracasso e pode estar certo de que se sentirá fracassado. Pratique, porém, pensamentos estimuladores, faça disso um hábito dominante e acabará desenvolvendo uma forte sensação de capacidade que o habilitará a vencer quaisquer dificuldades. Realmente, a sensação de confiança aumenta a nossa força. Basil King disse certa vez: "Seja ousado que forças poderosas virão em seu auxílio". A experiência prova a verdade desse conceito. Você sentirá que essas forças poderosas o estão auxiliando à medida que a sua crescente fé vai modificando suas atitudes.

Emerson declarou uma grande verdade: "Somente vencem aqueles que acreditam poder vencer". E acrescentou: "Faça aquilo que você teme, e o temor desaparecerá". Tenha sempre confiança e fé e seus temores e sensação de insegurança logo deixarão de exercer qualquer domínio sobre você.

Uma vez, quando Stonewell Jackson planejava um ousado ataque, um de seus generais, receoso, fez objeções, dizendo que temia isso ou aquilo, etc. Jackson pousou a mão sobre o ombro de seu subordinado e disse-lhe: "General, não se guie jamais pelos seus temores".

O segredo está em encher o espírito com pensamentos de fé, confiança e segurança. Isso expelirá todos os pensamentos repletos de dúvidas e eliminará a falta de confiança. A um homem que, durante muito tempo, vivia atormentado por uma sensação de insegurança e temores, sugeri que lesse a Bíblia inteira, sublinhando com o lápis vermelho todas as citações nela contidas relativas à coragem e confiança. Ele acabou decorando-as. De fato, impregnou o espírito com os pensamentos mais sadios, mais felizes e mais poderosos que há no mundo. Esses pensamentos dinâmicos transformaram-no; de criatura desesperada que era passou a ser um homem de força dominante. Foi notável a transformação que nele se operou em poucas semanas. De um espírito quase completamente fracassado passou a ser uma personalidade confiante e inspiradora. Reconquistou a confiança em si mesmo e em sua própria força por meio de um processo simples: o de modificar o seu modo de pensar.

Para resumir — que pode você fazer agora para criar confiança em si mesmo? Mencionamos a seguir dez regras, simples e exequíveis, para dominar suas ideias de inaptidão e aprender a ter fé. Milhares de pessoas as têm empregado e obtido brilhante resultado. Comece a seguir esse programa que irá também criar essa confiança em si mesmo e em sua própria força. Você também terá essa mesma sensação de possante energia.

1. Formule e grave indelevelmente em seu espírito um quadro mental de si mesmo como sendo coroado de êxito em tudo. Mantenha sempre esse quadro no espírito. Não permita que desapareça. Seu espírito procurará desenvolver essa ideia. Jamais pense que irá fracassar; jamais duvide da realidade dessa imagem mental; seria perigosíssimo, pois o espírito sempre procura realizar aquilo que se imagina. Por conseguinte, imagine *sempre* o "sucesso", por piores que as coisas lhe possam parecer no momento.

2. Toda vez que um pensamento negativo relacionado à sua força pessoal lhe assaltar o espírito, exprima deliberadamente um pensamento positivo para eliminá-lo.

3. Não crie obstáculos em sua imaginação. Deprecie todos esses pseudo-obstáculos. Reduza-os ao mínimo. As dificuldades devem ser estudadas e tratadas de maneira eficiente a fim de serem eliminadas; devem ser encaradas apenas como se apresentam. Não devem ser ampliadas por pensamentos pessimistas.

4. Não se deixe atemorizar por outras pessoas nem procure imitá-las. Ninguém pode ter a sua eficiência. Lembre-se também que a maioria das pessoas, não obstante mostrar confiança em si, sente-se, muitas vezes, tão receosa e tão hesitante quanto você.

5. Repita dez vezes ao dia estas palavras dinâmicas: "Se Deus está *conosco*, quem estará contra *nós?*" (Romanos 8:31).

> ✡ Bíblia de Jerusalém: "Deus é nosso refúgio e nossa força, socorro sempre alerta nos perigos" (Salmos 46:2). E: "Ergo os olhos para as montanhas: de onde virá meu socorro? Meu socorro vem de Iahweh, que fez o céu e a terra. Não deixará teu pé tropeçar, o teu guarda jamais dormirá!" (Salmos 121:1-3). E: "Iahweh guarda a tua partida e chegada, desde agora e para sempre" (Salmos 121:8).

> ☪ Alcorão: "Porém, Deus é o melhor Guardião e é o mais clemente dos misericordiosos" (Yusuf: 64). E: "Quanto àquele que confiar em Deus, saiba que Ele lhe será Suficiente" (At-Talaq: 3).

(Pare de ler e repita essas palavras AGORA, de maneira lenta e confiante.)

6. Arranje um competente conselheiro para ajudá-lo a compreender a razão de ser de seu modo de agir. Conheça a origem de sua sensação de inferioridade e indecisões, a qual muitas vezes tem suas raízes na infância. O conhecimento de nós mesmos é um fator na cura.

7. Repita sete vezes ao dia, em voz alta, se possível, o seguinte versículo: "Poderei fazer tudo com a ajuda de Cristo; Ele me dará forças" (Filipenses 4:13). Repita-o AGORA. Esta declaração mágica é o mais poderoso antídoto que há na terra para os pensamentos pessimistas.

> ✡ Bíblia de Jerusalém: "Ouve, ó Israel: Iahweh nosso Deus é o único Iahweh! Portanto, amarás a Iahweh teu Deus com todo o teu coração, com toda a tua alma e com toda a tua força" (Deuteronômio 6:4-5).

> ☪ Alcorão: "Confia em Deus, porque Deus te basta por Guardião" (Al-Ahzab: 3+48). E: "Ó Senhor nosso, em Ti confiamos e a Ti nos voltamos contritos, porque para Ti será o retorno" (Al-Mumtahina: 4).

Repita essas palavras AGORA. Essa declaração mágica é o mais poderoso antídoto na terra para pensamentos de inferioridade.

8. Avalie exatamente a sua própria capacidade e dê-lhe depois dez por cento de acréscimo. Não se torne egocêntrico, mas desenvolva um respeito próprio sadio. Tenha confiança na sua própria força, como sendo libertada por Deus.

9. Entregue-se a Deus. Para fazer isso, basta dizer simplesmente: "Estou nas mãos de Deus". Creia depois que está recebendo NESTA OCASIÃO todas as energias de que necessita. Sinta-as fluindo para dentro de você. Afirme que "o Reino de Deus está no meio de vós" (Lucas 17:21), na forma de uma força apropriada para enfrentar a vida.

> ✡ Bíblia de Jerusalém: "Porei no vosso íntimo o meu espírito [...]" (Ezequiel 36:27).

> ☪ Alcorão: "Ele está convosco onde quer que estejais" (Al-Hadid: 4). E: "Dize: Tomareis por protetor outro que não seja Deus, Criador dos céus e da terra?" (Al-An'am: 14).

10. Lembre-se de que Deus está com você e que nada poderá vencê-lo. Creia que está AGORA RECEBENDO dEle toda a força necessária.

2
O ESPÍRITO TRANQUILO GERA ENERGIAS

Éramos três a tomar o café da manhã na sala de jantar de um hotel. A conversa girava sobre um tópico verdadeiramente importante: se tínhamos dormido bem à noite. Um senhor se queixou de que tinha tido insônia. Não pudera conciliar o sono e parecia quase tão exausto quanto na véspera ao recolher-se.

— Acho que devo pôr um fim a esse hábito de ouvir notícias pelo rádio antes de deitar-me — observou. — Liguei-o ontem à noite e a verdade é que fiquei com "a cabeça cheia".

A expressão "cabeça cheia" não deixa de ser interessante. Não é de admirar que ele tivesse tido uma noite agitada.

— Talvez o café que eu havia tomado antes de me deitar tenha também contribuído para a minha insônia — acrescentou.

O outro senhor falou, por sua vez:

— Pois eu passei uma noite admirável. Li as notícias de um jornal vespertino, ouvi as notícias mais cedo e tive assim oportunidade de digerir tudo antes de ir dormir. Naturalmente — continuou — não deixei de aplicar meu plano para dormir bem, um plano que não deixa de surtir efeito.

Incitei-o a que expusesse o plano e ele o explicou:

— Quando eu era rapazinho, meu pai, que era fazendeiro, tinha o costume de reunir a família na sala, à hora de dormir, e lia-nos trechos da Bíblia. Ainda posso ouvi-lo lendo para nós. De fato, toda vez que ouço os versículos da Bíblia que ele lia, tenho a impressão de que os estou ouvindo no tom de voz de meu pai. Findas as orações, eu ia para o quarto e dormia como um justo. Quando saí de casa, não mais me preocupei com a leitura da Bíblia e com as orações.

— Devo admitir que, durante anos, a única vez que rezei, por assim dizer, foi quando estive numa situação difícil. Mas uns meses atrás, eu e minha mulher, a braços com problemas difíceis, resolvemos que deveríamos experimentar novamente a adoção daquele hábito de meu pai. Achamo-lo de grande auxílio, de modo que toda noite, antes de nos deitarmos, costumamos ler a Bíblia e fazer orações em conjunto. Não sei o que é que acontece, mas o fato é que tenho dormido melhor e as coisas melhoraram para nós. Realmente, esse hábito tem sido de tão grande auxílio para mim que, mesmo quando viajo, como se dá agora, não deixo de ler a Bíblia e de orar. Ontem à noite, deitei-me e li o salmo 23. Li-o em voz alta. Fez-me um bem extraordinário.

Ele se virou para o companheiro e disse:
— Não fui dormir com a cabeça cheia, mas sim com paz de espírito.

Bem, eis aí duas expressões extraordinárias para você: "cabeça cheia" e "paz de espírito". Qual das duas prefere?

O segredo essencial está na mudança da atitude mental. Devemos aprender a viver apoiados numa base de pensamento diferente. Mesmo que os pensamentos requeiram esforços, é coisa que nos será muito mais fácil fazer do que continuarmos a viver da maneira como vivemos. Uma vida cheia de agitações e tensão é difícil. A vida cheia de paz interior, sendo harmoniosa e sem tensão, é o modo mais fácil de se viver. Assim, sua principal luta, em conquistar a paz de espírito está no esforço de poder restaurar o seu modo de pensar e adotar uma atitude calma, aceitando de Deus a dádiva da paz.

Como ilustração dessa atitude, sempre penso numa experiência que tive em certa cidade, onde, uma noite, fiz uma palestra. Antes de ir para o palco, sentei-me num canto dos bastidores para repassar o tema de minha palestra, quando se aproximou de mim um senhor que queria tratar de um problema pessoal.

Informei-o de que era impossível atendê-lo naquele momento, pois estava prestes a ser chamado ao palco. Pedi-lhe que esperasse até que terminasse minha conferência. Enquanto eu a fazia, via-o andando de um lado para outro, na parte lateral do palco, um tanto excitado. Passado algum tempo, desapareceu. Deixara-me, porém, um cartão de visita, o qual indicava tratar-se de uma pessoa de grande influência naquela cidade.

Ao voltar ao hotel, embora fosse tarde, decidi telefonar-lhe, pois sentia-me preocupado com ele. Surpreendeu-se com a minha chamada e explicou que não me esperara porque evidentemente eu havia de ficar muito ocupado.

— Apenas desejava que fizesse uma oração comigo — disse ele. — Pensava que, se o fizesse, talvez viesse a ter alguma paz de espírito.

— Nada há que nos possa impedir de fazê-lo agora, juntos, pelo telefone — propus.

— Nunca ouvi falar em fazer orações pelo telefone — confessou ele surpreso.

— Por que não? O telefone é um simples meio de comunicação. O senhor está a alguns quarteirões distante, mas, com este meio de comunicação, estamos juntos. Além disso — continuei —, Deus está com cada um de nós. Ele está em ambas as extremidades da linha e no meio. Está com o senhor e comigo.

— Está bem. Gostaria que fizesse uma oração comigo — concordou ele.

Cerrei então os olhos e orei por aquele senhor. Eu o fiz como se estivéssemos na mesma sala. Ele podia ouvir e Deus também ouvia. Assim que terminei a oração, perguntei-lhe se não queria fazer agora a dele. Não ouvi resposta, mas, sim, soluços.

— Não posso falar — ele conseguiu finalmente articular.

— Continue a chorar durante algum tempo e ore depois — sugeri. — Conte simplesmente a Deus tudo que o perturba. Creio que esta linha é particular. Se não for e houver alguém escutando, não fará mal. Para as demais pessoas não passamos agora de duas vozes. Ninguém saberia quem somos.

Assim encorajado, começou a orar, a princípio hesitante e, depois, com grande impetuosidade. Abriu-se, em seguida, completamente. Era um coração cheio de ódios e fracassos. Finalmente implorou: — Querido

Jesus, é muita coragem minha pedir-vos que façais algo por mim, pois nunca fiz coisa alguma por Vós. Sabeis o quanto sou insignificante, embora eu procure aparentar importância. Repugna-me tudo isso, querido Jesus. Ajudai-me!.

Orei novamente e pedi a Deus que atendesse àquele pedido. Disse depois:

— Ó Deus que estais na outra extremidade da linha, pousai a mão sobre meu amigo e dai-lhe paz. Ajudai-o a aceitar a Vossa dádiva de paz.

Seguiu-se depois uma longa pausa. Jamais esquecerei o tom de sua voz quando o ouvi dizer: — Haverei sempre de me lembrar desta experiência e desejo que o Senhor saiba que, pela primeira vez, em muitos anos, me sinto limpo, feliz e cheio de paz.

Aquele homem empregou uma norma simples para conseguir a paz de espírito. Saneou a alma e recebeu a paz como dádiva de Deus.

Disse um médico: "O mal de muitos de meus pacientes está apenas no espírito. Tenho uma receita favorita para eles. Não é para ser aviada numa farmácia. A receita que lhes dou é um versículo da Bíblia (Romanos 12:12). Não a escrevo para eles; obrigo-os a lê-la. Eis o seu teor: '...transforma-te, renovando teu espírito...' Eles apenas necessitam renovar o espírito para se tornarem mais felizes e terem mais saúde; precisam apenas dar outra feição a seus pensamentos. Quando meus pacientes observam essa receita, acabam conseguindo a paz de espírito. Isso auxilia a produzir saúde e bem-estar".

> ✡ Bíblia de Jerusalém: "Ó Deus, cria em mim um coração puro, renova um espírito firme no meu peito" (Salmos 51:12). E: "Eis que o meu Servo prosperará, ele se elevará, será exaltado, será posto nas alturas" (Isaías 52:13).

> ☪ Alcorão: "Ele jamais mudará as condições que concedeu a um povo, a menos que este mude o que tem em seu íntimo" (Ar-Ra'd: 11).

Um método simples para obter essa paz é praticar o "esvaziamento do espírito". Dissertarei sobre isso em outro capítulo. Menciono-o aqui, tão somente para ressaltar a importância de uma frequente catarse mental. Recomendo que se faça o "esvaziamento do espírito" pelo menos duas vezes ao dia ou mais, se necessário. Procure expurgar dele o medo, o ódio, a sensação de insegurança e de culpa e os pesares. O simples fato de você fazer conscientemente esse esforço para "esvaziar" o espírito tende a proporcionar grande alívio. Não sentiu, alguma vez, um bem-estar inefável quando pôde desabafar com uma pessoa de sua confiança a angústia que lhe ia pelo coração? Como pastor, tenho muitas vezes observado o quanto é importante para as pessoas terem alguém com quem possam desabafar, em confiança, tudo que lhes perturba o espírito.

Numa viagem que recentemente fiz a Honolulu, celebrei um ofício religioso a bordo do vapor *Lurline*. No decorrer do meu sermão, sugeri às pessoas que estivessem com o espírito atribulado que fossem à popa do navio e, imaginariamente, arrancassem de si as tribulações, lançassem-nas ao mar e as vissem desaparecer na esteira do navio. Parece uma sugestão quase infantil, mas o fato é que um homem me procurou horas depois, naquele dia, e contou-me que fizera o que eu tinha sugerido e ficara surpreendido com o alívio que aquilo lhe proporcionara.

— Durante esta viagem — acrescentou ele — irei todas as tardes lançar ao mar minhas tribulações até educar o meu espírito e eliminá-las completamente. Todos os dias irei vê-las desaparecer no grande oceano da vida. Não diz a Bíblia uma coisa mais ou menos assim, que a gente deve "esquecer aquilo que vai ficando para trás"?

> ✡ Bíblia de Jerusalém: "Feliz aquele cuja ofensa é absolvida, cujo pecado é coberto. Feliz o homem a quem Iahweh não atribui seu erro, e em cujo espírito não há fraude" (Salmos 32:1-2). E: "Tu és um refúgio para mim, tu me preservas da angústia e me envolves com cantos de libertação" (Salmos 32:7).

> ☪ Alcorão: "Deus perdoa o passado" (Al-Ma'ida: 95).

> ✝ Livro do Eclesiástico: "Filho, pecaste? Não tornes a pecar, e pede perdão pelas culpas passadas" (Eclesiástico 21:1).

Esse homem, em que aquela sugestão encontrara receptibilidade, não era um sentimental inculto. Ao contrário, era uma pessoa de extraordinária estrutura mental, um chefe preeminente na sua esfera.

É claro que não basta "esvaziar" o espírito. Quando vazio, algo terá de entrar nele. O espírito não pode ficar muito tempo à guisa de um vácuo. Não se pode ficar permanentemente com ele "vazio". Admito que possa haver pessoas capazes de realizar tal proeza. Aos poucos, é preciso "enchê-lo" novamente, caso contrário aqueles antigos pensamentos desagradáveis, que tinham sido arremessados para longe, procurarão voltar novamente.

Para impedir que isso aconteça, comece logo a "encher" o espírito de pensamentos criadores e sadios. Assim, quando os antigos temores, ódios e tribulações que o assediaram durante tanto tempo procurarem instalar-se de novo em seu espírito, encontrarão uma tabuleta na porta que diz: "ocupado". Talvez queiram forçar a entrada, pois, tendo vivido nele tanto tempo, julgam que poderão continuar a dominá-lo à vontade. Mas os pensamentos novos e sadios que você acolheu estarão vigilantes e mais fortes e saberão, portanto, rechaçá-los. Os antigos acabam logo renunciando à luta e não mais o importunarão e a paz reinará para sempre em seu espírito.

De vez em quando, durante o dia, exercite o espírito imaginando uma série de pensamentos bons, escolhidos. Repasse nele os cenários mais tranquilos que tenha presenciado, como, por exemplo, algum bonito vale mergulhado no doce silêncio da tarde, na hora em que as sombras se vão estendendo e o sol se recolhendo. Ou lembre da luz prateada da lua brincando nas águas onduladas ou do mar banhando docemente a areia branca de uma praia. Esses pensamentos-imagens produzirão no seu espírito o mesmo efeito de um remédio maravilhoso. Trate, pois, de mergulhar o espírito nessas doces cenas de paz uma vez ou outra durante o dia.

Pratique a técnica da articulação sugestionadora, isto é, repita audivelmente algumas palavras de candura. As palavras têm um profundo poder de sugestão e cura. Pronuncie palavras desarrazoadas e seu espírito logo se verá presa de certo nervosismo. Talvez você sinta um mal-estar no estômago, que afetará todo o seu mecanismo físico. Se, pelo contrário, você falar palavras de paz e serenas, seu espírito reagirá de uma maneira também serena. Use um vocábulo, como "tranquilidade". Repita-o lentamente várias vezes. "Tranquilidade" é um dos mais belos e mais melodiosos vocábulos da língua portuguesa e o simples fato de o exprimir tende a criar um estado tranquilo.

Outra palavra salutar é "serenidade". Imagine o que ela significa quando a pronunciar. Repita-a vagarosamente e na mesma disposição da qual este vocábulo é um símbolo. Palavras como essas têm um grande poder curador quando usadas dessa maneira.

Auxilia também dizer-se alguns versículos ou passagens das Sagradas Escrituras. Um senhor de minhas relações, que adquiriu notável paz de espírito, tem o hábito de escrever, em cartões, pequeninos trechos, todos eles exprimindo paz. Costuma trazer sempre consigo esses cartões. Lê-os frequentemente, até decorar-lhes o teor. Diz que cada uma dessas ideias, lançadas em seu subconsciente, "lubrifica" de paz o seu espírito. Um doce conceito é, na verdade, um óleo para os espíritos turbados. Um dos trechos que ele costuma citar é extraído de um místico do século XVI: "Não deixes que coisa alguma te perturbe e atemorize. Tudo passa, exceto Deus. Somente Deus é suficiente".

As palavras da Bíblia têm um valor terapêutico particularmente forte. Deixe-as caírem em seu espírito e permita que "se dissolvam" na consciência. Elas espalharão um bálsamo purificador por toda a sua estrutura mental. Esse é um dos processos mais simples e mais eficientes para se conseguir a paz de espírito.

Um vendedor contou-me um incidente que se passou num quarto de hotel, no Centro-Oeste. Ele fazia parte de um grupo de homens de negócios que ali estavam para uma conferência. Um homem se achava demasiado excitado. Mostrava-se brusco, descambando sempre para a discussão. Todos os presentes o conheciam muito bem e tinham percebido que ele se achava sob grande tensão nervosa. Sua atitude acabou irritando os demais. O nervoso indivíduo logo abriu a maleta de viagem e tirou de dentro uma grande garrafa contendo um líquido escuro, um remédio, ou o que parecia sê-lo, e serviu-se de uma grande dose. Perguntaram-lhe que remédio era aquele, e ele explicou:

— Oh! É coisa aqui para os nervos. Tenho a impressão de que vou estourar. Essa tensão em que vivo me faz, às vezes, pensar que algum dia arrebento. Procuro não dar demonstração, mas creio que vocês têm observado que sou nervoso. Recomendaram-me este remédio e já bebi várias garrafas. Parece-me que não tem adiantado coisa alguma.

Os outros homens riram. Mas um deles interveio de maneira amável, dizendo:

— Bill, não sei que remédio é esse que você está tomando. Talvez seja bom. É provável que seja, mas posso dar-lhe um remédio para os nervos que surtirá mais efeito que esse. Eu sei, pois foi o que me curou, e eu estava muito pior que você.

— Que remédio é?

O outro homem tirou de sua maleta um livro.

— Este livro fará a cura, e estou falando sério — disse. — Você talvez julgue estranho que eu traga na maleta uma Bíblia. Pouco se me dá o que os outros possam pensar a respeito. Não me envergonho por isso. Há dois anos que trago sempre comigo esta Bíblia. Assinalei certos trechos que me ajudam a manter o espírito em paz. Isso tem dado resultado e creio que poderá fazer-lhe algum bem. Por que não experimenta, como eu?

Os demais companheiros ouviam com interesse aquela dissertação fora do comum. O homem nervoso deixara-se cair numa cadeira. Seu interlocutor, vendo que suas palavras estavam causando certa impressão, continuou:

— Certa tarde, num hotel, passei por uma experiência muito peculiar. Foi o que me fez criar este hábito de ler a Bíblia. Não estava me sentindo bem. Estava em viagem de negócios e, uma tarde, subi a meu quarto excessivamente nervoso. Tentei escrever algumas cartas, mas não consegui concentrar a atenção nelas. Andei de um lado para outro no quarto; tentei ler o jornal, mas isso logo me aborreceu. Resolvi descer e beber alguma coisa — qualquer coisa que pudesse fazer esquecer-me de mim mesmo.

— Estava de pé, diante da cômoda, quando deparei com uma Bíblia que ali tinham deixado. Já tinha visto muitas dessas Bíblias nos quartos dos hotéis, sem que jamais me preocupasse em ler qualquer uma delas. Contudo, alguma coisa me impeliu a pegá-la. Abri-a ao acaso e comecei a ler um dos salmos. Lembro-me de que o li de pé, sentei-me depois e li o seguinte. Interessara-me pela leitura, mas nem por isso deixei de ficar surpreendido — eu, lendo a Bíblia! Era de fato engraçado, mas continuei a ler.

— Logo cheguei ao salmo 23. Eu o tinha aprendido quando menino, numa escola dominical. Foi uma surpresa para mim constatar que ainda sabia de cor quase todo o texto. Procurei recitá-lo, especialmente o versículo que diz: 'Ele me conduz à margem das águas tranquilas e revigora-me a alma' (Salmos 23:1). Gostei desse versículo. Impressionou-me. Fiquei repetindo-o várias vezes. Quando dei por mim, despertei.

> ✡ Bíblia de Jerusalém: "Iahweh é meu pastor, nada me falta. Em verdes pastagens me faz repousar. Para as águas tranquilas me conduz e restaura minhas forças; ele me guia por caminhos justos, por causa do seu nome" (Salmos 23:1-3). E: "Sim, felicidade e amor me seguirão todos os dias da minha vida; minha morada é a casa de Iahweh por dias sem fim" (Salmos 23:6).

> ☪ Alcorão: "Que são crentes e cujos corações sossegam com a recordação de Deus. Não é, acaso, certo, que à recordação de Deus sossegam os corações?" (Ar-Ra'd: 28). E: "Ele foi Quem infundiu o sossego nos corações dos crentes para acrescentar fé à sua fé" (Al-Fath: 4).

> ✝ Versão da Bíblia King James Atualizada: "Tomai vosso lugar em minha canga e aprendei de mim, porque sou amável e humilde de coração, e assim achareis descanso para as vossas almas" (Mateus 11:29). E: "Portanto, que o Deus da esperança vos abençoe plenamente com toda a alegria e paz, à medida da vossa fé nele, para que transbordeis de esperança, pelo poder do Espírito Santo" (Romanos 15:13).

— Parecia que eu tinha dormido e dormido pesadamente. No entanto, cochilara apenas, coisa de quinze minutos, mas, ao acordar, senti-me bem-disposto, descansado, como se tivesse tido um bom sono. Posso ainda me lembrar da maravilhosa sensação de bem-estar que senti. Percebi, em seguida, que me achava calmo e perguntei a mim mesmo se tudo aquilo não era estranho, qual o meu mal para que não tivesse cogitado de uma leitura tão maravilhosa como aquela?

— Assim, depois da experiência, comprei uma Bíblia, de formato pequeno, para trazer sempre em minha maleta. Desde aquela época, costumo trazê-la comigo. Sinceramente, gosto de lê-la e já não sinto mais aquele nervosismo de outrora. Por isso, Bill, experimente esse remédio, veja se não surtirá efeito — concluiu ele.

Bill fez a experiência e se apegou a ela. Informou que, a princípio, a Bíblia lhe parecia um pouco estranha e difícil, e ele a lia às ocultas. Não queria que o tomassem por carola. Mas agora costuma trazê-la sempre consigo em suas viagens; é a sua companheira inseparável e, segundo sua própria expressão, "tem-lhe feito um bem extraordinário".

— Não preciso mais tomar remédio para os nervos — declarou.

Esse plano deve ter surtido efeito no caso de Bill, pois ele agora é uma pessoa normal. Dominou suas emoções. Tanto ele como o amigo descobriram que é fácil conseguir a paz de espírito. Basta alimentá-lo com pensamentos sadios. É coisa simples.

Há outras maneiras pelas quais você poderá desenvolver a serenidade, tanto no espírito como nas atitudes. Uma delas é por meio da conversação.

Segundo as palavras que empregarmos e o tom em que as exprimirmos, podemos tornar-nos nervosos, vibráteis e coléricos. De nosso modo de falar é que poderão ser positivos ou negativos os resultados. Com a linguagem poderemos também conseguir reações serenas. Falemos sempre com serenidade para ter a paz que desejamos.

Quando num grupo a conversa tende a tornar-se violenta, procure injetar nela ideias sãs. Observe como esse procedimento destrói a tensão nervosa. Uma conversa cheia de expressões desagradáveis, à hora do café da manhã, por exemplo, determina muitas vezes a disposição que se terá durante o dia. Não é de admirar que as coisas corram mal quando isso acontece. Uma conversa negativa afeta de modo adverso as circunstâncias. Não resta dúvida que uma conversa de natureza carregada e nervosa aumenta a agitação interior.

Comece sempre o dia com disposição alegre e feliz que tudo lhe correrá bem. Tal disposição constitui um fator ativo e definitivo para se criar condições satisfatórias. Então, observe seu modo de falar se deseja alimentar sua paz de espírito.

É importante eliminar da conversação todas as ideias negativas, pois elas tendem a produzir tensão e aborrecimentos. Por exemplo, quando você estiver almoçando com um grupo de pessoas, não comente que "os comunistas dominarão o país". Em primeiro lugar, os comunistas não dominarão o país e, ao fazer essa afirmação, você estará, com isso, criando uma reação depressiva no espírito dos outros. Isso inegavelmente prejudica a digestão. Uma afirmação depressiva como essa desagrada a todos os presentes. Ao saírem, eles talvez levarão consigo certo aborrecimento. Levarão também consigo a sensação de que nem tudo está correndo bem. Há ocasião em que devemos enfrentar essas duas questões e tratá-las de maneira objetiva e vigorosa; ninguém mais do que eu tem maior desprezo pelo comunismo, mas, em regra geral, para ter paz de espírito é preciso que, na conversação, se recorra sempre às expressões felizes, otimistas e agradáveis.

As palavras que exprimimos produzem um efeito direto e definitivo em nossos pensamentos. Estes as criam e elas são os veículos das ideias. As palavras também afetam os pensamentos e contribuem para moldar as atitudes. Realmente, muita coisa que nos ataca o espírito tem a sua origem na conversação. Por conseguinte, disciplinando-se esta, assegurando-se de que não seja imbuída de expressões desagradáveis, o resultado que se obterá será a obtenção de ideias serenas e, por fim, a conquista da paz de espírito.

Outra técnica eficiente para se desenvolver a paz de espírito é praticar diariamente o silêncio. Todas as pessoas deviam insistir em manter, pelo menos, uns quinze minutos de absoluto silêncio a cada vinte e quatro horas. Vá sozinho a um lugar onde possa sentar-se ou deitar-se durante uns quinze minutos e pratique a arte do silêncio. Não converse com pessoa alguma. Não escreva nem leia. Pense o menos possível. Neutralize o espírito. Conceba-o como estando completamente inativo. Isso não será muito fácil a princípio, porque os pensamentos o estarão agitando, mas a prática aumentará a sua eficiência. Conceba o espírito como sendo a superfície de um lago, cujas águas não mostram uma única ondulação sequer. Quando tiver atingido esse estado de doce tranquilidade, comece então a procurar ouvir os mais profundos sons da harmonia, da beleza de Deus, os quais haverão de ser encontrados na essência do silêncio.

Infelizmente, os americanos não são experientes nessa prática, o que é lamentável, pois, como disse Thomas Carlyle, "o silêncio é o elemento em que se amoldam as grandes coisas". À presente geração de americanos tem passado despercebido algo que os nossos antepassados conheciam e que ajudava a formar-lhes o caráter — o silêncio das grandes florestas e das imensas planícies.

Talvez nossa falta de paz interior seja devida, em parte, ao efeito dos ruídos no sistema nervoso das pessoas modernas. Experiências científicas demonstram que os ruídos no lugar em que trabalhamos, vivemos ou dormimos reduzem a eficiência num grau bastante apreciável. Contrariamente à crença popular, é duvidoso que cheguemos a adaptar ao ruído nossos mecanismos mental e nervoso. Por mais familiar que um som repetitivo venha a tornar-se, ele não deixa de ser percebido pelo subconsciente. Buzinas de automóvel, ronco de motores de avião e outros ruídos estridentes resultam, realmente, em uma atividade física durante o sono. Os impulsos transmitidos por esses sons aos nervos causam movimentos musculares, o que impede de conseguir-se um repouso completo. Se a reação for suficientemente forte, ela participará da natureza do choque.

A prática do silêncio produz efeitos benéficos para a saúde e para o espírito. Diz Starr Daily: "Nenhum homem ou mulher de minhas relações que sabem praticar o silêncio e o praticam de fato tem ficado doente, que eu saiba. Notei que meus próprios males me assediam quando não equilibro meus gestos com certa dose de calma". Starr Daily estabelece uma íntima relação entre o silêncio e a cura espiritual. A sensação de repouso que resulta da prática do completo silêncio é uma terapêutica de grande importância.

Nas circunstâncias da vida moderna, com o seu ritmo acelerado, admitimos que a prática do silêncio não é tão simples quanto era ao tempo de nossos antepassados. Existe um considerável número de aparelhos produtores de ruídos que eles não conheciam e nosso programa diário é mais intenso. O espaço ficou aniquilado no mundo moderno e, ao que parece, estamos tentando aniquilar também os fatores do tempo. Muito raramente é possível a uma pessoa passear por uma floresta, postar-se à beira-mar ou meditar no alto de uma montanha ou no convés de um navio em pleno mar. No entanto, quando podemos passar por essas experiências, não nos é difícil gravar no espírito o cenário de um lugar tranquilo e a sensação que lá experimentamos, e lembrar-nos depois desses momentos agradáveis, vivendo-os novamente no espírito. Realmente, a sua lembrança tende a remover nessa ocasião quaisquer fatores desagradáveis que, porventura, surgirem no espírito. Essa visita, pela lembrança, constitui muitas vezes uma sensação melhor do que a que tivemos quando no próprio lugar, pois o espírito tende a reproduzir apenas a beleza que havia na cena lembrada.

Por exemplo, ao escrever essas palavras, encontro-me na sacada de um dos mais belos hotéis do mundo, o Royal Hawaiian, junto à famosa e romântica praia de Waikiki, em Honolulu. Estou contemplando um jardim cheio de graciosas palmeiras que balançam docemente ao sopro de uma brisa perfumada. O ar está carregado do aroma de flores exóticas. Hibiscos, dos quais há duas mil espécies nestas ilhas, cobrem o jardim. Defronte às minhas janelas, vejo mamoeiros vergados pelo peso de seus frutos maduros. As cores brilhantes das poincianas reais e o fulgor das árvores das florestas emprestam verdadeiro encanto ao cenário. Os pés de acácias curvam-se fortemente com suas delicadas flores brancas.

O oceano todo azul que cerca estas ilhas perde-se no horizonte. Elevam-se ondas que se desfazem em espumas brancas. Vejo alguns de meus companheiros, uns deslizando graciosamente na superfície das águas, sobre pranchas de madeira, outros tripulando pequenos barcos. Todo o cenário resplandece de uma beleza extasiante. Exerce um efeito salutar sobre mim neste momento em que, sentado, escrevo sobre a força gerada por um espírito tranquilo. As responsabilidades insistentes, sob as quais vivo ordinariamente, parecem achar-se distantes. A paz que reina no Havaí envolve-me no seu manto, muito embora eu aqui me encontre com o objetivo de escrever este livro e fazer uma série de conferências. Sei, porém, que, ao voltar à minha casa, em Nova York, a cinco mil milhas distante, haverei de saborear a indizível beleza do quadro que agora contemplo. Guardá-lo-ei como uma relíquia em minha lembrança. Será o doce refúgio, ao qual o meu espírito poderá ir nos dias de pesado labor. Muitas vezes, quando então longe deste lugar idílico, a ele haverei de voltar, na memória, e encontrarei esta mesma paz que vejo pairar ao longo desta praia de Waikiki, orlada de palmeiras e beijada pelas ondas do oceano.

Acumule no espírito todas essas ditosas experiências e trace depois planos para fazer, em pensamento, excursões até elas. Saiba que o melhor caminho para se chegar à tranquilidade de espírito é criar, no próprio espírito, a tranquilidade. Consegue-se isso com exercícios, aplicando-se alguns dos princípios simples que aqui traçamos. O espírito atende prontamente ao ensino e à disciplina. Você pode fazer com que ele lhe dê de volta tudo aquilo que quiser, mas lembre-se que ele lhe dará de volta aquilo que lhe foi dado primeiro. Sature seus pensamentos de experiências ditosas, de palavras e ideias serenas, e você acabará possuindo uma verdadeira fonte produtora de experiências felizes, à qual poderá recorrer para refrescar e renovar o seu espírito. Ela será uma grande fonte de energia.

Passei uma noite com um amigo que tem belíssima casa. Tomamos o café da manhã numa interessante sala de jantar. Uma bela pintura cobre as quatro paredes e descreve a região em que meu anfitrião se criou. É um panorama de colinas ondulantes, vales tranquilos e riachos murmurantes, cujas águas muito límpidas cintilam com a luz do sol e deslizam suavemente sobre um leito de rochas. Estradas sinuosas cortam alegres campos. Pequenas casas pontilham a paisagem. Numa posição central, vê-se uma igreja toda branca com uma torre alta.

Quando tomávamos o café, meu anfitrião falou sobre aquela região de sua juventude e indicou os vários pontos de interesse na pintura que cobria as paredes.

— Muitas vezes, quando estou sentado nesta sala de jantar percorro com a memória todos aqueles pontos; torno a viver aqueles dias. Lembro-me, por exemplo, que, quando menino, subi descalço aquela vereda e ainda tenho na lembrança a doce sensação que sua areia muito fina me causava nos pés. Quantas vezes pesquei naquelas águas, nas tardes de verão, e desci aquelas colinas nos tempos de inverno — explicou ele.

— Frequentava aquela igreja quando menino — acrescentou com um sorriso. Prosseguiu depois: — Muitas sermões compridos ouvi ali! Agrada-me lembrar da bondade daquela gente e da sinceridade de suas vidas. Posso ficar aqui sentado, contemplando aquela igreja e pensando nos hinos que nela ouvi juntamente com meus pais, acomodados num pequeno banco. Faz anos que meus pais morreram. Acham-se enterrados naquele cemitério ao lado da igreja, mas costumo sempre ir, em pensamento, até os seus túmulos e postar-me ali para ouvir suas palavras como outrora. Quando fico muito cansado e um tanto nervoso, é um alívio sentar-me aqui e rememorar aqueles tempos em que eu tinha um espírito tranquilo e uma vida feliz e descuidada. Essa lembrança me faz um grande bem e me envolve numa doce paz.

Talvez não possamos todos ter pinturas como essas nas paredes de nossa sala de jantar, mas você poderá colocá-las na parede de seu espírito: as cenas das mais belas experiências de sua vida. Passe algum tempo entre os pensamentos que essas cenas sugerem. Por maior que seja a sua atividade ou por mais responsabilidades que tenha, essa prática simples e única no gênero, que demonstrou surtir efeito em muitos casos, poderá exercer em você um efeito benéfico. É fácil e lhe trará a serenidade de espírito.

Há um fator nessa questão de paz interior que é preciso ressaltar devido à sua importância. Frequentemente encontro pessoas a quem falta essa paz interior e que são vítimas de punições que elas impõem a si mesmas. Em certa ocasião de sua experiência, cometeram um pecado, e a sensação da culpa não as abandona. Deveriam procurar sinceramente o perdão Divino já que o bom Deus perdoa sempre todo aquele que o pede com sinceridade. Contudo, há uma curiosa sutileza dentro do espírito humano, pela qual, às vezes, o indivíduo não perdoa a si mesmo.

Ele acha que merece castigo e, por isso, está constantemente antecipando-se a essa punição. Resulta viver sempre com a apreensão de que algo vai acontecer. Procurando encontrar a paz debaixo dessas circunstâncias, trata de aumentar a intensidade de suas atividades. Julga que um trabalho árduo o aliviará um pouco da sensação de culpa. Um médico me contou que, em sua clínica, descobriu que um grande número de casos de desarranjos nervosos tinha sua origem numa sensação de culpa que o paciente inconscientemente tenta compensar por meio de trabalhos excessivos. O paciente atribui o desarranjo ao excesso de trabalho e não à sensação de culpa.

— Mas aqueles homens não se teriam esfalfado tanto assim caso se tivessem libertado completamente de sua sensação de culpa — explicou o médico.

Consegue-se a paz de espírito, nessas circunstâncias, confiando a culpa, assim como a tensão que ela produz, à terapêutica benéfica de Cristo.

Num hotel balneário, aonde eu tinha ido passar uns dias para escrever com calma, encontrei um homem de Nova York, que conhecia ligeiramente. Era diretor de uma companhia, uma figura excessivamente nervosa e de atividades dinâmicas. A um convite que me fez, sentei-me a seu lado para conversarmos.

— Apraz-me vê-lo descansando neste lindo recanto — comentei.

— Nem sei por que estou aqui — respondeu nervosamente. Acrescentou depois: — Tenho uma infinidade de coisas a fazer em Nova York.

Na verdade, acho-me sob terrível tensão nervosa. Tudo me deprime. Sinto-me nervoso, não consigo dormir. Sinto-me mesmo vibrátil. Minha mulher insistiu que passasse uma semana aqui. Os médicos dizem que não tenho coisa alguma e que apenas necessito acalmar minhas ideias e descansar. Mas como se poderia conseguir isso? — disse como que num desafio. Lançou-me depois um olhar contristador e falou: — Daria tudo para que pudesse ter paz e tranquilidade. É o que mais desejo neste mundo.

Conversamos um pouco. Depreendi de suas palavras que estava sempre na expectativa de que algo sinistro ia acontecer. Havia anos que estava como que prevendo algum acontecimento tenebroso e vivia constantemente sob a impressão de que "alguma coisa ia acontecer" à sua esposa ou aos filhos ou à casa.

Não foi difícil analisar o seu caso. Sua insegurança se originava de uma dupla fonte — da insegurança que havia em sua infância e de "certas culpas em cartório". Sua mãe sempre julgava que "algo estava para acontecer" e ele havia absorvido essa sensação de ansiedade. Cometera tempos depois alguns pecados e seu subconsciente insistia numa constante penitência. Tornou-se vítima desse mecanismo da penitência. Como resultado dessa infeliz combinação, encontrei-o naquele dia presa de excessiva agitação nervosa.

Ao terminar a nossa conversação, quedei-me um momento de pé a seu lado. Não havia pessoa alguma por perto e, meio hesitantemente, perguntei-lhe se não gostaria que eu orasse com ele. Ele fez que sim com a cabeça. Pousei a mão sobre o seu ombro e fiz esta oração: "Querido Jesus, assim como Vós curastes pessoas nos tempos passados e lhes destes a paz, curai este homem agora. Dai-lhe todo o Vosso perdão. Auxiliai-o a perdoar a si mesmo. Separai-o de todos os seus pecados e deixai saber que Vós não lhe guardais rancor. Libertai-o deles. Deixai depois Vossa paz fluir para o espírito, a alma e seu corpo".

Ele me lançou um olhar estranho e desviou depois o rosto, pois seus olhos começaram a lacrimejar e ele não queria que eu visse suas lágrimas.

Ficamos um pouco embaraçados. Deixei-o a sós consigo mesmo. Meses depois, encontrei-o.

— Algo aconteceu comigo naquele dia em que orou por mim — disse. — Senti uma estranha sensação de tranquilidade e paz e também de cura — acrescentou.

Ele costuma agora frequentar regularmente a igreja e lê a Bíblia todos os dias. Segue as leis de Deus e é possuidor de forte energia. É um homem sadio e feliz, pois tem a paz no espírito e no coração.

3

COMO TER CONSTANTE ENERGIA

Um jogador de um grande time de beisebol fez certa vez um belíssimo jogo quando a temperatura estava acima de 38°. Perdeu algum peso com os esforços despendidos naquela tarde. Numa fase do jogo sentiu-se derreado. O método que empregou para levantar as energias era extraordinário. Simplesmente repetiu uma passagem do Antigo Testamento: "Mas os que esperam no SENHOR renovam as suas forças, sobem com asas como águias, correm e não se cansam, caminham e não se fatigam" (Isaías 40:31).

> ✡ Bíblia de Jerusalém: "Iahweh, eu me abrigo em ti: que eu nunca fique envergonhado! Salva-me por tua justiça! Liberta-me!" (Salmos 31:2). E: "Pois meu rochedo e muralha és tu: guia-me por teu nome, conduze-me!" (Salmos 31:4). E: "Que exulte e me alegre com teu amor! Pois viste minha miséria, conheceste as angústias de minha alma" (Salmos 31:8).

> ☪ Alcorão: "Apegai-vos com firmeza ao que vos concedemos" (Al-Baqara: 63). E: "Ó povo meu, implorai o perdão de vosso Senhor e voltai-vos arrependidos para Ele, Que vos enviará do céu copiosa chuva e adicionará força à vossa força" (Hud: 52).

> ✝ Versão da Bíblia King James Atualizada: "Sendo fortalecidos com todo o poder, segundo a maravilhosa força da Sua glória, para que, com alegria tenhais absoluta constância e firmeza de ânimo, dando graças ao Pai que nos tornou dignos de participar da herança dos santos no reino da luz" (Colossenses 1: 11-12). E: "Ora, o Deus de toda a graça, que vos convocou à sua eterna glória em Cristo Jesus, logo depois de terdes sofrido por um período curto de tempo, vos restaurará, confirmará, concederá forças e vos estabelecerá sobre firmes alicerces" (1 Pedro 5:10).

Frank Hiller, o jogador que teve essa experiência, contou-me que, ao recitar esse versículo no momento culminante do jogo, sentiu renovar-se-lhe a energia e pôde assim terminar a partida com força ainda de sobra. Explicou essa técnica, dizendo: "Fiz com que uma potente ideia geradora de energias me atravessasse o espírito".

O modo de pensar tem uma influência decisiva no que sentimos verdadeiramente no físico. Se seu espírito diz que você está fatigado, o mecanismo do corpo, os nervos e os músculos aceitam esse fato. Se ele está fortemente interessado, você poderá prosseguir com a sua atividade indefinidamente. A religião funciona por meio de nossos pensamentos; de fato, é um sistema de disciplina do pensamento. Fornecendo atitudes de fé no espírito, ele poderá aumentar a energia. Você poderá exercer prodigiosa atividade sugerindo a si mesmo que você dispõe de amplo apoio de fontes de energias.

Um amigo que tenho em Connecticut, um homem enérgico, cheio de vitalidade e vigor, costuma dizer que vai regularmente à igreja a fim de "recarregar as baterias".

Seu conceito é profundo. Deus é a fonte de todas as energias — a energia do universo, a energia atômica, a energia elétrica e a energia espiritual. De fato, toda forma de energia emana do Criador. A Bíblia ressalta esse ponto quando diz: "Ele dá energia ao fraco; àqueles que não têm força, Ele aumenta a resistência" (Isaías 40:29).

- ✡ Bíblia de Jerusalém: "Ei-lo, o Deus da minha salvação: sinto-me inteiramente confiante, de nada tenho medo, porque Iahweh é a minha força e meu canto. Ele foi minha salvação" (Isaías 12:2). E: "Nesse dia se dirá: Vede, este é o nosso Deus, nele esperávamos, certos de que nos salvaria; este é Iahweh, em quem esperávamos. Exultemos, alegremo-nos na sua salvação" (Isaías 25:9).

- ☪ Alcorão: "Para aqueles, Deus lhes firmou a fé nos corações e os confortou com o Seu Espírito" (Al-Mujadila: 22). E: "Deus foi Quem vos criou com debilidade; depois da debilidade vos vigorou, depois do vigor vos reduziu (novamente) à debilidade, e à velhice" (Ar-Rum: 54). E: "Desmentem-na; porém, bem logo lhes chegarão notícias daquilo que zombam!" (Ash-Shu'ara: 6).

- ✝ Versão da Bíblia King James Atualizada: "É semeado em desonra, mas ressuscita em glória; é semeado em fraqueza, porém ressuscita em poder" (1 Coríntios 15:43). E: "Sendo fortalecidos com todo o poder, segundo a maravilhosa força da Sua glória, para que, com alegria tenhais absoluta constância e firmeza de ânimo" (Colossenses 1:11).

Noutra passagem, a Bíblia descreve o processo de se dar e restaurar a energia: "... nEle vivemos (isto é, temos vitalidade), nos movimentamos (temos energia dinâmica) e temos nosso ser (atingimos a perfeição)" (Atos 17:28).

- ✡ Bíblia de Jerusalém: "Ponde a vossa confiança em Iahweh para todo o sempre, porque Iahweh é uma rocha eterna" (Isaías 26:4). E: "A vereda do justo é reta, tu aplanas o trilho reto do justo" (Isaías 26:7).

> Alcorão: "Que me criou e me ilumina; que me dá de comer e beber; que, se eu adoecer, me curará; que me dará a morte e então me ressuscitará" (Ash-Shu'ara: 78-81). E: "Ó povo meu, implorai o perdão de vosso Senhor e voltai-vos arrependidos para Ele, Que vos enviará do céu copiosa chuva e adicionará força à vossa força" (Hud: 52).

O contato com Deus estabelece dentro de nós um fluxo do mesmo tipo da energia que torna a criar o mundo e renova a estação da primavera todos os anos. Quando em contato espiritual com Deus, por meio dos processos de nossos pensamentos, a energia Divina flui pela personalidade, renovando automaticamente o ato criador original. Quando se quebra o contato com ela, a personalidade perde gradativamente a sua força corporal e espiritual. Um relógio elétrico que estiver ligado a uma corrente não se cansará e continuará sempre a marcar a hora certa. Se desligarem a corrente, ele parará. Perdeu o contato com a energia que flui através do universo. Em geral, esse processo exerce influência na experiência humana, se bem que de maneira menos mecânica.

Faz alguns anos assisti a uma conferência, no decorrer da qual o orador declarou perante numerosa assistência que não tinha sentido fadiga durante trinta anos. Explicou que trinta anos antes havia passado por uma experiência espiritual em que, pela renúncia, fizera contato com a força Divina. Daquele tempo em diante passou a ter suficiente energia para todas as suas atividades, e estas eram prodigiosas. Ilustrou de modo tão claro seus ensinamentos que todos, daquela enorme assistência, ficaram profundamente impressionados.

Quanto a mim, era a revelação do fato de que, em nosso "eu" interior, podemos servir-nos de um reservatório de ilimitada energia em nosso ser, sem que isso nos prejudique. Tenho estudado e experimentado, durante anos, as ideias que esse orador expôs e que outros enunciaram e demonstraram. Estou convicto de que os princípios religiosos, quando cientificamente utilizados, poderão desenvolver um fluxo de energia ininterrupto e contínuo no corpo humano e no espírito.

Tais descobertas foram corroboradas por um preeminente médico com o qual estive discutindo acerca de certo homem que conhecíamos. Essa pessoa, cujas responsabilidades são muito grandes, trabalha de manhã até à noite sem interrupção, mas sempre dá a impressão de que pode assumir novas obrigações. Tem a faculdade de executar seu trabalho com facilidade e eficiência.

Comentando com o médico, disse que esperava que essa pessoa não estivesse se excedendo e, com isso, viesse a ter um desequilíbrio nervoso. O médico meneou a cabeça e respondeu:

— Não creio. Como médico dele, não acredito que haja um desequilíbrio. A razão está no fato de ele ser um indivíduo sobremodo metódico. Não desperdiça energias. Trabalha como uma máquina bem regulada. Dirige as coisas com facilidade e carrega a carga de suas responsabilidades sem esforço. Não gasta um grama de energia, mas toda a sua atividade é aplicada com a máxima força.

— Como o senhor explica essa eficiência, essa energia aparentemente ilimitada? — perguntei.

O médico meditou um momento e esclareceu:

— A resposta é a seguinte: ele é uma criatura normal, bem equilibrada e, o que é mais importante, muito religiosa. Aprendeu, com a sua religião, como evitar a evasão da energia. Sua religião é um mecanismo útil e esplêndido para impedir que sua energia se perca. Não é um trabalho pesado que esgota a energia, mas, sim, os distúrbios de ordem emotiva, e esse homem está inteiramente livre disso.

É cada vez maior o número de pessoas que começam a compreender que a manutenção de uma vida espiritual sadia é importante para se gozar de energia e possuir uma forte personalidade.

O corpo destina-se a produzir toda a energia que se necessita para um período de tempo extraordinariamente longo. Se o indivíduo tiver cuidado razoável com o corpo, do ponto de vista de uma dieta apropriada, exercícios, sono, e não cometer abusos de ordem física, o corpo produzirá e manterá uma energia surpreendente e permanecerá de boa saúde. Se o indivíduo dispensar idêntica atenção a uma vida emotiva bem equilibrada, a energia se conservará. Mas se permitir que a energia, em razão de causas hereditárias ou de reações oriundas de uma natureza débil, se perca, ver-se-á privado de força vital. O estado natural do indivíduo, quando o corpo e o espírito trabalham harmoniosamente, é o de uma contínua reposição de energias quando elas se tornam necessárias.

A sra. Thomas A. Edison, com quem muitas vezes discuti os hábitos e características de seu famoso esposo, o maior gênio inventivo do mundo, contou-me que era costume dele, quando voltava para casa, após muitas horas de trabalho em seu laboratório, deitar-se no seu velho sofá. Declarou que ele logo adormecia, com a mesma naturalidade de uma criança. Tinha assim um repouso perfeito. Passadas três ou quatro horas, às vezes cinco, ficava completamente desperto, bem-disposto e ansioso por voltar à sua tarefa.

Respondendo ao pedido que lhe fiz para que analisasse aquela capacidade do marido de repousar assim de um modo tão natural e tão completo, a sra. Edison declarou apenas o seguinte: "Ele era um homem da natureza". Com isso, quis referir-se ao fato de que estava completamente em harmonia com a natureza e com Deus. Nele, não havia obsessões, desorganização, conflitos, alternativas caprichosas ou instabilidade emocional. Trabalhava até que lhe viesse a necessidade de dormir, quando então dormia pesadamente, levantando-se depois e voltando para o trabalho. Viveu muitos anos e foi em muitos aspectos o espírito mais criador que surgiu no continente americano. Extraía sua energia de si mesmo, de sua capacidade de repousar completamente e de dominar suas emoções. Suas relações extraordinariamente harmoniosas com o universo fizeram com que a natureza lhe revelasse seus segredos impenetráveis.

Todas as grandes personalidades que conheci — e foram muitas —, que têm demonstrado essa capacidade de exercer uma prodigiosa atividade, têm sido pessoas em harmonia com o infinito. Todas elas parecem estar em doce harmonia com a natureza, e em contato com a energia divina. Nem todas eram, por assim dizer, religiosas sob o ponto de vista emocional e psicológico. O temor, o ressentimento, a projeção das falhas dos pais sobre as pessoas quando crianças, os conflitos interiores e as obsessões é que desequilibram essa natureza admirável ao alcance do indivíduo, ocasionando assim uma perda desnecessária de força natural.

Quanto mais vivo, tanto mais me convenço de que nem a idade nem as circunstâncias precisam privar-nos de energia e vitalidade. Finalmente, estamos despertando para essa íntima relação que há entre a religião e a saúde. Estamos começando a compreender uma verdade básica até aqui desprezada: a de que a nossa condição física é, em grande parte, determinada pela nossa condição emocional. A vida de nosso pensamento é que regula profundamente a nossa vida emocional.

Em todas as suas páginas, a Bíblia fala em vitalidade, força e vida. O mundo supremo da Bíblia é a vida, e a vida significa vitalidade a ser dotada de energia. Jesus disse essa frase-chave: "... Vim para que eles pudessem ter vida e para que pudessem tê-la mais abundantemente" (João 10:10). Isso não exclui a dor ou o sofrimento ou as dificuldades, mas o sentido claro é que se uma pessoa praticar os princípios criadores e renovadores da religião, ela poderá viver sempre dotada de força e energia.

> ✡ Bíblia de Jerusalém: "Eis que hoje estou colocando diante de ti a vida e a felicidade, a morte e a infelicidade. Se ouves os mandamentos de Iahweh teu Deus que hoje te ordeno – amando a Iahweh teu Deus, andando em seus caminhos e observando seus mandamentos, seus estatutos e suas normas –, viverás e te multiplicarás. Iahweh teu Deus te abençoará na terra em que estás entrando a fim de tomares posse dela" (Deuteronômio 30:15-16). E: "Eu te propus a vida ou a morte, a bênção ou a maldição. Escolhe, pois, a vida, para que vivas tu e a tua descendência" (Deuteronômio 30:19).

> ☾ Alcorão: "A quem praticar o bem, seja homem ou mulher, e for crente, concederemos uma vida agradável e premiaremos com uma recompensa, de acordo com a melhor das suas ações" (An-Nahl: 97). E: "Não é, acaso, certo que os diletos de Deus jamais

> serão presas do temor, nem se angustiarão? Estes são os crentes, e são tementes. Obterão o anúncio boas-novas na vida terrena e na outra; as promessas de Deus são imutáveis. Tal é o magnífico benefício" (Yunus: 62-64)

A prática dos princípios acima mencionados servirá para colocar a pessoa no próprio ritmo da vida. Nossas energias são destruídas devido a esse ritmo demasiado forte e anormal em que vivemos. A conservação da energia depende de um ritmo pessoal conjugado com a escala do movimento de Deus. Deus está em você. Se você adotar um ritmo diferente do de Deus, acabará destruindo-se. "Embora os moinhos de Deus moam vagarosamente, nem por isso deixam de moer de modo perfeito os menores grãos". Os moinhos da maioria de nós moem muito rapidamente e, por isso, moem mal. Assim que observamos o ritmo de Deus, começamos a desenvolver uma marcha normal dentro de nós mesmos, quando então a energia começa a fluir livremente.

Esses hábitos terríveis de nossa época ocasionam efeitos desastrosos. Um de meus amigos comentou a respeito de uma observação feita pelo seu idoso pai. Disse o pai que, nos tempos antigos, quando um jovem vinha cortejar a moça à tardinha, costumava sentar-se com ela no vestíbulo. O tempo, naqueles dias, era medido pelas batidelas ponderadas e deliberadas do relógio do avô, um relógio com um pêndulo enorme. Parecia dizer: "Há — bastante — tempo. Há — bastante — tempo. Há — bastante — tempo". Mas os relógios modernos têm um pêndulo menor e o movimento é mais rápido, parecendo dizer: "É hora de trabalhar! É hora de trabalhar! É hora de trabalhar!".

Tudo é feito aceleradamente e, por essa razão, muitas pessoas estão cansadas. A solução é entrar na sincronização do tempo do Todo-Poderoso. Um meio de fazê-lo é sair um dia, num dia de sol, e deitar-se no solo. Encoste o ouvido ao chão e ouça. Ouvirá toda espécie de sons. Ouvirá o vento soprando nas árvores e o murmúrio dos insetos e logo descobrirá que há em todos esses sons um compasso bem regulado. Você não perceberá esse compasso em meio ao ruído do tráfego nas ruas porque ele se perde na confusão dos sons. Tê-lo-á, porém, na igreja, onde ouvirá a voz de Deus e os grandes hinos. A verdade vibra ao compasso de Deus no templo. Contudo, você poderá encontrá-lo numa fábrica se assim quiser.

Um de meus amigos, um industrial que dirige uma grande fábrica em Ohio, contou-me que os seus melhores operários são aqueles que se acham em harmonia com o ritmo das máquinas em que trabalham. Declarou que o operário não se sentirá cansado ao fim do dia se trabalhar em harmonia com o ritmo da máquina. Disse que esta é uma reunião de peças em consonância com a lei de Deus. Se você amar a máquina e aprender a conhecê-la, perceberá que ela tem ritmo, o qual se une ao corpo, aos nervos e à alma. Ela está dentro do ritmo de Deus e você poderá trabalhar com ela; não se sentirá fatigado se estiver em harmonia com o seu ritmo. Há ritmo no aquecedor, na máquina de escrever, no escritório, no automóvel, no seu trabalho. Procure acompanhar esse ritmo essencial de Deus Todo-Poderoso e de toda a Sua obra se quiser ter energia e evitar a fadiga.

Repouse fisicamente para que possa conseguir isso. Conceba depois o espírito como fazendo um repouso semelhante. Imagine a alma entregando-se à doce tranquilidade e faça a seguinte oração: "Querido Deus. Vós sois a fonte de todas as energias. Sois a fonte da energia no sol, no átomo, em toda a carne, nos vasos sanguíneos, no espírito. Estou recebendo de Vós a energia como de uma fonte ilimitada". Exercite depois a crença de que está recebendo energia. Mantenha-se em harmonia com o Infinito.

É claro que muitas pessoas se cansam simplesmente por não se interessarem por coisa alguma. Nada as afeta profundamente. Há pessoas que são indiferentes a tudo que se passa em redor; não se interessam em saber como vão as coisas. Suas preocupações estão acima de todas as crises da história humana. Nada lhes faz diferença, salvo suas pequenas tribulações, seus desejos e ódios. Gastam-se remoendo coisas sem importância, e acabam por isso fatigando-se. Chegam a ficar doentes. O meio mais seguro de não se fatigar é entregar-se a alguma coisa de que se tenha profunda convicção.

Um famoso estadista que fez sete discursos num só dia mostrava-se ainda possuidor de grande energia.

— Por que não se acha ainda cansado depois de fazer sete discursos? — perguntei.

— Porque acredito inteiramente em tudo aquilo que disse naqueles discursos. Não deixo de ter entusiasmo pelas minhas convicções.

Era esse o segredo. Ele sentia entusiasmo por alguma coisa e desabafava-o. Você jamais perderá energia e vitalidade procedendo desse modo. Somente perderá energia quando a vida se tornar aborrecida para o seu espírito. Você não tem necessidade de se cansar. Interesse-se por alguma coisa. Entusiasme-se por algo. Entregue-se de corpo e alma a esse princípio. Não aprisione o espírito. Seja alguém. Faça alguma coisa. Não fique aí sentado, queixando-se disso ou daquilo, lendo jornais e esperando que os outros ajam. O homem em plena atividade não se cansa. Se não forem boas as suas causas, não será de admirar que fique fatigado. E será então a sua desintegração, o seu mal, o seu grande mal. Quanto mais você se entregar às grandes realizações, tanto mais energias haverá de ter. Não irá ter tempo para pensar em si mesmo e sentir-se presa de suas dificuldades emocionais.

Para se viver com constante energia, é importante corrigir as falhas emocionais. Não se terá jamais plena energia enquanto essas falhas não forem corrigidas.

O finado Knute Rockne, um dos maiores técnicos de futebol que já tivemos neste país, declarou que o jogador não poderá ter energia suficiente se não puder dominar suas emoções. De fato, chegou ao ponto de dizer que não toleraria um homem em seu time que não tivesse uma disposição de franca camaradagem para com seus companheiros. — Tenho que conseguir o máximo de energia de um homem — disse — e descobri que isso não será possível se ele odiar outro jogador. O ódio bloqueia a energia. O jogador não entrará em plena forma enquanto não eliminar o ódio e desenvolver um sentimento de camaradagem.

As pessoas destituídas de energia tornam-se desorganizadas pelos seus profundos conflitos psicológicos. Os resultados dessa desorganização tornam-se, às vezes, perigosos. Contudo, a cura é possível.

Numa cidade do Centro-Oeste, pediram-me que conversasse com um homem que havia sido, em outros tempos, um cidadão muito ativo da comunidade, mas havia sofrido pronunciado declínio em sua vitalidade. Seus sócios julgavam que ele tivesse tido um derrame. Essa impressão era causada pela maneira penosa com que se movimentava, a sua atitude extraordinariamente letárgica e o seu completo desinteresse pelas atividades, às quais havia dedicado antigamente grande parte de seu tempo. Sentava-se horas e horas presa de um grande desânimo, e muitas vezes chegava a chorar. Exibia muitos dos sintomas do desequilíbrio nervoso.

Providenciei para vê-lo no meu quarto de hotel a uma determinada hora. Minha porta ficara aberta, de modo que poderia ver o elevador. Num momento em que olhei, por acaso, para o corredor, vi a porta do elevador abrir-se e dela sair o homem que eu esperava. No modo de andar, dava a impressão de que ia cair. Parecia que não teria forças para poder chegar até o meu quarto. Quando afinal entrou, pedi que se sentasse e começamos a conversar. A conversa era um tanto inútil, pois era sempre entrecortada pelas suas lamúrias. Queixava-se constantemente de sua condição. Mostrava-se incapaz de dar a devida consideração às minhas perguntas. Ao que parece, isso era devido à comiseração que manifestava por si mesmo.

Quando lhe perguntei se gostaria de sentir-se bem, fitou-me intensamente e de maneira patética. Sua resposta me revelou o desespero que o dominava. Declarou que daria tudo que tinha no mundo se pudesse readquirir a energia e o interesse pela vida.

Comecei por arrancar dele certos fatos relativos à sua vida e experiências. Eram todos de natureza muito íntima e muitos deles tão profundamente enraizados em seu subconsciente que foi com grande dificuldade que consegui trazê-los à tona. Eles estavam ligados a antigas atitudes na infância, a temores que tinham sua origem na meninice, a maioria deles derivada da influência materna. Surgiram também algumas situações pecaminosas. Parecia que, com o decorrer dos anos, aqueles fatores se tinham acumulado à semelhança de areia no leito de um rio. O fluxo de energia ia diminuindo gradualmente. O seu espírito achava-se em tão completa inibição que parecia impossível qualquer processo de raciocínio e elucidação.

Procurei uma orientação e, para grande surpresa minha, vi-me de pé a seu lado com a minha mão pousada em sua cabeça. Orei, pedindo a Deus para curar aquele homem. Subitamente, tive a sensação de alguma coisa, como a passagem de uma força através de minha mão que estava pousada em sua cabeça. Apresso-me em acrescentar que não há poder curativo algum em minha mão. Acontece que uma vez ou outra a criatura humana é usada como um "meio", e era evidentemente o que se passava naquela ocasião, pois logo o homem me fitou com uma extraordinária expressão de felicidade e paz e disse com simplicidade: — Ele esteve aqui. Ele me tocou com a mão. Sinto-me inteiramente diferente.

Desde aquele momento sua melhora foi se tornando cada vez mais pronunciada. Hoje em dia, é praticamente o mesmo homem de outros tempos, salvo o fato de que agora possui uma confiança serena em si mesmo, o que não se manifestava anteriormente. Ao que parece, aquele canal obstruído em sua personalidade, que impedia a passagem da energia, se abriu por meio de um ato de fé, dando assim livre curso às suas forças.

Os fatos sugeridos por esse incidente são tais que curas ocorrem e que uma acumulação gradual de fatores psicológicos pode cortar o curso da energia. Outro fato que se destaca é que esses mesmos fatores, graças ao poder da fé, podem desintegrar-se, reabrindo assim o canal da energia divina para o indivíduo.

As consequências da sensação de culpa e temor sobre a energia são geralmente reconhecidas por todas as autoridades como relacionadas com os problemas da natureza humana. É tão grande a quantidade de força vital que se requer para aliviar o indivíduo, quer da culpa, quer do temor, ou mesmo de ambos, que muitas vezes apenas uma fração de energia vem a restar para as funções da vida. A perda de energia ocasionada pelo temor e pela culpa é de tal porte que rouba ao indivíduo a resistência para o desempenho de seu trabalho. Naturalmente, sobrevém rapidamente a fadiga. Não podendo enfrentar todas as responsabilidades de seu cargo, o indivíduo torna-se apático, aborrecido e inativo; na verdade, está mesmo pronto a renunciar a seus encargos e a caminho de uma prostração nervosa.

Um psiquiatra recomendou a um negociante, seu paciente, que me procurasse. O caso desse paciente era o seguinte: tratava-se de um senhor que era geralmente tido como muito sério e íntegro e se vira envolvido com uma mulher casada. Tentara romper aquela ligação, mas encontrara resistência por parte de sua companheira de infidelidade, embora lhe pedisse ardentemente que o deixasse voltar à sua antiga condição de homem respeitável.

Ela o ameaçara de que faria o marido sabedor de suas relações, caso ele insistisse em rompê-las. O paciente reconhecia que seria um homem desgraçado na comunidade se o marido viesse a saber do caso. Acontecia que esse paciente era um preeminente cidadão que tinha em alto apreço a posição que ocupava na sociedade. O receio de que viesse a tornar-se conhecida aquela situação e a sensação de culpa, que não o abandonava, lhe roubavam o sono. Já não tinha tranquilidade. Como isso já ia para mais de dois meses, encontrava-se com as energias quase exauridas. Já não tinha vitalidade para dirigir com eficiência seus negócios. Como havia algumas importantes questões pendentes, a situação tornou-se grave.

Quando o psiquiatra lhe sugeriu que me procurasse, a mim, um pastor, dada aquela sua situação de não poder dormir, censurou-o dizendo que um homem da igreja não iria ter meios de corrigir o mal que causava a sua insônia, ao contrário, achava que um médico poderia muito bem fornecer o medicamento apropriado.

Quando ele me expôs aquela sua atitude, perguntei-lhe simplesmente como esperava poder dormir se tinha dois companheiros de cama muito aborrecidos e desagradáveis.

— Companheiros de cama? — perguntou surpreso. — Não tenho companheiros de cama — acrescentou.

— Sim, o senhor tem, e não existe pessoa alguma neste mundo que possa dormir com tais companheiros, um de cada lado — declarei.

— O que o senhor quer dizer com isso?

— O senhor está tentando dormir todas as noites entre o temor, de um lado, e a culpa, de outro. Está tentando realizar uma proeza que é impossível. Pode tomar quantas pílulas soporíferas quiser, não adianta. O senhor mesmo admite que tem tomado muitas sem que causem efeito. A razão de elas não causarem efeito é devido a não poderem atingir a parte mais profunda de seu espírito, donde advém a sua insônia e que é justamente o que está minando suas energias. O senhor terá de arrancar de si primeiro o temor e a culpa para que possa dormir e reconquistar suas energias.

Tratamos do temor que ele tinha de ver o seu caso conhecido por todos, lançando mão de um expediente muito simples: ele tinha de preparar o espírito para enfrentar o que quer que resultasse da decisão certa que devia tomar, a qual, naturalmente, consistia em romper suas relações com a mulher em questão. Tinha de fazer isso independentemente das consequências. Assegurei-lhe que tudo sairia bem se tomasse a decisão acertada, que era justamente essa. Aconselhei-o a que pusesse a questão nas mãos de Deus e fizesse simplesmente como eu lhe dissera, deixando a solução para Ele.

Foi o que ele fez. Com certo receio, é verdade, mas fê-lo com grande sinceridade também. A mulher, quer por perspicácia, quer por alguma expressão melhor de sua própria natureza, quer por um expediente mais duvidoso, qual o de transferir suas afeições para outro, deu-lhe a liberdade.

Tratou-se da culpa procurando o perdão de Deus. O perdão jamais será negado se for implorado com sinceridade, e o nosso paciente encontrou afinal alívio para o seu espírito. Foi extraordinário como este começou a funcionar novamente ao ver-se livre daquele duplo peso. Ele conseguiu dormir. Encontrou a paz e nova energia. Voltaram-lhe rapidamente as forças. Tornou-se mais comedido e mais grato e pôde entregar-se às suas atividades normais.

Um caso frequente de diminuição de energia é o que se constata com a tensão, monotonia e incessante continuidade de responsabilidade. Tudo isso prejudica o vigor do espírito que uma pessoa deve ter para poder enfrentar sua tarefa com êxito. Da mesma maneira que um atleta perde sua agilidade por falta de exercício, também o indivíduo, seja qual for sua ocupação, tende a perder a sua disposição de ânimo nos períodos áridos. Durante tal condição de espírito, requer-se maior dispêndio de energias para fazer algo, e isso com dificuldade, comparado ao que se fazia anteriormente com facilidade. Como resultado, as forças vitais se veem quase inibidas de fornecer a energia necessária, perdendo o indivíduo muitas vezes a iniciativa e a resistência.

Um preeminente homem de negócios, presidente da junta administrativa de certa universidade, empregou uma solução para esse estado de espírito. Um professor que anteriormente havia sido uma figura saliente da universidade e extraordinariamente popular entre os alunos, começara a falhar na sua capacidade de ensino e de poder interessar seus discípulos nas preleções. O veredicto destes últimos, bem como a opinião particular da junta administrativa, foi o seguinte: ou o professor recuperaria sua antiga capacidade de lecionar com interesse e entusiasmo ou seria então necessário substituí-lo. Havia certa hesitação quanto a esse último expediente, pois faltavam poucos anos para que o professor se aposentasse.

O presidente da junta chamou o professor ao seu escritório e anunciou-lhe que iam conceder-lhe seis meses de licença com todas as despesas pagas e com todos os seus vencimentos. Estipulava-se apenas uma coisa. Ele tinha que ir a um lugar de repouso, onde devia esforçar-se por reconquistar completamente suas energias.

O presidente convidou-o para que ocupasse uma cabana que ele mesmo possuía num lugarejo deserto e fez-lhe uma curiosa sugestão, a qual era a de levar apenas um livro, a Bíblia. Sugeriu-lhe que o seu programa diário consistisse em passeios, pescarias e algum trabalho manual na horta e que lesse a Bíblia todos os dias durante um período tal que o possibilitasse lê-la toda, três vezes, naqueles seis meses. Sugeriu-lhe ainda que decorasse tantas passagens quantas fossem possíveis a fim de que pudesse absorver as grandes frases e ideias que o livro contém.

— Creio que, se você passar seis meses ao ar livre cortando lenha, lavrando o solo, lendo a Bíblia e pescando nas lagoas profundas, tornar-se-á um novo homem — disse-lhe o presidente.

O professor concordou com aquela proposta. O ajustamento àquele modo de vida radicalmente diferente foi mais fácil do que ele esperava. De fato, surpreendeu-se com o fato de que o apreciava realmente. Após adaptar-se àquela vida ao ar livre, descobriu todo o encanto que ela oferecia.

Sentiu naturalmente falta de seus companheiros intelectuais e de suas leituras prediletas. Forçado a concentrar-se na Bíblia, o seu único livro, mergulhou nela o espírito e, para sua grande admiração, achou-a — como ele mesmo disse — "uma verdadeira biblioteca". Encontrou em suas páginas fé, paz e uma fonte de energias. Em seis meses, era outro homem.

O presidente da junta contou-me depois que o professor tinha se transformado — para usar suas próprias palavras — "em um homem de força impulsionadora". Criara alma nova. Voltara-lhe a energia dos velhos tempos e, com ela, renovou-se-lhe o grande interesse pela vida.

4
RECORRA AO PODER DA ORAÇÃO

Dois homens se empenhavam numa conversação muito séria num escritório situado na parte alta de um edifício, longe do burburinho das ruas. Um, fortemente perturbado por uma crise de negócios e também de caráter íntimo, caminhava de um lado para outro, na sala; sentou-se depois e enfiou a cabeça entre as mãos. Dava a impressão de se achar desesperado. Tinha procurado o outro para que o aconselhasse naquela emergência. Esse outro era considerado um homem de grande experiência e compreensão. Juntos sondaram o problema por todos os ângulos, mas, ao que parece, sem resultado, o que apenas serviu para agravar o estado de espírito do que viera buscar conselho.

— Creio que não há poder algum na terra que me possa salvar — disse ele num suspiro.

O outro refletiu por uns momentos, falando depois um tanto timidamente: — Não encararia a coisa dessa maneira. Creio que você está errado ao dizer que não existe poder algum que possa salvá-lo. Pessoalmente tenho encontrado uma resposta para todos os problemas. Há uma força que poderá auxiliá-lo. — Acrescentou depois, lentamente: — Por que não experimenta a força da oração?

O homem, que se achava desanimado, surpreendeu-se com aquelas palavras.

— É claro que acredito na oração — disse. — Talvez eu não saiba como fazê-la. Você fala nisso como se fosse qualquer coisa prática que se adapta a problemas de negócios. Nunca cogitei desse recurso, mas estou disposto a experimentar as orações se me disser como devo fazê-las.

Ele aplicou as normas práticas das orações e, no devido tempo, recebeu sua resposta. As questões foram finalmente resolvidas de modo satisfatório. Isso não quer dizer que não tivesse tido dificuldades. De fato, passou por uma fase espinhosa, mas acabou livrando-se dos problemas que o atormentavam. Ele acredita agora firmemente na força da oração e, nisso, enche-se de entusiasmo. Ouvi-o dizer recentemente: — Todo problema pode ser solucionado e solucionado de modo acertado, se fizermos orações.

Peritos em saúde e bem-estar do corpo muitas vezes utilizam as orações em sua terapêutica. A incapacidade, a tensão e males afins podem resultar na falta de harmonia interior. É notável como a oração restabelece o funcionamento harmonioso do corpo e da alma. Um amigo meu, especialista em fisioterapia, declarou a um homem nervoso, em quem aplicava uma massagem:

— Deus opera através de meus dedos neste momento em que procuro acalmar seu corpo físico, que é o templo de sua alma. Enquanto estou fazendo massagens nessa parte exterior de seu ser, quero que você ore para que Deus lhe acalme o espírito.

Aquilo era uma novidade para o paciente, mas aconteceu que ele estava predisposto a acolhê-la; tratou de pensar em coisas amenas. Surpreendeu-se com o efeito benéfico que isso lhe causou.

Jack Smith, dirigente de um instituto de massagens e banhos a vapor que era frequentado por muitas pessoas preeminentes, acredita na terapêutica da oração e costuma empregá-la. Tinha sido um grande lutador de boxe, depois chofer de caminhão e de táxi. Acabou abrindo um instituto de massagens e de banhos a vapor. Declarou que, quando faz massagens no corpo de seus clientes, não deixa também de sondar-lhes o espírito e de dar-lhes conselhos.

— Não se pode fazer com que um homem tenha um corpo sadio enquanto ele não tiver um espírito são — declarou.

Certo dia, Walter Huston, o outro, sentou-se junto à escrivaninha de Jack Smith. Viu um grande letreiro na parede, em que se liam as seguintes letras escritas a lápis: A O A L A F P I D Q S C O R.

— Que significam aquelas letras? — perguntou Huston surpreso. Smith sorriu e respondeu:

— Significam o seguinte: As orações afirmativas libertam as forças, por intermédio das quais se conseguem os resultados.

Huston ficou mais surpreso ainda.

— Realmente — confessou — nunca me passou pela cabeça que iria ouvir uma coisa semelhante num instituto de massagens e de banhos a vapor.

— Costumo usar desses métodos para despertar a curiosidade das pessoas, fazendo assim com que perguntem o que significam essas letras — explicou Smith. Acrescentou depois: — Isso me dá oportunidade de dizer-lhes que creio no fato de que as orações afirmativas sempre dão resultado.

Jack Smith, que ajuda os homens a se manterem em boa forma física, acredita que a oração é tão importante, se não for mais ainda, quanto os exercícios, banhos a vapor e massagens. É uma parte vital do processo de se libertar as forças.

Hoje em dia, as pessoas oram mais do que antigamente porque acham que isso aumenta a eficiência da oração. A oração as auxilia a adquirir energias e a servir-se destas, o que não seria possível sem esse auxílio.

Um famoso psicólogo disse: "A oração é a maior força que o indivíduo tem à sua disposição para solver seus problemas pessoais. Sua força me surpreende de maneira extraordinária".

O poder da oração é a manifestação da energia. Assim como existe técnica científica para a libertação da energia atômica, existem também processos científicos para a libertação da energia espiritual por meio do mecanismo da oração. São evidentes as extraordinárias demonstrações dessa força criadora.

O poder da oração parece capaz até mesmo de normalizar o processo do envelhecimento, evitando ou limitando as enfermidades e o desgaste físico. Você não tem necessidade de perder sua energia básica ou sua força ou tornar-se fraco e negligente tão somente por causa dos anos que vão se acumulando. Não há necessidade de permitir que seu espírito se abata ou se torne estagnado ou deprimido. A oração pode dar-lhe novo frescor e nova vida todas as manhãs. Você poderá receber uma orientação para seus problemas se permitir que a oração penetre em seu subconsciente, que é a sede das forças que determinam as atitudes de fazer com que suas reações se mantenham corretas e sadias. Mergulhando-a profundamente em seu subconsciente, verá que ela o fará um novo homem. Ela liberta as forças, fazendo-as jorrar livremente.

Se você não tiver experimentado esse poder, talvez precise aprender novas técnicas com respeito à oração. Convém estudá-la sob o ponto de vista da eficiência. Geralmente a ênfase é inteiramente religiosa se bem que não exista separação alguma entre os dois conceitos. A prática espiritual científica elimina processos estereotipados da mesma maneira que nas ciências gerais. Se você costuma orar de certo modo, mesmo que isso lhe tenha trazido muitas bênçãos, o que sem dúvida traz, talvez possa fazer suas orações de modo ainda mais proveitoso, variando a fórmula e experimentando novas outras. Adquira novos conhecimentos e pratique novas técnicas para conseguir os maiores resultados.

É importante que saiba estar tratando com a maior força existente no mundo quando você está fazendo suas orações. Você não gostaria de usar uma lâmpada de querosene antiquada para iluminação. Deseja naturalmente o que há de mais moderno nesse setor. Constantemente estão sendo descobertas por homens e mulheres de grande poder espiritual novas técnicas do domínio das orações. É aconselhável experimentar a força da oração segundo tais métodos, cujos resultados são benéficos. Se isso lhe parece novo e estranhamente científico, cumpre lembrar que o segredo da oração está em descobrir o processo que, de maneira mais eficaz, possa abrir o seu espírito para Deus. Qualquer método, por meio do qual você possa fazer com que o poder de Deus flua para o seu espírito, é legítimo e proveitoso.

Um exemplo do uso científico da oração é a experiência de dois industriais famosos, cujos nomes seriam conhecidos a muitos leitores, tivesse eu a permissão de revelá-los. Ambos reuniram-se para tratar de um negócio e uma questão de ordem técnica. Poder-se-ia pensar que eles abordariam tal problema numa base puramente técnica. De fato, foi o que fizeram. Mas fizeram também outra coisa mais: recorreram à oração. Como o resultado não foi muito satisfatório, chamaram um pregador da região, um velho amigo deles, porque, como explicaram, a fórmula da oração da Bíblia diz: "Onde dois ou três se acharem reunidos em meu nome, ali estarei no meio deles" (Mateus 18:20).

> ✡ Bíblia de Jerusalém: "Mais vale dois que um só, porque terão proveito do seu trabalho" (Eclesiastes 4:9).

> ☾ Alcorão: "Quando estava na caverna com um companheiro, disse-lhe: Não te aflijas, porque Deus está conosco!" (At-Tawba: 40).

Fizeram também referência a outra fórmula, a qual diz: "Se dois de entre vós concordarem, na terra, que o que desejam é tudo que eles pedirão, isso lhes será dado por meu Pai que está no céu" (Mateus 18:19).

> ✡ Bíblia de Jerusalém: "Então se acendeu a ira de Iahweh contra Moisés, e ele disse: 'Não existe Aarão, o levita, teu irmão? Eu sei que ele fala bem. E eis que sairá ao teu encontro e, vendo-te, alegrar-se-á em seu coração. Tu pois, lhe falarás e lhe porás as palavras na boca. Eu estarei na tua boca e na dele, e vos indicarei o que devereis fazer. Ele falará por ti ao povo; ele será a tua boca, e tu serás para ele um deus. Toma, pois, esta vara na mão: é com ela que irás fazer os sinais'" (Êxodo 4:14-17).

> ☾ Alcorão: "Respondeu-lhe: Em verdade, fortalecer-te-emos com teu irmão; dar-vos-emos tal autoridade, para que eles jamais possam atingir-vos. Com os Nossos sinais, vós e aqueles que vos

> seguirem sereis vencedores" (Al-Qasas: 35). E: "E concede-me um vizir dentre os meus, meu irmão Aarão, que poderá me fortalecer. E associa-o à minha missão, para que Te glorifiquemos intensamente" (Ta-Ha: 29-33). E: "Auxiliai-vos na virtude e na piedade. Não vos auxilieis mutuamente no pecado e na hostilidade" (Al-Ma'ida: 2).

Tendo sido educados na prática científica, eles creem que, no tratar a oração como fenômeno, devem seguir escrupulosamente as normas delineadas na Bíblia, que eles descreveram como sendo o livro didático da ciência espiritual. O método apropriado de se empregar uma ciência é usar as fórmulas aceitas e que se acham expostas no livro dessa mesma ciência. Raciocinaram que, se a Bíblia prevê que dois ou três devem reunir-se, talvez a razão de não terem sido bem-sucedidos fosse devido à falta de uma terceira pessoa.

Por conseguinte, os três homens oraram e, a fim de evitarem qualquer engano no processo, tomaram em consideração, com relação ao problema, várias outras normas da Bíblia, como as que se acham sugeridas nos seguintes versículos: "De acordo com a tua fé é que receberás" (Mateus 9:29). "Sejam quais forem as coisas que desejares, quando orares, crê que as recebes e tu as terás" (Marcos 11:24).

> ✡ Bíblia de Jerusalém: "Iahweh me trata segundo minha justiça, e me retribui conforme a pureza de minhas mãos, pois eu observei os caminhos de Iahweh e não fui infiel ao meu Deus. Seus julgamentos estão todos à minha frente, jamais apartei de Mim seus decretos; sou íntegro para com ele e guardo-me do pecado. Iahweh me retribui segundo minha justiça, minha pureza, que ele vê com Seus olhos" (Salmos 18:21-25).

> ☪ Alcorão: "E o vosso Senhor disse: Invocai-Me, que vos atenderei!" (Ghafir: 60). E: "Quando Meus servos te perguntarem por Mim, dize-lhes que estou próximo e ouvirei o rogo do suplicante quando a Mim se dirigir. Que atendam o Meu apelo e que creiam em Mim, a fim de que se encaminhem" (Al-Baqara: 186).

> ✝ Bíblia Septuaginta trad. José Cassais: "Quem irá contar isto ao meu Senhor? O Senhor, ele próprio, ouve-me" (Salmos 151:3).

> Livro do Eclesiástico: "Quando um grande te convidar, esquiva-te, e ele te convidará com maior insistência" (Eclesiástico 13:9). E: "Não deixará impune o pecador com o seu furto e nem a paciência do piedoso ficará frustrada" (Eclesiástico 16:13).

Após várias reuniões em que fizeram análises minuciosas e orações, os três homens afirmaram conjuntamente que tinham recebido a resposta ao problema. O resultado foi inteiramente satisfatório. Os resultados subsequentes indicaram que tinham realmente obtido a orientação de Deus.

Esses homens são grandes cientistas o bastante para não precisarem de explicações exatas sobre a atuação dessas leis espirituais, como não precisariam também no caso das leis naturais. Ficam satisfeitos com o fato de que aquelas leis funcionam realmente quando se emprega uma técnica "adequada".

— Embora não saibamos explicá-lo — disseram —, o fato é que o problema nos confundira, e experimentamos a oração de conformidade com as fórmulas do Novo Testamento. O método surtiu efeito e obtivemos um belo resultado.

Acrescentaram que lhes parecia que a fé e a harmonia são fatores importantes no processo da oração.

Um homem abriu um pequeno negócio na cidade de Nova York, uns anos atrás. Esse seu primeiro estabelecimento era, como ele mesmo o caracterizou, "um buraquinho na parede". Tinha apenas um empregado. Anos depois passou para uma sala maior e, em seguida, para instalações mais amplas. O negócio foi coroado de êxito.

O método de negócio desse homem, conforme ele o descreveu, consiste em "encher o buraquinho, na parede, de orações e pensamentos otimistas". Declarou que o trabalho persistente, pensamentos positivos, operações lícitas, bom tratamento aos fregueses e modo apropriado de se fazer orações dão sempre resultado. Esse negociante, que tinha um espírito inventivo e extraordinário, elaborou sua própria fórmula, muito simples, para resolver seus problemas e vencer suas dificuldades por meio da força da oração. É uma fórmula curiosa, mas a tenho praticado e pessoalmente sei que surte efeito. Sugeri-a a muitas pessoas que também acharam o seu uso de real valor. Recomendo-a a você.

Eis a fórmula: (1) ORAÇÃO, (2) IMAGINAÇÃO e (3) REALIZAÇÃO.

Por "oração", meu amigo se referia a um sistema diário de orações criadoras. Quando surgia um problema, ele o analisava com Deus, fazendo suas orações de maneira simples e direta. Além disso, não conversava com Deus concebendo-o como uma sombra imensa e remota: concebia Deus como estando a seu lado, no escritório, em casa, na rua, no automóvel, sempre perto, como um sócio, como um companheiro muito íntimo. Levava a sério a injunção da Bíblia: "Ore sem cessar" (1 Tessalonicenses 5:17)

> ✡ Bíblia de Jerusalém: "Quanto a mim, infeliz de mim se eu pecar contra Iahweh deixando de orar por vós e de vos mostrar o bem e o reto caminho" (1 Samuel 12:23).

> ☪ Alcorão: "Que são constantes em suas orações" (Al-Ma'arij: 23). E: "E que observarem as suas orações. Estes serão os herdeiros. Herdarão o Paraíso, onde morarão eternamente" (Al-Mu'minun: 9-11).

> Livro do Eclesiástico: "Conhece a justiça e os juízos de Deus; permanece firme no estado em que ele te colocou, e na oração constante ao Altíssimo" (Eclesiástico 17:24).

Interpretava-a como significando que devia debater com Deus, de maneira natural e normal, as questões que tinham de ser resolvidas e tratadas. A divindade passou finalmente a dominar-lhe o subconsciente. "Orava" todos os dias. E o fazia quando passeava ou andava de carro ou quando exercia outras atividades cotidianas. Vivia sempre orando. Não se ajoelhava sempre para oferecer suas orações, mas costumava, por exemplo, perguntar a Deus como a um companheiro muito íntimo: "Que devo fazer sobre isso, Senhor?", ou "Lançai uma nova luz sobre este ponto, Senhor". Seu espírito estava embebido de orações e ele as aplicava em suas atividades.

O segundo ponto de uma fórmula de oração criadora é a "imaginação". O fator básico na física é a força. O fator básico na psicologia é o desejo realizável. O homem que pressupõe o êxito tende a alcançá-lo. As pessoas que pressupõem o fracasso acabam fracassando. Quando se imagina o fracasso ou o êxito, um ou outro tende a tornar-se realidade em termos equivalentes ao que se imaginou.

Para assegurar que algo de valor aconteça, faça suas orações e experimente se aquilo que deseja está de acordo com a vontade de Deus; imagine depois firmemente que o seu desejo vai materializar-se. Continue a submeter à vontade de Deus o desejo que idealizou — isto é, coloque a questão nas mãos de Deus — e siga a orientação do Todo-Poderoso. Trabalhe árdua e inteligentemente, contribuindo assim com sua parte para a obtenção do êxito. Pratique a crença e continue a sustentar firmemente no pensamento o que imaginou. Faça-o e ficará surpreso com os caminhos estranhos pelos quais se materializará o seu desejo. É a "realização" daquilo que imaginou. Aquilo por que você orou e que imaginou se "realiza" de conformidade com o padrão de seu desejo quando subordinado ao auxílio de Deus e se, além disso, você se entregar inteiramente à sua realização.

Pratiquei pessoalmente esse método e o acho extraordinariamente eficaz. Foi sugerido a outras pessoas que, igualmente, informaram ter conseguido adquirir grande soma de energia criadora.

Por exemplo: uma senhora descobriu que o marido começara a mostrar-se-lhe indiferente. Havia sido um casamento feliz, mas aconteceu que a mulher mergulhou na vida social e o marido nos negócios. Antes que percebessem, havia deixado de haver entre ambos aquele doce afeto dos velhos tempos. Certo dia, ela descobriu que o esposo estava interessado em outra mulher. Perdeu a calma. Tornou-se histérica. Consultou o seu pastor, o qual, muito sutilmente, fez com que a conversação girasse sobre ela mesma. Ela reconheceu que se tinha descuidado do lar e que se tinha tornado egoísta, ferina e irritadiça.

Confessou depois que nunca se sentira igual ao marido. Sentia-se profundamente inferior a ele e incapaz de igualar-se a ele social e intelectualmente. Refugiou-se então numa atitude antagonística que se manifestava pela petulância e críticas.

O pastor viu que a mulher tinha mais talento, capacidade e encanto do que estava revelando. Sugeriu-lhe que criasse uma imagem ou retrato de si mesma como sendo muito capaz e atraente: muito espirituosamente lhe disse que Deus dirige "um instituto de beleza", acrescentando depois que as normas da fé poderiam embelezar o rosto de uma pessoa e dar encanto e graciosidade às suas maneiras. Ensinou-lhe como devia fazer suas orações e como "fazer aquele retrato" espiritualmente. Aconselhou-a também a manter sempre no espírito a ideia do restabelecimento daquela antiga afeição e camaradagem, a considerar sempre o esposo como uma criatura bondosa e a idealizar que a harmonia se havia restabelecido entre eles dois. Cumpria-lhe sustentar com fé esse quadro. O pastor preparou-a assim para a mais interessante vitória pessoal.

Mais ou menos nesse tempo, o marido a informou de que pretendia divorciar-se. Ela havia conseguido dominar-se, a ponto de poder receber com calma aquela notícia. Respondeu simplesmente que estava disposta a conceder-lhe o divórcio se ele o desejasse, mas sugeriu que se protelasse aquela decisão por noventa dias, alegando tratar-se de um passo muito sério e definitivo.

— Se, ao fim de noventa dias, ainda achar que deseja divorciar-se, concordarei com você.

Disse aquilo muito calmamente. O marido fitou-a admirado, pois esperava uma cena. Ele saía todas as noites. Ela ficava em casa e, na sua imaginação, idealizava-o sentado na sua antiga cadeira. O marido não se achava sentado na cadeira, mas a esposa pintava a sua imagem ali, muito acomodado, com todo conforto, lendo um jornal como nos velhos tempos. Idealizava-o fazendo uma coisa e outra na casa, como era costume nos bons tempos. Chegou mesmo a imaginá-lo enxugando a louça como nos primeiros dias de casamento. Revia, no espírito, o tempo em que jogavam golfe juntos e os belos passeios que faziam.

Manteve esse quadro com uma fé constante. Certa noite, ele se sentou na antiga cadeira. Ela lançou-lhe um olhar furtivo duas vezes para ter certeza de que o que via era mesmo a realidade. Mas talvez um quadro que se imagina venha a tornar-se realidade. De fato, ele ali estava em carne e osso; é verdade que uma ou outra noite se ausentava, mas com o decorrer dos dias foi ficando mais tempo em casa; sentava-se sempre na mesma cadeira. Começou depois a ler as notícias de um jornal para ela, como antigamente. Num sábado, à tarde, perguntou-lhe subitamente se não gostaria de jogar uma partida de golfe.

Os dias tinham decorrido agradavelmente e, naquele momento, ela percebeu que tinha chegado o nonagésimo dia.

— Bill, mas é hoje o nonagésimo dia — observou-lhe tranquilamente.

— Que quer dizer com isso? Que quer dizer com nonagésimo dia? — perguntou o marido intrigado.

— Como? Não se lembra? Tínhamos concordado em esperar noventa dias para resolvermos essa questão de divórcio, e hoje é o dia.

Ele a fitou por algum tempo e, escondendo depois o rosto atrás do jornal, disse-lhe:

— Não seja bobinha. Eu não poderia viver sem você. Que ideia foi essa de que eu iria deixá-la?

A fórmula provou ser um poderoso mecanismo. Conseguira realizar seus desejos com suas orações, com os quadros que idealizara em seu espírito. A força da oração solveu o seu problema e o dele também.

Conheci inúmeras pessoas que foram coroadas de êxito com a prática desse método, tanto em suas questões pessoais como em seus problemas financeiros. Quando se aplica sincera e inteligentemente esse método de orações extraordinariamente eficiente, os resultados são excelentes. As pessoas que o levam a sério e o empregam realmente, obtêm resultados de fato surpreendentes.

Num banquete, por ocasião de uma convenção de industriais, achava-me sentado à mesa do orador, ao lado de um homem que, conquanto fosse um pouco rude de maneiras, não deixava de irradiar certa simpatia. Talvez ele se sentisse algo embaraçado por se encontrar junto a um pastor, uma figura que possivelmente não fazia parte do círculo de suas relações. Durante o banquete, disse algumas palavras teológicas, porém sem que as pudesse coordenar devidamente. Desculpava-se após cada citação. Num dado momento, disse-lhe que aquelas suas citações já me eram há muito conhecidas.

Informou-me que, quando menino, havia feito parte de uma igreja, mas "acabou fugindo dela". Contou-me aquela história antiga que costumo sempre ouvir e que, mesmo agora, muita gente, ao dizê-la, pensa ser inteiramente nova, a saber: — Quando eu era menino meu pai me obrigava a ir à escola dominical e a frequentar a igreja; fazia-me ingerir uma dose de religião todos os dias. Quando saí de casa, achei que devia parar com tudo aquilo. Desde então, raríssimas foram as vezes que fui à igreja.

Num dado momento, ele observou que "talvez devesse começar a frequentá-la, pois o peso dos anos já começava a fazer sentir-se". Respondi que ele se daria por muito feliz se conseguisse um lugar para se sentar na igreja. Isso o surpreendeu, pois "não julgava que houvesse muita frequência no templo, hoje em dia". Retruquei que a frequência de devotos aumentava de semana a semana, mais que em qualquer outra instituição, no país. Essa minha informação o deixou desconcertado.

Ele era chefe de uma pequena indústria. Falando de seu negócio, contou-me o quanto de dinheiro sua firma havia recebido no ano anterior. Comentando, disse-lhe que conhecia algumas igrejas, cujas coletas ultrapassavam a quantia que ele citara. Isso o deixou pasmado. Notei que seu respeito pela igreja ia então acentuando-se de maneira extraordinária. Informei-o dos milhares de livros religiosos, cujas vendas ultrapassavam as de quaisquer outros.

— Talvez os senhores, homens de igreja, estejam fazendo um bom servicinho — observou ele, empregando uma expressão da gíria.

Naquele momento, outro senhor se aproximou de nossa mesa e, cheio de entusiasmo, contou-me que lhe tinha sucedido "uma coisa maravilhosa". Disse que tinha andado muito deprimido, pois as coisas não lhe tinham corrido bem. Resolvera então tirar uma semana de férias e, nesse período, lera um de meus livros, *A Guide to Confident Living** (Prentice-Hall, Inc. 1948), no qual se achavam traçadas normas práticas de fé e religião. Confessou-me que a leitura lhe proporcionara grande prazer e lhe trouxera grande paz de espírito, tendo-o também estimulado a crer em suas próprias possibilidades. Acreditava que a resposta às suas dificuldades estava na religião.

— Por isso — prosseguiu — comecei a praticar os princípios espirituais apresentados em seu livro. Comecei a crer e a afirmar que, com o auxílio de Deus, poderia atingir os objetivos com os quais sonhava. Tive a sensação de que tudo iria correr bem dali por diante e que não mais haveria de ficar atribulado. Era quase uma certeza. E o fato é que comecei a dormir melhor e a sentir-me também melhor. Era como se eu tivesse tomado um tônico. Minha nova compreensão e a prática daquelas normas espirituais foram o ponto de partida.

Quando ele nos deixou, meu companheiro, que havia escutado o que o outro dissera, virou-se para mim e falou:

— É a primeira vez que ouço coisa semelhante. Aquele senhor falou sobre a religião como lhe tendo trazido, por assim dizer, a felicidade.

---

* *Como Confiar em Si e Viver Melhor*, publicado pela Editora Cultrix, São Paulo, 1958. [Fora de catálogo.]

Nunca me apresentaram a religião desse modo. Ele dá também a impressão de que a religião é quase uma ciência; que se pode usá-la para melhorar a saúde e os negócios. Nunca a considerei sob esse aspecto. — Acrescentou depois: — Mas quer saber o que me surpreendeu? Foi a expressão que lhe notei no rosto.

O fato curioso é que, ao fazer aquele comentário, o meu companheiro deixou transparecer em seu rosto aquela mesma expressão. Pela primeira vez percebi a ideia de que a fé religiosa não é algo de carolice, mas sim, um processo científico para se viver feliz. Estava observando, ali mesmo, a função prática do poder da oração numa experiência pessoal.

Pessoalmente acredito que a oração transmite vibrações de uma pessoa a outra e a Deus. Tudo no universo é uma vibração constante. Há vibrações nas moléculas de uma mesa, no próprio ar. A oração entre seres humanos vibra também. Você, quando faz uma prece por alguém, está empregando uma força inerente ao universo espiritual. Você está transmitindo a esse alguém algo de amor, de auxílio, de apoio — uma forte e real compreensão — e, nesse processo, desperta vibrações no universo, por meio das quais Deus faz com que se realizem os bons desejos. Experimente esse princípio e conhecerá os seus extraordinários resultados.

Por exemplo, tenho o hábito de orar pelas pessoas que vejo por onde passo; aliás, é uma coisa que faço sempre. Lembro-me de uma viagem que fiz de trem pela parte oeste da Virgínia, quando me ocorreu um pensamento curioso. Vi um homem na plataforma de uma estação. O trem pusera-se em movimento e aquela figura fora ficando para trás. Ocorreu-me que era aquela a primeira vez que a via e também a última. Sua vida e a minha como que se tocaram levemente apenas por uma fração de segundo. Aquele homem seguiria o seu caminho e eu o meu.

Fiz então uma prece por ele e pedi a Deus que sua vida fosse sempre coberta de bênçãos. Comecei depois a orar pelas outras pessoas que eu via desfilar à passagem do trem. Orei por um homem que arava um campo e pedi ao Todo-Poderoso que o auxiliasse e lhe desse uma boa colheita. Vi uma mãe dependurando roupas num varal e todas aquelas peças como que me contavam ter ela uma família numerosa. Vislumbrei-lhe o rosto e a maneira com que prendia no varal as roupas das crianças; devia ser uma mulher feliz. Orei para que tivesse uma vida cheia de felicidade e que o esposo lhe fosse sempre fiel e para que ela o fosse também para com ele. Orei para que mantivesse sempre a família dentro do espírito da religião e para que os filhos crescessem fortes e se tornassem cidadãos honrados.

Numa estação, vi um homem encostado a uma parede dormindo. Orei para que ele, ao despertar, fosse aquinhoado de felicidades.

Noutra parada do trem, avistei uma encantadora criança com uma perna das calças maior que a outra, a camisa aberta ao pescoço, usando um suéter muito grande; os cabelos estavam em desalinho e o rosto sujo. Ela chupava um picolé. Dediquei-lhe também uma oração. Ao pôr-se o trem em movimento, ela me olhou e deu-me um lindo sorriso. Sabia que minha oração a atingira espiritualmente; disse-lhe adeus com as mãos e ela respondeu acenando alegremente para mim. Até aquele ponto, o dia havia estado encoberto; subitamente o sol surgiu e o rosto da criança como que deixou transparecer a doce alegria de seu coração. Sentia-me feliz intimamente. Essa felicidade, sem dúvida, era devido à força divina que se movia num círculo, através de mim; essa força se esparzia pela criança e voltava para Deus. Pairava sobre nós a magia extraordinária do poder da oração.

Uma das funções importantes da oração é o estímulo que ela dá às ideias, tornando-as criadoras. Há em nosso espírito todos os recursos de que precisamos para viver felizes. As ideias acham-se presentes em nosso subconsciente e, quando libertadas, podem conduzir-nos ao êxito em qualquer projeto, se devidamente amparadas. Quando o Novo Testamento diz "O reino de Deus está dentro de nós" (Lucas 17:21), está nos informando que Deus, nosso Criador, colocou em nosso espírito toda força e capacidade de que necessitamos para uma vida construtiva. Cumpre-nos arrancá-las de nós mesmos e desenvolvê-las.

> ✡ Bíblia de Jerusalém: "Porei no vosso íntimo o meu espírito e farei com que andeis de acordo com os meus estatutos e guardeis as minhas normas e as pratiqueis" (Ezequiel 36:27).

> ☪ Alcorão: "Que criamos o homem na mais perfeita proporção" (At-Tin: 4). E: "E ao tê-lo terminado e alentado com o Meu Espírito, prostrai-vos ante ele" (Al-Hijr: 29)

Vou citar um exemplo: tenho um amigo que se acha ligado a uma companhia, na qual é chefe de quatro elementos que ocupam cargos administrativos. A intervalos regulares, esses homens costumam realizar o que chamam uma "sessão de ideias", cuja finalidade é extrair todas as ideias criadoras que porventura estejam incubadas no espírito de qualquer um dos quatro. Usam para essa sessão uma sala, na qual não se veem telefones, campainhas ou qualquer outro equipamento de escritório. A janela antirruído isola quase que completamente os barulhos da rua.

Antes de começar a sessão, o grupo passa dez minutos em prece silenciosa e em meditação. Concebem Deus como intervindo de maneira criadora em seus espíritos. Cada um, a seu modo, faz uma oração afirmando que Deus está prestes a libertar de si as ideias que são necessárias para as suas operações comerciais.

Em seguida a esse período tranquilo, começam todos a conversar e a expor as ideias que lhes vieram ao espírito. Escrevem-nas em cartões, os quais ficam depois sobre a mesa. Não se permite crítica a qualquer das ideias nessa sessão especial, pois uma discussão poderia fazer cessar o fluxo dos pensamentos criadores. Esses cartões são depois recolhidos e cada um é considerado numa reunião posterior. É a sessão em que se extraem ideias estimuladas pela força da oração.

Quando inauguraram essa prática, uma alta porcentagem de ideias então sugeridas resultou ser de pouco valor, mas, à medida que foram prosseguindo com as sessões, o número de ideias boas foi aumentando. Muitas das melhores sugestões, que demonstraram mais tarde ser de grande valor prático, surgiram de tais reuniões.

Como explicou um dos elementos da administração: "Conseguimos resultados que aparecem em nossa folha de balanço e, além disso, adquirimos nova sensação de confiança. Mais ainda, há um profundo sentimento de camaradagem entre nós quatro, sentimento este que se espalha pelos demais membros da organização".

Em que situação fica o negociante antiquado que diz que a religião é coisa teórica que não se coaduna com negócios? Hoje em dia, qualquer negociante, competente e feliz em seus empreendimentos, quer empregar os últimos métodos de eficiência comprovada para produção, distribuição e administração. Muitos estão descobrindo que um dos maiores de todos esses métodos é o do poder da oração.

Em toda parte, veem-se pessoas ativas que estão percebendo que, com a adoção da prece, estão se sentindo em melhores condições físicas; trabalham, agem, dormem e passam melhor.

Meu amigo Grove Patterson, redator do jornal *Blade,* de Toledo, é um homem de extraordinário vigor. Ele diz que sua energia advém, em parte, pelo menos, de seu método de orações. Por exemplo, gosta de adormecer quando faz sua prece, pois crê que seu subconsciente descansa mais nessa ocasião. É no subconsciente que a nossa vida se encontra, em grande parte, governada. Se você deixar cair nele uma prece no momento em que está assim de repouso, ela produzirá um extraordinário efeito.

— Outrora eu ficava aborrecido quando adormecia em meio às minhas orações, mas agora procuro mesmo cultivar esse hábito — comentou o sr. Patterson sorrindo.

Tive conhecimento de muitos métodos de orações, mas um dos mais eficientes é o que Frank Laubach advoga em seu excelente livro *Prayer, the Mightiest Power in the World.* Considero-o um dos livros de oração mais práticos, pois traça novas normas de efeito comprovado. O dr. Laubach crê que a verdadeira força é gerada pela oração. Um de seus métodos é passar pelas ruas e "atirar" orações às pessoas que passam. A isso dá o nome de "orações-relâmpagos". Ele bombardeia de orações os transeuntes, enviando-lhes pensamentos eivados de amor e boa vontade. Diz que as pessoas que passam por ele quando "atira" suas orações, muitas vezes se viram e lhe sorriem. Elas sentem a emanação de uma força semelhante à energia elétrica.

Quando no ônibus, o dr. Laubach costuma "atirar" orações aos passageiros. Uma vez ele estava sentado atrás de um senhor que parecia estar preocupadíssimo. Notara-lhe a carranca quando subira no veículo. Começou a enviar-lhe orações de boa vontade e fé, concebendo-as como envolvendo o indivíduo e penetrando-lhe no espírito. Subitamente o homem começou a afagar a parte de trás da cabeça. Quando saiu do ônibus, já não mostrava um rosto carrancudo; um sorriso cobria-lhe as feições. O dr. Laubach acredita ter muitas vezes modificado a atmosfera de um vagão ou um ônibus cheio de passageiros por esse processo de "sussurrar orações em torno de si".

Certa vez, num vagão de luxo, um homem meio embriagado estava se tornando demasiado inconveniente com seu palavreado e grosserias. Percebi que caiu logo na antipatia das outras pessoas. Resolvi experimentar o método de Frank Laubach. Comecei, pois, a orar por ele; entrementes, procurava concebê-lo em sua melhor feição e, pelo pensamento, transmitia-lhe palavras de boa vontade. Passado algum tempo, sem que parecesse haver uma razão qualquer, o homem virou-se para minha direção, lançou-me um sorriso e, levantando a mão, fez um gesto de saudação. Mudou de atitude. Não falou mais uma palavra durante todo o trajeto. Tenho toda a razão para acreditar que minhas orações e pensamentos chegaram efetivamente até ele.

Antes de fazer minhas prédicas ou alocuções, seja onde for, costumo orar pelas pessoas presentes e enviar-lhes, pelo pensamento, palavras de amor e de boa vontade. Às vezes, escolho para meu alvo uma ou duas pessoas que pareçam estar deprimidas ou se mostrem mesmo antagonistas. A elas dirijo então os meus pensamentos e orações. Recentemente, ao fazer uma alocução na Câmara de Comércio de uma cidade do sudoeste, por ocasião de um jantar que nela se realiza anualmente, notei, na assistência, um homem que me olhava com o rosto carrancudo. Podia muito bem ser possível que sua expressão facial nada tivesse a ver comigo, mas o fato é que parecia bastante antagonístico. Antes de dar início à minha alocução orei por ele e "atirei-lhe", pelo pensamento, uma série de palavras amigas e cheias de fé. Continuei a fazê-lo, mesmo no decorrer de meu discurso.

Finda a reunião, estava ainda recebendo cumprimentos das pessoas que me cercavam, quando subitamente vi minha mão fortemente sacudida e, por quem? Por aquele homem, e ele sorria largamente.

— Francamente, não gostei do senhor quando vim a esta reunião — disse ele. — Não gosto de pastores e não via razão para que o convidassem para falar durante o jantar de nossa Câmara de Comércio. Estava certo de que o senhor não se sairia bem no seu discurso. Acontece que, quando o senhor começou a falar, qualquer coisa pareceu mexer aqui dentro de mim. Tenho a impressão de ser outro homem. Tive uma estranha sensação de paz — e pros diabos! fiquei gostando do senhor!

Não foi a minha alocução que produziu aquele efeito, mas sim a emanação da força da oração. Temos em nosso cérebro um verdadeiro acumulador que transmite a força por meio de pensamentos e orações. A força magnética do corpo já foi comprovada. Temos milhares de pequeninas estações emissoras, as quais, ao serem ligadas pela oração, irradiam uma corrente poderosa, que passa pelos seres humanos. Podemos transmitir a força por meio de orações as quais agem como estações emissoras e receptoras.

Havia um homem, um alcoólatra, por quem eu me interessava. Fazia seis meses mais ou menos que ele não bebia. Ele fizera uma viagem de negócios e, numa terça-feira, cerca das quatro horas da tarde, tive uma forte impressão de que ele se achava em dificuldade. Sua figura me dominava o pensamento. Senti qualquer coisa arrastar-me. Deixei de lado minhas tarefas e pus-me a orar por ele. Fi-lo durante meia hora. A impressão como que desapareceu e dei então por finda a minha prece.

Dias depois ele me telefonou:

— Estive toda a semana em Boston — declarou — e quero que o senhor saiba que não pus uma gota de álcool na boca, se bem que tivesse passado por um mau bocado no princípio da semana.

— Isso foi terça-feira, às quatro horas da tarde? — indaguei.

— Sim, foi. Como é que soube? Quem lhe contou? — perguntou ele surpreso.

— Ninguém me contou, isto é, nenhuma pessoa me disse coisa alguma.

Descrevi a impressão que me assaltara o espírito naquela terça-feira, às quatro horas da tarde, e disse-lhe que tinha orado durante meia hora por ele.

Percebi sua admiração ao explicar-me que, naquela ocasião, estava no hotel e se detivera no bar. Travara uma grande luta consigo mesmo para não beber. Pensara em mim e sentira necessidade de mim naquele momento, quando então começara a orar.

Sua prece chegou até a mim e eu comecei a orar por ele. Assim, juntos, tínhamos completado o circuito. Nossas orações alcançaram Deus e o homem obteve sua resposta, adquirindo a força de que precisava para enfrentar aquela crise. E o que fez ele?

Dirigiu-se a uma confeitaria, comprou uma caixa de bombons e comeu tudo. Foi o que o salvou daquela situação — "orações e bombons".

Uma senhora casada, ainda jovem, confessou-me que alimentava muito ódio, ciúmes e ressentimentos por suas vizinhas e amigas. Vivia também muito apreensiva, sempre preocupada com os filhos, receando que viessem a ficar doentes ou que sofressem um acidente ou que fracassassem no estudo. Sua vida era cheia de pesares, temores, ódios e infelicidades. Perguntei-lhe se orava alguma vez. Respondeu que o fazia somente quando se sentia aflita, mas admitia que isso não lhe dava nenhum consolo, razão por que não fazia orações frequentemente.

Fiz-lhe ver que a prática de uma oração verdadeira poderia modificar-lhe a vida. Recomendei-lhe que somente desse guarida no espírito a pensamentos bons e animadores. Sugeri-lhe que, todos os dias, à hora das crianças virem da escola, fizesse suas preces a Deus e lhe pedisse proteção. A princípio, ela não se mostrou muito confiante quanto ao resultado de minhas recomendações, mas acabou tornando-se uma das mais fervorosas adeptas dessa prática de orações. Lê avidamente livros e boletins religiosos e não deixa de observar as normas para a conquista dessa força inefável que temos em nós mesmos. Esse processo lhe renovou a vida, como se vê pela seguinte carta que me escreveu recentemente:

"Creio que meu marido e eu fizemos maravilhoso progresso nessas últimas semanas. O meu maior progresso data da noite em que o senhor me disse que 'todo dia é um dia bom para se orar'. Comecei então a pôr em prática a ideia de afirmar ser todo dia um bom dia para se fazer uma prece, o que faço assim que acordo de manhã. *Posso dizer positivamente que não tive um dia ruim ou atribulado desde aquela ocasião.* O fato extraordinário é que meus dias verdadeiramente não têm sido mais fáceis ou livres de um aborrecimento qualquer, mas acontece que tais dificuldades e aborrecimentos não têm mais o poder de atribular-me. Todas as noites, começo minhas orações fazendo uma lista de todas as coisas pelas quais sou grata, pequeninas coisas que me aconteceram durante o dia e que me proporcionaram felicidade. Sei que esse hábito fez com que o meu espírito se concentrasse apenas naquilo que só nos proporciona o bem. Não deixa de ser maravilhoso o fato de eu não ter tido, durante seis semanas, um único dia ruim e qualquer ressentimento contra quem quer que seja".

Ela descobriu uma força extraordinária no poder da oração. Você poderá fazer o mesmo. Eis dez regras para conseguir, com a oração, ótimos resultados:

1. Deixe seus afazeres por alguns minutos, todos os dias, para, nesse período, em silêncio, concentrar seus pensamentos em Deus. Isso fará com que se torne espiritualmente receptivo.

2. Faça depois sua prece, usando palavras simples, naturais. Conte a Deus tudo que lhe vai pelo pensamento. Não pense que deva empregar frases religiosas estereotipadas. Converse com Deus em sua própria linguagem. Ele o compreende.

3. Ore quando for para o trabalho, no ônibus, no automóvel, mesmo quando estiver sentado à sua escrivaninha. Recorra a pequeninas orações, fechando os olhos às coisas deste mundo e concentrando-se, por breve espaço de tempo, como se Deus estivesse presente. Quanto mais o fizer, todos os dias, tanto mais sentirá a Sua Presença.

4. Não faça sempre pedidos quando orar; em vez disso, afirme que lhe estão sendo dadas as bênçãos de Deus e agradeça por elas.

5. Ore com a crença de que as orações sinceras envolverão com o amor e a proteção de Deus todos aqueles que você ama.

6. Não alimente pensamentos negativos em suas orações. Somente os pensamentos positivos é que dão resultado.

7. Manifeste sempre sua aquiescência em aceitar as vontades de Deus. Peça o que quiser, mas esteja pronto a receber o que Deus lhe der. Talvez seja melhor do que aquilo que você pediu.

8. Cultive sempre a atitude de colocar tudo nas mãos de Deus. Peça que lhe seja dada a capacidade de proceder sempre da melhor maneira e de deixar confiantemente a solução nas mãos de Deus.

9. Ore pelas pessoas com as quais não simpatiza e que o tenham tratado mal. O ressentimento é barreira número um da força espiritual.

10. Faça uma lista das pessoas por quem deva orar. Quanto mais preces fizer por outras pessoas, especialmente por aquelas com quem não tenha relações, tanto mais resultados haverá de receber das orações.

5
COMO CRIAR A SUA PRÓPRIA FELICIDADE

Quem resolve que você seja feliz ou infeliz? Eis a resposta: é você mesmo!

Um astro da televisão teve, como convidado em seu programa, um homem já de idade. Era de fato um velho interessantíssimo. Suas observações eram inteiramente espontâneas. Via-se claramente que não tinham sido ensaiadas. Surgiam muito simplesmente de uma personalidade radiante e feliz. E toda vez que dizia alguma coisa, fazia-o de uma maneira tão simples e tão a propósito, que a assistência rompia em gargalhadas. Foi apreciado por todos. O astro da televisão ficou também impressionado e, como todos os demais, divertiu-se também com suas respostas.

Finalmente perguntou ao velho por que se sentia tão feliz.

— O senhor deve naturalmente ter um segredo maravilhoso para ser assim feliz — sugeriu.

— Não, não tenho segredo algum — respondeu o velho. — É a coisa mais simples deste mundo. Quando me levanto de manhã, tenho de optar entre duas coisas: ou ser feliz ou então ser infeliz. E o que pensa o senhor que escolho? Ser feliz, só isso.

Isso poderá parecer exagero. Poderia também parecer que o velho fosse superficial. Mas lembro-me que Abraham Lincoln, a quem não se poderia acusar de superficial, dizia que as pessoas poderiam ser felizes se estivessem resolvidas a sê-lo. Você será infeliz se quiser. É a coisa mais fácil neste mundo. Basta optar pela infelicidade. Comece por dizer a si mesmo que as coisas não vão bem, que nada é satisfatório e pode estar certo de que será infeliz. Mas se disser a si mesmo que tudo vai correndo bem, que a vida é boa e que você escolheu o caminho da felicidade, verá que realmente a felicidade pairará sobre você.

Quanto a isso, as crianças são mais hábeis que os adultos. O adulto que puder manter até à meia-idade ou mesmo até a uma idade avançada esse espírito próprio da criança é um gênio, pois preservará verdadeiro espírito feliz com que Deus dotou os jovens seres. A sutileza de Jesus Cristo é notável, pois diz-nos Ele que uma maneira para viver neste mundo é ter o coração e o espírito iguais aos de uma criança. Em outras palavras, não deixe envelhecer o espírito, não o deixe fatigar-se. Não se torne supersofisticado.

Minha filhinha Elizabeth, com a idade de nove anos, tem uma resposta para a felicidade. Perguntei-lhe um dia se era feliz.

— É claro que sou — respondeu.

— E é sempre feliz?

— Certamente. Sou sempre feliz.

— O que a faz feliz? — insisti.

— Ora, não sei. Sinto-me feliz.

— Mas deve haver alguma coisa que a faça assim feliz. Que é?

— Bem, vou dizer o que é. Minhas companheirinhas de brinquedo. Elas me fazem feliz. Gosto delas. Minha escola me faz feliz. Gosto de ir às aulas. (Eu não comentei sobre isso. Também ela não chegou a ouvir qualquer comentário meu a respeito.) Gosto de minhas professoras. Gosto de ir à igreja. Gosto da escola dominical e do professor. Amo minha irmã Margaret e meu irmão John. Amo mamãe e papai. Eles são muito bons para mim.

Essa é a fórmula de Elizabeth para a felicidade. Parece que está tudo ali: as companheiras de brinquedo (suas coleguinhas), a escola (o lugar onde estuda), a igreja e a escola dominical (onde cultua a Deus), a irmã, o irmão e os pais (isto é, o círculo do lar onde se encontra o amor). Eis aí a felicidade numa casca de noz, e o tempo mais feliz da vida está ligado a esses fatores.

Pediu-se a um grupo de meninos e meninas que fizessem uma lista das coisas que os fazia mais felizes. Suas respostas não deixaram de ser tocantes. Eis o que constava da lista dos meninos: "Uma andorinha voando; contemplar águas profundas e límpidas; ver a água no momento em que é cortada pela proa do navio; um trem correndo velozmente; o guindaste de um construtor erguendo alguma coisa pesada; os olhos de meu cão".

Eis o que as meninas disseram que as faziam felizes: "As lâmpadas da rua refletindo-se nas águas de um rio; os telhados vermelhos aparecendo sobre as ramagens das árvores; a fumaça saindo de uma chaminé; veludo vermelho; a lua nas nuvens". Há algo na essência bela desse universo que se encontra expresso nessas coisas, embora articuladas de maneira incompleta. Para se tornar feliz, é preciso ter uma alma limpa, olhos que vejam romance nas coisas simples, um coração de criança e candura.

Não são poucos os que constroem a sua própria infelicidade. É claro que nem toda infelicidade é criada pela própria pessoa, pois as condições sociais são responsáveis por alguns de nossos males. Contudo é um fato que, em grande parte, os nossos pensamentos e atitudes é que destilam os integrantes da vida para nós mesmos. São eles que nos trazem a felicidade ou a infelicidade.

— Em cada cinco pessoas, quatro não são tão felizes quanto o poderiam ser — declarou um eminente professor, o qual acrescentou: — A infelicidade é o estado mais comum do espírito.

Eu hesitaria em dizer que a felicidade humana esteja num nível assim tão baixo, mas a verdade é que tenho encontrado considerável número de pessoas vivendo uma vida infeliz. Prefiro não fazer uma estimativa nesse ponto, porém. Uma vez que o desejo fundamental de toda criatura humana é viver feliz, cumpre fazer-se alguma coisa a respeito. Pode atingir-se a felicidade. Não é complicado o processo para se conseguir esse objetivo. Todo aquele que realmente deseja consegui-lo, se aprender e aplicar a fórmula exata, poderá tornar-se uma pessoa feliz.

Certa vez, numa viagem por estrada de ferro, eu estava no vagão-restaurante, sentado defronte a um casal que me era completamente estranho. Marido e mulher. Esta trajava um vestido caríssimo, a par de um casaco de pele muito fino, e ostentava muitas joias. Contudo, criava para si uma atmosfera sobremodo desagradável. Queixava-se de tudo e em voz alta: achava que o vagão estava escuro, cheio de correntes de ar, que o serviço era abominável e a comida intragável. Reclamava o tempo todo.

O marido, pelo contrário, era uma criatura afável, cordial, um homem que, evidentemente, tinha a capacidade de aceitar as coisas como elas eram. Afigurou-se-me que ele se sentia um pouco embaraçado com aquelas críticas da mulher e algo desapontado, pois a estava levando para uma viagem de recreio.

Para mudar a conversação, perguntou-me qual a profissão que eu exercia. Declarou-me depois que era advogado. Cometeu depois um grande erro, pois acrescentou com uma risadinha: — Minha mulher está na indústria fabril.

Aquilo me surpreendeu, pois ela não parecia ser industrial, tampouco membro de diretoria de uma companhia qualquer. Podia ser tudo menos isso, motivo por que indaguei o que ela fabricava.

— Infelicidades. Ela fabrica sua própria infelicidade — respondeu ele.

A despeito da atmosfera glacial que pairou sobre a mesa em seguida àquela observação inoportuna, fiquei grato pelo que ele disse, pois aquela frase descreve exatamente aquilo que muitas pessoas costumam fazer — "Elas fabricam a sua própria infelicidade".

É lamentável tudo isso, pois a vida cria tantos problemas que diluem nossa felicidade, que seria uma grande tolice se procurássemos ainda destilar infelicidade em nosso espírito. Que tolice forjar infelicidades para serem acrescentadas às outras dificuldades, sobre as quais temos pouco domínio ou talvez nenhum!

Em vez de ressaltarmos a maneira pela qual as pessoas criam a sua própria infelicidade, voltemos nossa atenção para a fórmula de se fazer parar esse processo de criar uma vida tormentosa. Basta dizer que elaboramos a nossa infelicidade pelos pensamentos desagradáveis que cultivamos, pelas atitudes que geralmente tomamos, como, por exemplo, a de agasalharmos essa sensação negativa de que tudo vai dar mau resultado ou a de que outras pessoas vão conseguir coisas que não merecem e que nós não atingiremos nossos objetivos, embora os mereçamos.

Destilaremos ainda a nossa infelicidade se saturarmos o nosso espírito de ressentimentos, má vontade e ódio. Os temores e os aborrecimentos constituem os ingredientes de que se serve esse processo criador de infelicidade. Dissertaremos sobre eles, algures, neste livro. No momento, apenas desejamos salientar o fato de que, em média, uma grande parte da infelicidade do indivíduo é criada por ele mesmo. Como, pois, poderemos agir para produzir apenas felicidade?

Um incidente que se deu numa de minhas viagens por estrada de ferro poderá sugerir uma resposta. Certa manhã, num vagão de luxo já muito antiquado, estava eu barbeando-me no compartimento reservado aos homens, juntamente com mais cinco viajantes. Como só poderia acontecer num compartimento acanhado, como era aquele, após uma noite passada no trem, aqueles estranhos não se mostravam dispostos a conversas. Só de quando em vez um ou outro resmungava alguma coisa.

Decorrido certo tempo, surgiu entre nós um homem todo sorridente. Cumprimentou-nos com um cordial "bom-dia". Seu cumprimento foi retribuído sem entusiasmo. Começou a barbear-se e a cantarolar ao mesmo tempo. Isso irritou um pouco alguns dos presentes. Finalmente um deles observou mui sarcasticamente:

— O senhor evidentemente parece estar muito contente esta manhã! Por que todo esse contentamento?

— De fato, estou contente. Sinto-me alegre — respondeu o outro. Acrescentou depois: — Tenho por hábito manter-me sempre alegre.

Foi tudo o que disse, mas estou certo de que todos que se achavam naquele compartimento devem ter deixado o trem com aquelas interessantes palavras gravadas no espírito. "Tenho por hábito manter-me sempre alegre."

Essa frase é realmente muito profunda, pois a nossa felicidade ou infelicidade depende, em grande parte, do hábito de espírito que cultivamos. O livro de Provérbios, com sua coleção de ditados judiciosos, diz-nos que "...aquele que tem o coração alegre está sempre em festa" (Provérbios 15:15). Em outras palavras, cultivemos a alegria no coração; desenvolvamos o hábito de ser feliz e a vida tornar-se-á uma festa perene. Isso quer dizer que poderemos gozar sempre a vida. É desse hábito que advém uma vida feliz. Da mesma maneira que podemos cultivar um hábito, também podemos criar a nossa própria felicidade.

Ela se desenvolve com a prática de pensamentos bons e alegres. Faça mensalmente uma lista deles. Reveja-os, depois, no espírito, várias vezes ao dia. Não deixe que uma ideia má lhe assalte o pensamento. Substitua-a por uma que seja alegre. Todas as manhãs, antes de levantar-se, fique serenamente no leito e mergulhe bons pensamentos no espírito. Imagine uma série de coisas agradáveis que espera ter durante o dia. Saboreie esse prazer. Tais pensamentos auxiliarão a produzir os resultados que você espera. Não afirme que as coisas não irão correr bem nesse dia. A simples menção disso poderá fazer com que elas não corram mesmo bem. Você atrairá para si todos os fatores, grandes e pequenos, que contribuirão para criar condições desagradáveis. Como resultado, haverá de indagar a si mesmo por que tudo lhe corre mal e qual a razão de tudo isso.

A razão poderá ser encontrada na maneira pela qual você começou o dia — nos seus pensamentos iniciais.

Experimente amanhã este plano: quando se levantar, diga três vezes apenas esta frase: "Este é o dia feito pelo Todo-Poderoso; rejubilemo-nos e sejamos felizes" (Salmos 118:24) (No entanto, personalize-a e diga: "rejubilo-me e sou feliz".

> ✡ Bíblia de Jerusalém: "Ouve, ó Israel: Iahweh nosso Deus é o único Iahweh! Portanto, amarás a Iahweh teu Deus com todo o teu coração, com toda a tua alma e com toda a tua força" (Deuteronômio 6:4-5).

> ☪ Alcorão: "Dize: Contentai-vos com a graça e a misericórdia de Deus! Isso é preferível a tudo quanto entesourarem!" (Yunus: 58).

Diga-a em voz forte e clara, em tom positivo e enfático. É um versículo da Bíblia, é claro, e é um remédio salutar contra a infelicidade. Se você repetir esse único versículo três vezes antes do café da manhã e meditar no significado de suas palavras, você modificará o caráter do dia, pois o estará começando com uma psicologia feliz.

Quando estiver se vestindo, barbeando-se ou tomando o café da manhã, faça em voz alta algumas observações como estas: "Creio que vou ter um belíssimo dia. Creio que poderei resolver todos os problemas que venham a surgir hoje. Sinto-me bem física e mentalmente. Como é bom sentir a vida! Sou grato por tudo que tive, por tudo que tenho agora e por tudo que terei. As coisas vão correr bem. Deus está aqui e Ele está comigo e me auxiliará. Agradeço a Deus por todas as boas coisas".

Conheci certa vez uma criatura infeliz que vivia dizendo à esposa por ocasião do café da manhã: "Vou ter hoje mais um dia duro". Na realidade ele não pensava dessa maneira, mas julgava que, dizendo aquilo, as coisas lhe viessem a correr bem. Mas o fato é que elas lhe corriam mal, o que não era de surpreender, pois quando se imagina e afirma um resultado desagradável, acaba-se criando justamente essa espécie de condições. Por conseguinte, afirme sempre o advento de coisas felizes logo no começo do dia. Você ficará surpreso ao ver o quão frequentemente tal afirmativa acaba se materializando.

Mas não basta aplicar no espírito essa afirmativa importante que acabo de sugerir. É preciso também que você baseie suas ações e atitudes nos princípios fundamentais de uma vida feliz.

Um dos mais simples desses princípios básicos é o do amor humano e da boa vontade. É extraordinário como uma sincera expressão de ternura e compaixão nos conduz à felicidade.

Meu amigo, dr. Samuel Shoemaker, escreveu em certa ocasião uma tocante história acerca de um amigo mútuo, Ralston Young, o célebre carregador nº 42, na Grande Estação Central de Nova York. Ele ganha a vida carregando malas, mas o seu verdadeiro trabalho é manter o espírito cristão, mesmo como carregador, numa das maiores estações ferroviárias do mundo. Quando carrega a mala de alguém, sempre procura derramar nesse alguém um pouco de sua grande fé cristã. Observa atentamente o cliente para ver se há uma possibilidade qualquer de lhe dar mais coragem e esperança. É muito hábil no processo de que lança mão.

Eis um exemplo. Pediram-lhe um dia que levasse uma senhora idosa ao trem que ela devia tomar. Ela estava sentada numa cadeira de rodas. Levou-a para o elevador. Na ocasião em que empurrava a cadeira para o elevador, notou que os olhos da mulher estavam marejados de lágrimas. Ralston Young quedou-se a seu lado durante todo o tempo que descia para a plataforma. Cerrou os olhos e pediu a Deus que lhe desse uma ideia. Ao empurrar a cadeira para fora, disse com um sorriso:

— Madame, permita-me que lhe diga uma coisa. É muito bonito esse chapéu que a senhora tem.

Ela o fitou por um momento e agradeceu.

— Poderia ainda acrescentar que o vestido também é muito bonito. Dá gosto vê-lo — observou ele.

Como mulher, aquilo lhe agradou. A despeito do fato de não se sentir bem, ela se animou com aquelas palavras e perguntou-lhe depois:

— Por que o senhor me diz palavras assim, tão amáveis? É realmente muito gentil de sua parte.

— Bem, vi o quanto a senhora estava triste. Vi-a chorar e perguntei a Deus como poderia auxiliá-la e Deus respondeu dizendo que lhe falasse sobre o chapéu. A menção que fiz do vestido foi ideia minha.

Ralston Young e Deus, juntos, sabiam como distrair o espírito de uma mulher.

— Não está se sentindo bem? — perguntou ele depois.

— Não — respondeu ela. — Tenho sempre umas dores. Não há meio de me livrar delas. Há momentos em que penso não poder mais suportá-las. O senhor, por acaso, sabe o que significa passar assim o tempo todo sofrendo?

Ralston teve uma resposta para essa pergunta:

— Sei, sim senhora. Perdi um olho e doeu-me dia e noite. Era como se me cutucassem com um ferro em brasa — declarou.

— E parece que o senhor agora vive feliz. Como é que consegue isso?

Nessa ocasião, ele já a tinha acomodado no seu lugar no trem. Explicou-lhe o segredo:

— Apenas orando, minha senhora, apenas orando.

— A oração, apenas a oração fará com que meus sofrimentos sejam eliminados? — indagou ela docemente.

— Bem, talvez não os elimine sempre — respondeu Ralston. — Não direi que os elimine, mas o fato é que sempre ajuda a gente a dominá-los, de modo que se tem sempre a impressão de que não magoam muito. Faça suas orações, minha senhora. Eu também orarei pela senhora.

Os olhos da mulher estavam agora enxutos. Ela fitou Ralston, um encantador sorriso a bailar-lhe nos lábios. Pegou-lhe depois a mão e disse:

— O senhor me fez um grande bem.

Passou-se um ano. Uma noite, na Grande Estação Central, Ralston Young foi chamado pelo alto-falante para que comparecesse à Seção de Informações. Uma jovem ali se achava à sua espera.

— Trago-lhe uma mensagem de uma morta — disse ela. — Minha mãe, antes de morrer, pediu-me que o procurasse e lhe comunicasse o quanto a auxiliou no ano passado, quando a conduziu ao trem, na sua cadeira de rodas. Ela lembrar-se-á sempre do senhor, mesmo na eternidade. Haverá sempre de lembrar-se do senhor, pois o senhor foi muito bondoso, muito amável e compreensivo.

A jovem não pôde conter-se. Rompeu num pranto.

Ralston observou-a durante algum tempo, em silêncio. Falou-lhe depois:

— Não chore, senhorita. Não deve chorar. Faça uma oração de agradecimento.

— Por que devo fazer uma oração de agradecimento? — perguntou a jovem, surpresa.

— Porque muitas pessoas ficaram órfãs mais moças que a senhorita — explicou ele. Acrescentou depois. — A senhorita teve a companhia de sua mãe durante muito tempo. Continua ainda a tê-la. Irá vê-la novamente. Ela está a seu lado agora. Estará sempre a seu lado. Talvez, neste momento, esteja bem junto a nós dois.

Cessaram os soluços e as lágrimas secaram. A bondade de Ralston produziu na filha o mesmo efeito que produzira na mãe. Naquela gigantesca estação, com milhares de pessoas passando por eles, sentiam a presença de um ser maravilhoso que inspirava aquele extraordinário carregador a espalhar em torno de si o amor.

"Onde houver amor, Deus aí estará", disse Tolstoi. Poderíamos acrescentar: onde Deus e o amor estiverem estará aí também a felicidade. Assim, o princípio prático para se criar a felicidade é praticar sempre esse sentimento.

Um homem verdadeiramente feliz é um amigo meu, H. C. Mattern, o qual, juntamente com sua esposa, Mary, que também é feliz, costumava viajar por todo o país para atender a seus trabalhos. O sr. Mattern usa um cartão de visita muito interessante. No verso do cartão acha-se exposta a filosofia que lhe trouxe a felicidade e também à esposa e a centenas de outras pessoas que tiveram sorte de sentir a inefável influência que irradia do casal.

Lê-se no cartão: "Eis o caminho para a felicidade: mantenha o coração livre do ódio e o espírito livre de aborrecimentos. Viva com simplicidade, espere pouco e dê muito. Cerque sua vida com o doce sentimento do amor. Derrame raios de sol. Esqueça de si e pense nos outros. Não faça aos outros o que não deseja para si. Experimente isso durante uma semana e você ficará surpreso com os resultados".

Ao ler essas palavras, você talvez dirá que isso não é novidade alguma. Mas é, se não a tiver experimentado ainda. Quando começar a pôr em prática esses conselhos, verá que é o mais interessante e o mais extraordinário método que terá empregado para viver feliz e com êxito. Que adianta ter conhecido esses princípios durante toda a sua vida se jamais fez uso deles? Tal falta não deixa de ser trágica. Isso porque, um homem que vive na pobreza quando tem, durante todo esse tempo, uma fortuna à sua porta, dá com isso demonstração de que não sabe viver inteligentemente. Essa filosofia simples é o caminho para a felicidade. Pratique esses princípios, conforme sugere o sr. Mattern, apenas por uma semana. Se não começar a sentir a verdadeira felicidade, será então devido ao fato de a infelicidade se achar profundamente enraizada em você.

Naturalmente, a fim de dar força a esses princípios e fazê-los surtir efeitos, é preciso apoiá-los com uma qualidade de espírito dinâmica.

Possivelmente você não conseguirá resultados eficazes, mesmo com princípios espirituais, se a eles não aliar uma força espiritual. Quando se experimenta uma mudança transcendente de dinâmica na vida interior, torna-se extraordinariamente fácil o êxito. Se você começar a usar princípios espirituais, ainda que com dificuldade, gradualmente irá adquirindo uma fonte transcendente. Posso assegurar-lhe que ela dará a maior fonte de felicidade que jamais teve em sua vida. Ela permanecerá junto a você enquanto a sua vida estiver sempre voltada para Deus.

Em minhas viagens pelo país tenho encontrado um número cada vez maior de pessoas verdadeiramente felizes. Há indivíduos que têm praticado as normas descritas neste livro e as que apresentei em outros volumes, trabalhos e palestras e também as que outros escritores e oradores têm sugerido. É surpreendente como as pessoas podem ficar inoculadas de felicidade por uma experiência interior de transformação espiritual. Pessoas de todas as categorias, em toda parte, estão tendo essas experiências hoje em dia. De fato, isso se tornou um dos mais populares fenômenos de nossos tempos. Se continuar a desenvolver-se e a expandir-se, a pessoa que não tiver tido uma experiência espiritual será logo considerada antiquada; não estará acompanhando a evolução do tempo. Hoje em dia é elegante ser espiritualmente ativo. Já não se pode mais ignorar essa transformação geradora de felicidades que incalculável número de pessoas está usufruindo presentemente.

Recentemente, após terminar uma conferência em certa cidade, um senhor alto, espadaúdo e simpático acercou-se de mim. Bateu-me no ombro com tal força que quase caí.

— Doutor, que tal se saísse com o nosso grupo? — convidou-me com voz trovejante. — Vamos ter uma reunião formidável em casa dos Smith. Gostaria que o senhor fosse lá também. Vai ser uma festa e tanto. Deve ir.

Bem, evidentemente a reunião não parecia muito apropriada para um pastor. Hesitava em aceitar o convite. Receava que a minha presença fosse criar embaraços. Comecei a apresentar umas desculpas.

— Oh! Não pense nisso — retrucou meu amigo. — Não tenha cuidados. A reunião é daquelas que o senhor gosta. Ficará surpreso. Vamos! Vai ter um dos maiores prazeres de sua vida.

Acabei cedendo. Acompanhei o meu alegre e interessante amigo. A sua disposição de espírito não deixava de ser contaminadora. Logo chegamos a uma enorme casa situada entre árvores, com uma ampla e deslumbrante entrada que levava à porta de entrada. Do ruído que vinha de suas janelas abertas, não era de se duvidar que estava havendo ali "uma festa e tanto" e perguntei a mim mesmo o que me estaria sendo reservado. Meu anfitrião, com um brado, arrastou-me para a sala, onde me apresentou a um grande grupo de pessoas alegres e exuberantes. Os cumprimentos pareciam não ter fim. O ambiente estava realmente alegre.

Olhei em volta para ver se havia algum bar. Não havia. Estavam servindo apenas café, suco de frutas, ginger *ale,* sanduíches e sorvetes, e tudo isso em abundância.

— Essas pessoas naturalmente estiveram em algum outro lugar antes de terem vindo para cá — observei ao meu amigo.

— Em algum outro lugar? — repetiu ele chocado. — Pelo que vejo, o senhor não compreende. Essas pessoas estão de fato alegres, mas não é essa espécie de "alegria" que o senhor está pensando. Estou surpreso com o senhor. Não percebe por que se mostram assim tão alegres? É por se terem transformado espiritualmente. Conseguiram realizar uma grande coisa. Libertaram-se de si mesmos. Encontraram Deus como a realidade viva, vital e misericordiosa. Sim — continuou meu anfitrião — estão de fato alegres, mas não é dessa alegria provocada pela bebida. Ela vem do fundo de seus corações.

Foi então que percebi o que ele quis dizer. Não era uma reunião de pessoas macambúzias e broncas. Eram as principais figuras daquela cidade — negociantes, advogados, médicos, professores, pessoas da sociedade e uma porção de pessoas mais simples, e falavam em Deus, fazendo-o da maneira mais natural deste mundo. Contavam a uns e outros a mudança que se havia operado em suas vidas graças à aquisição de uma grande força espiritual.

Aqueles que têm a ideia simplória de que não se pode rir e divertir-se quando se é religioso deviam ter estado numa reunião como essa que presenciei.

Deixei-a com um versículo da Bíblia a pairar em meu espírito: "Nele estava a vida, e a vida era a luz que iluminava os homens" (João 1:4).

> ✡ Bíblia de Jerusalém: "Pois a fonte da vida está em ti, e com tua luz nós vemos a luz" (Salmos 36:10). E: "Na luz da face do rei está a vida; seu favor é nuvem que traz chuva" (Provérbios 16:15).

> ☪ Alcorão: "Ele vos concederá dupla porção da Sua misericórdia, dar-vos-á uma luz, com que vos encaminhará e vos perdoará; e Deus é Indulgente, Misericordiosíssimo" (Al-Hadid: 28). E: "Deus é a Luz dos céus e da terra. O exemplo da Sua Luz é como o de um nicho em que há uma candeia; esta está num recipiente; e este é como uma estrela brilhante, alimentada pelo azeite de uma árvore bendita, a oliveira, que não é oriental nem ocidental, cujo azeite brilha, ainda que não o toque o fogo. É luz sobre luz! Deus conduz à Sua Luz a quem Lhe apraz. Deus dá exemplos aos humanos, porque é Onisciente" (An-Nur: 35).

Foi essa luz que vi brilhar nos rostos daquelas criaturas felizes. Uma luz interior transparecia em seus semblantes e provinha de algo espiritual e efervescente que tinham absorvido em si mesmas. A vida significa vitalidade e todas aquelas pessoas evidentemente estavam recebendo sua vitalidade de Deus. Tinham encontrado a força que cria a felicidade.

Esse não é um incidente isolado. Ouso afirmar que, em sua própria comunidade, se você olhar em torno de si, encontrará muitas pessoas semelhantes às que descrevi acima. Se não as encontrar em sua própria cidade, procure então adquirir esse mesmo espírito, o que poderá fazer lendo este livro e adestrando-se nos simples princípios nele expostos.

Ao lê-lo, acredite no que ele diz porque é a verdade; comece depois a pôr em prática as sugestões que ele contém. Você também haverá de ter a experiência espiritual que produz essa qualidade de felicidade. Sei que isso se dará porque muitas das pessoas às quais me referi e às quais ainda me referirei, em capítulos posteriores, adquiriram sua nova vitalidade dessa mesma maneira. Transformando-se assim no seu íntimo, começará a criar em si mesmo, não a infelicidade, porém uma felicidade de tal qualidade e caráter que você se sentirá maravilhado se estiver vivendo neste mesmo mundo. De fato, não será o mesmo mundo porque você não será o mesmo, e o que você for é que determinará o mundo em que viverá. Assim, com a sua transformação, o mundo também se transformará.

Se são os nossos pensamentos que determinam a felicidade, torna-se então necessário evitar os pensamentos que ocasionam depressão e desânimo. Pode fazer-se isso, primeiro, por simples determinação da vontade; segundo, utilizando-se das normas fáceis que sugeri a um homem de negócios. Encontrei-o num almoço. Nunca vi criatura mais depressiva. Sua conversa ter-me-ia causado também depressão e pessimismo. Ouvindo-o falar, tinha-se a impressão de que o mundo ia acabar. Evidentemente o homem estava cansado. O acúmulo de problemas tinha-lhe dominado o espírito e ele procurava libertar-se de um mundo que era demasiado pesado para si. Seu principal tormento originava-se de seus pensamentos depressivos. Precisava de uma infusão de luz e fé.

Foi então que ousei fazer-lhe uma recomendação, dizendo-lhe:

— Se quiser sentir-se bem e deixar de ser desditoso, poderei dar-lhe algo que lhe dará nova vida.

— Que o senhor poderá fazer? — escarneceu ele. — Por acaso, o senhor é um fazedor de milagres?

— Não, não sou um fazedor de milagres, mas poderei pô-lo em contato com alguém que pode fazer milagres e que arrancará de si essa infelicidade, dando-lhe nova feição à vida. Estou falando sério — concluí, ao separar-nos.

Ao que parece, aquilo lhe despertou a curiosidade, pois me procurou uns dias depois. Dei-lhe um pequeno livro meu, denominado *Thought Conditioners**.

Contém quarenta pensamentos para a conquista da saúde e da felicidade. Como se pode carregá-lo no bolso, sugeri àquele senhor que o

---

* *Thoughit Conditioners,* publicado por Sermon Publications, Inc., Marble Collegiate Church, I West 29th Street, Nova York.

tivesse sempre consigo para consulta, durante quarenta dias, decorasse um pensamento por dia, de modo a tê-los todos no subconsciente. Recomendei-lhe que considerasse aqueles pensamentos sadios como portadores de uma serena e salutar influência para o seu espírito. Assegurei-lhe que se seguisse à risca esse plano, os pensamentos ali contidos eliminariam todas as ideias doentias que estavam minando sua alegria, energia e capacidade criadora.

A princípio ele achou a ideia um pouco estranha. Teve suas dúvidas, mas acabou seguindo as instruções. Cerca de três semanas depois, chamou-me pelo telefone, e, cheio de entusiasmo, declarou que o plano surtia efeito. Achava-o maravilhoso. Tinha-se libertado de seu estado depressivo, o que lhe parecia até inacreditável.

Realmente, libertou-se de seu estado depressivo e é agora um homem verdadeiramente feliz. Essa condição agradável resultou do fato de ele ter se tornado hábil em criar a sua própria felicidade. Tempos depois comentou que a primeira barreira que teve de enfrentar foi a causada pelo seu espírito depressivo e as mortificações que impunha a si mesmo. Sabia que a causa de seu mal jazia nos pensamentos doentios que alimentava e, mesmo assim, não se esforçava para desejar uma mudança em seu temperamento. Mas quando começou a absorver os pensamentos sadios em seu espírito, conforme recomendei, passou a desejar uma nova vida. Percebeu depois esse fato extraordinário: ele poderia ter uma nova vida. E o que foi mais extraordinário ainda, estava conseguindo realizar esse objetivo. O resultado foi que, passadas cerca de três semanas, em que procurou melhorar seu estado de alma, "surgiu-lhe" a felicidade.

Em toda parte, neste país, vamos encontrar grupos de pessoas que encontraram o caminho da felicidade. Se pudermos ter um grupo, que seja apenas um, em cada cidade, vila e aldeia, poderemos transformar a vida deste país dentro de pouco tempo. E a que espécie de grupo nos referimos? Vamos explicar.

Eu estava fazendo uma palestra numa cidade do Oeste. Quando voltei para o hotel, já era muito tarde. Precisava dormir um pouco, pois tinha que me levantar às cinco e meia da manhã do dia seguinte para tomar um avião. Preparava-me para deitar quando tocou o telefone. Era a voz de uma senhora: — Somos cinquenta pessoas aqui em casa. Estamos esperando pelo senhor.

Expliquei que não podia ir devido a ter que partir cedo no dia seguinte.

— Oh! E dizer que dois amigos já saíram para ir buscá-lo. Mas o fato é que estivemos orando pelo senhor e desejávamos que viesse e orasse conosco antes de deixar a cidade.

Fui. Tive prazer nisso, embora tivesse dormido pouco naquela noite.

Os homens que tinham ido me buscar eram dois alcoólatras que tinham se curado pela força da fé. Eram duas das mais felizes e mais amáveis criaturas que se podia imaginar.

Havia, realmente, muitas pessoas na casa. Viam-se homens e mulheres sentados em todos os lugares, na escada, nas mesas e no assoalho. Um homem se empoleirara até mesmo no piano. E que estavam fazendo? Tinham se reunido para fazer uma oração em conjunto. Contaram-me que havia sessenta grupos semelhantes que faziam orações em conjunto, naquela cidade, em tempos sucessivos.

Era a primeira vez que eu ia a uma dessas reuniões. Era um grupo de pessoas verdadeiramente felizes. Fiquei deveras comovido. O espírito que reinava na sala parecia ser imbuído de uma força animadora. Todos cantaram, e seus cânticos me produziram inefável doçura. E riu-se também, mas eram risos sadios, risos de quem se sentia alegre, satisfeito e feliz.

A horas tantas, uma mulher levantou-se. Vi que ela trazia um aparelho em ambas as pernas.

— Disseram-me que nunca eu iria poder andar novamente — disse. — Quer ver-me andar?

E ela se pôs a andar de um lado para outro na sala.

— Quem a fez andar? — indaguei.

— Jesus — respondeu ela com simplicidade.

Outra jovem disse depois:

— Viu alguma vez uma vítima de narcóticos? Eu tinha esse vício, mas fiquei curada. — Ela estava sentada, uma encantadora moça, modesta e bem interessante. Declarou também que havia sido Jesus que a tinha curado.

Um casal, que se tinha separado e se reconciliara depois, confessou que vivia agora mais feliz do que nunca. Respondendo a uma pergunta que lhe fiz, disseram que havia sido Jesus que os fizera reconciliar-se.

Um homem declarou que tinha sido vítima do álcool e, com isso, levara a família à miséria. Tornara-se um verdadeiro farrapo humano. Mas agora, ali, em minha frente, não parecia que tivesse tido aquele passado. Era uma figura forte, sadia. Ia perguntar-lhe quem o salvara. Ele antecipou-se à minha pergunta, dizendo que havia sido Jesus.

Eles romperam depois em outro cântico. Alguém apagou algumas luzes e a sala ficou em meia obscuridade. Fizemos um grande círculo, todos de mãos dadas. Tive a impressão de que segurava um fio elétrico. Uma força estranha fluía em volta. Sem dúvida alguma, naquele grupo, era eu a pessoa menos espiritualmente desenvolvida. Sabia que, naquele momento, Jesus se achava presente naquela casa e que toda aquela gente O tinha encontrado. Haviam sido tocados pela Sua força. Ele lhes tinha dado nova vida e a vida ali saía estuante, irreprimível.

É esse o segredo. Tudo mais é secundário. Obtenha essa experiência e terá conquistado uma verdadeira felicidade, uma felicidade pura, a melhor que o mundo oferece. Não deixe de obtê-la, seja qual for a sua atividade na vida.

6

ACABE COM A EXALTAÇÃO E A AGITAÇÃO

Muitas pessoas tornam a vida difícil para si mesmas sem necessidade, desperdiçando forças e energias ao exaltar-se ou agitar-se por uma coisa ou outra.

Se você é uma dessas pessoas, lembre-se do papel que representa quando está exaltado ou agitado. A palavra "exaltação" significa superexcitação dos sentidos, excitação nas funções orgânicas ou nos sentidos e estado de pessoa irritada. A palavra "agitação", por sua vez, significa perturbação e é bem descritiva: faz-nos lembrar uma criança doente à noite, choramingando petulante e intermitentemente; encerra uma qualidade irritante, aborrecida e penetrante; é um termo infantil, porém descreve a reação emotiva de muitos adultos.

A Bíblia aconselha-nos a não nos exaltarmos (Salmos 37:1).

> ✡ Bíblia de Jerusalém: "Mas Iahweh espera a hora de poder mostrar-vos a sua graça, ele se ergue para mostrar-vos a sua compaixão, porque Iahweh é Deus de justiça: bem-aventurado todo aquele que nele espera" (Isaías 30:18). E: "Teus ouvidos ouvirão uma palavra atrás de ti: 'Este é o caminho, segui-o, quer andeis à direita quer à esquerda'". (Isaías 30:21).

> ☪ Alcorão: "Conserva-te indulgente, recomenda o bem e afasta-te dos ignorantes" (Al-A'raf: 199). E: "Opõe-te, pois, a eles e confia em Deus, porque Ele é para ti suficiente Guardião" (An-Nisa: 81).

> ✟ Versão da Bíblia King James Atualizada: "Mas agora, livrai-vos de tudo isto: raiva, ódio, maldade, difamação, palavras indecentes do falar" (Colossenses 3:8). E: "Eu, porém, vos digo: Amai os vossos inimigos e orai pelos que vos perseguem" (Mateus 5:44).

É um bom conselho para as pessoas de nosso tempo. Precisamos acabar com a exaltação e a agitação e tornar-nos serenos se quisermos ter forças para viver bem. E que devemos fazer para conseguirmos esse objetivo?

O primeiro passo é reduzir o ritmo de nossa vida. Não percebemos o quanto ele tem se tornado acelerado. Muitas pessoas se destroem fisicamente com o ritmo que imprimem à sua vida, mas, o que é ainda mais trágico, aniquilam também o espírito e a alma. É possível a uma pessoa viver fisicamente uma existência tranquila e ainda manter um ritmo elevado emotivamente. Até mesmo um inválido pode, desse ponto de vista, cultivar esse ritmo em sua vida. O caráter de nossos pensamentos é que determina ou não a exaltação e a agitação. Quando o espírito se precipita desordenadamente de uma atitude desarrazoada a outra, ele se torna febril, resultando disso um estado de quase insolência.

Deve reduzir-se esse ritmo da vida moderna se não se quiser sofrer profundamente de suas superexcitações debilitantes. A superexcitação produz venenos tóxicos no corpo e cria males psíquicos. Produz fadiga e uma sensação de frustração, disso decorrendo um estado de agitação e exaltação. Se o efeito dessa inquietude psíquica é tão pronunciado fisicamente, qual deverá então ser o seu efeito nessa essência profunda que temos dentro de nós mesmos e a que chamamos alma?

É impossível ter a alma em paz se o ritmo de nossa vida for febrilmente acelerado. Deus não andará assim tão depressa; não procurará acompanhar você nesse passo. Dir-lhe-á o seguinte: "Se achas que tens de andar depressa, anda, se bem que isso seja tolice; quando estiveres exausto, oferecer-te-ei a cura. Mas poderei tornar-te a vida maravilhosa se diminuíres agora o passo e viveres moderadamente e se confiares em mim".

Deus se movimenta imperturbável e vagarosamente. Seus movimentos são perfeitos. A única maneira sensata de se viver é observando o ritmo de Deus. Ele faz todas as coisas bem feitas e as faz sem pressa. Não há nEle agitação nem exaltação. É sereno e, portanto, eficiente. Essa doce paz nos é oferecida: "Deixo a paz contigo; dou-te a minha paz ..." (S. João 14:27).

> ✡ Bíblia de Jerusalém: "Iahweh mostre para ti a Sua face e te conceda a paz!" (Números 6:26). E: "Farei brotar o louvor dos seus lábios: 'Paz! Paz ao que está longe e ao que está perto, diz Iahweh, eu o curarei.'" (Isaías 57:19).

> ☪ Alcorão: "Paz! Eis como serão saudados por um Senhor Misericordiosíssimo" (Ya-Sin: 58). E: "Quando te forem apresentados aqueles que creem nos Nossos versículos, dize-lhes: Que a paz esteja convosco! Vosso Senhor impôs a Si mesmo a clemência, a fim de que aqueles dentre vós que, por ignorância, cometerem uma falta e logo se arrependerem e se encaminharem, venham a saber que Ele é Indulgente, Misericordiosíssimo" (Al-An'am: 54).

Em certo sentido, a geração atual não deixa de ser patética, especialmente nas grandes cidades, em razão dos efeitos da tensão nervosa, excitações e ruídos; mas esse mal se estende também pelo interior do país, pois as ondas sonoras transmitem a tensão.

Conversando com uma senhora idosa a respeito dessa questão, ouvi dela a seguinte observação: "A vida é sempre a mesma coisa". Essas palavras diziam tudo. Diziam da pressão, responsabilidade e tensão da vida cotidiana. As persistentes exigências da vida como que pesam sobre nós.

Às vezes ficamos imaginando se esta geração não estará de tal maneira acostumada a viver sob grande tensão, a ponto de muitos que se acham nesse infeliz estado não saberem como passar sem ela. A doce quietude das florestas e vales, que os nossos antepassados conheciam tão bem, lhes é estranha. O ritmo de suas vidas é tal que, em muitos casos, eles se sentem incapazes de usufruir das fontes de paz e doçura que o mundo físico lhes oferece.

Certa tarde de verão, minha esposa e eu fomos dar um passeio numa floresta. Estávamos hospedados na bela Casa da Montanha do lago Mohonk, a qual se ergue num dos mais interessantes parques naturais dos Estados Unidos. O parque tem 7.500 acres de terras virgens e montanhosas, no centro das quais existe um lago. É como se fosse uma joia numa caixinha forrada de veludo. A palavra *mohonk* significa "lago no céu". Numa era distante, alguma convulsão gigantesca da terra deve ter formado aqueles penhascos. Ao sair-se das florestas densas, chega-se a um promontório; descortinam-se grandes vales entre montanhas rochosas e antigas como o sol. As florestas, as montanhas e os vales constituem um aprazível retiro para quem quer fugir das agitações do mundo.

Naquela tarde, quando passeávamos, tivemos algumas horas de chuva e horas de sol. Ficamos molhados dos pés à cabeça. Já começávamos a preocupar-nos um pouco com a roupa, que estava em míseras condições. Foi então que concordamos que não faria mal algum a uma criatura humana molhar-se com a água límpida da chuva, senti-la fresca no rosto... Afinal, sempre poderíamos sentar-nos ao sol, e este se encarregaria de secar-nos. E assim continuamos a passear sob as árvores, conversando de quando em quando.

Estávamos também atentos àquela doce quietude das matas. Num sentido absoluto, as matas jamais ficam em repouso. Há sempre uma tremenda atividade em processo, mas a natureza não faz ruídos estridentes, não obstante a extensão de suas operações. Os sons da natureza são tranquilos e harmoniosos.

Naquela bela tarde, a natureza estendeu sua mão benfazeja para nós. A tensão que, momentos antes, caíra sobre nós, como que desaparecera.

Justamente quando estávamos presas de doce encantamento, chegaram até nós os sons de uma música ao longe. Era uma música de cordas, nervosa, no estilo de *jazz*. Passado algum tempo, surgiram duas moças acompanhadas de um rapaz, o qual carregava um rádio portátil.

Eram jovens da cidade que tinham saído para dar um passeio na floresta e, o que era sobremodo trágico, tinham trazido consigo aquele ruído estridente da civilização. Eram simpáticas criaturas, pois pararam para conversar conosco. Pensei em pedir-lhes que desligassem o rádio e procurassem ouvir a música da floresta, mas achei depois que não me ficava bem fazer-lhes semelhante pedido. Finalmente, eles prosseguiram o seu caminho.

Comentamos sobre o que eles estavam perdendo, atravessando aquelas matas aprazíveis e não ouvir a música que é tão velha quanto o mundo, cuja harmonia e melodia são inigualáveis: o canto dos ventos bailando pelas árvores, as doces notas dos pássaros no seu gorjeio sublime e, pairando sobre tudo isso, todo o cenário musical das matas.

E isso ainda se encontra nos Estados Unidos, nas florestas e grandes planícies, nos vales, nas majestosas montanhas e na doce areia das praias, onde as ondas espumantes do oceano se desfazem alegremente. Devíamos aproveitar-nos desse ambiente salutar. Lembremo-nos das palavras de Jesus: "Vinde sozinhos a um lugar deserto e descansai durante algum tempo" (Marcos 6:31).

> ✡ Bíblia de Jerusalém: "Ide-vos! Ide-vos! Saí daqui! Não toqueis nada do que seja impuro, saí do meio dela, purificai-vos, vós os que levais os utensílios de Iahweh" (Isaías 52:11).

> ☪ Alcorão: "Quando vos afastardes deles, com tudo quanto adoram, além de Deus, refugiai-vos na caverna; então, vosso Senhor vos agraciará com a Sua misericórdia e vos reservará um feliz êxito em vosso empreendimento" (Al-Kahf: 16). E: "E fizemos do filho de Maria e de sua mãe sinais, e os refugiamos em uma segura colina, provida de mananciais" (Al-Mu'minun: 50).

Mesmo no momento em que escrevo estas palavras e lhe dou este bom conselho, lembro-me de ocasiões em que se me tornou necessário recordar que não devia deixar de pôr em prática essa mesma verdade, a qual ressalta o fato de que devemos sempre procurar a solidão de vez em quando, se desejarmos trazer seus benefícios para nossa vida.

Num dia de outono, minha esposa e eu fizemos uma viagem a Massachusetts a fim de visitar nosso filho John, que estudava na Academia de Deerfield. Avisamo-lo que chegaríamos às onze horas da manhã. Sempre nos orgulhamos desse antigo e bom costume americano: a pontualidade. Como estávamos um pouco atrasados, corríamos muito com o automóvel. Em dado momento, minha mulher me perguntou se eu tinha visto uma bela colina ao lado.

— Que colina? — indaguei.

— Já ficou lá atrás — explicou ela. — Olhe, que árvore bonita!

— Que árvore? — Esta já tinha ficado a uma milha atrás.

— Este é um dia dos mais maravilhosos que já vi — disse-me a sra. Peale. — Quem iria imaginar esse extraordinário colorido como o que se vê agora, em outubro, nessas montanhas de Nova Inglaterra — acrescentou. — Realmente, isso faz bem à gente.

Aquela observação de minha mulher me impressionou de tal modo que parei o carro. Retornei depois um quarto de milha até junto a um lago, em cuja margem oposta as montanhas ofereciam um belo cenário com as cores que lhes emprestava aquele dia de outono. Ficamos ali parados, contemplando-o e meditando. Deus, com Seu gênio e arte, havia pintado aquela cena com as tintas maravilhosas que somente Ele sabe misturar. Naquelas águas tranquilas do lago refletia-se a visão de Sua glória, pois as encostas da montanha formavam um quadro inesquecível naquele límpido espelho.

Ficamos ali sentados durante algum tempo, sem dizer palavra. Finalmente minha mulher rompeu o silêncio com uma frase mui apropriada: "Ele me conduz às margens das águas tranquilas" (Salmos 23:2).

> ✡ Bíblia de Jerusalém: "Dias virão em que o Monte da Casa de Iahweh será estabelecido no mais alto das montanhas e se alçará acima de todos os outeiros. A ele acorrerão todas as nações" (Isaías 2:2).

> ☪ Alcorão: "E o atendemos e o libertamos da angústia. Assim salvamos os crentes" (Al-Anbiya: 88). E: "Ele vos concederá dupla porção da Sua misericórdia, dar-vos-á uma luz, com que vos encaminhará e vos perdoará; e Deus é Indulgente, Misericordiosíssimo" (Al-Hadid: 28).

> ✝ Versão da Bíblia King James Atualizada: "Tomai vosso lugar em minha canga e aprendei de Mim, porque sou amável e humilde de coração, e assim achareis descanso para as vossas almas" (Mateus 11:29).

Chegamos a Deerfield às onze horas; não sentimos cansaço. De fato, nossas forças como que se tinham restaurado.

Para auxiliar a reduzir essa tensão que parece dominar nosso povo em toda parte, você poderá começar a reduzir o ritmo de suas atividades. Basta acalmar-se, serenar-se. Não se exalte. Não fique agitado. Mantenha sempre um estado de espírito tranquilo. Observe "a paz de Deus que ultrapassa toda a compreensão" (Filipenses 4:7). Verá depois aumentar em você uma sensação de força serena.

> ✡ Bíblia de Jerusalém: "Mostra-nos, Iahweh, teu amor e concede-nos Tua salvação. Ouvirei o que Iahweh Deus diz" (Salmos 85:8-9).

> ✡ Alcorão: "Paz! Eis como serão saudados por um Senhor Misericordiosíssimo" (Ya-Sin: 58). E: "Quando te forem apresentados aqueles que creem nos Nossos versículos, dize-lhes: Que a paz esteja convosco! Vosso Senhor impôs a Si mesmo a clemência, a fim de que aqueles dentre vós que, por ignorância, cometerem uma falta e logo se arrependerem e se encaminharem, venham a saber que Ele é Indulgente, Misericordiosíssimo" (Al-An'am: 54).

> Livro do Eclesiástico: "A paixão do ímpio não poderá justificá-lo, porque o peso de sua paixão é sua ruína" (Eclesiástico 1:22).

Um amigo meu, que foi obrigado a observar certo repouso, escreveu-me: "Aprendi muitas coisas durante esse retiro forçado. Agora é que sei o quanto nos apercebemos de Sua presença quando nos entregamos a uma vida de doce tranquilidade. Bem o diz Lao-tsé: 'Basta deixar a água enlameada parar para que ela se torne límpida, pois a lama irá pousar no fundo'".

Um médico deu um conselho um tanto extravagante a um paciente, um desses negociantes de tipo agressivo e empreendedor. Ele tinha contado ao médico as grandes atividades que era obrigado a exercer.

— Costumo levar todas as noites para minha casa uma pasta cheia de papéis para os quais é preciso dar uma solução imediata — declarou ele com inflexão nervosa na voz.

— Por que levar trabalhos para casa à noite? — indagou tranquilamente o médico.

— Porque é preciso que eu mesmo os faça.

— Não poderia alguém fazer esses trabalhos ou, mesmo, auxiliá-lo nisso?

— Não — respondeu o negociante. Acrescentou: — Sou eu o único que pode fazer isso. É coisa que tem de ser feita direito e somente eu é que a poderia fazer. Tem de ser feita depressa. Tudo depende de mim.

— Se eu lhe der uma receita, você a observará rigorosamente? — inquiriu o médico.

Acredite se quiser, foi esta a receita: o paciente deveria tirar duas horas de folga, em seus dias de trabalho, e dar um longo passeio. Tiraria também meio dia de folga por semana e passaria esse período num cemitério.

— Por que teria eu que passar meio dia no cemitério? — perguntou surpreso o paciente.

— Porque desejo que o senhor contemple todos os túmulos dos homens que ali estão permanentemente — explicou o médico. — Quero que medite no fato de que muitos deles ali jazem porque tinham o seu mesmo modo de pensar. Queriam carregar o mundo nas costas. Medite neste fato solene: quando o senhor ali ficar para todo o sempre, o mundo nem por isso deixará de continuar a sua marcha. Por mais importante que o senhor seja, outras pessoas irão poder desempenhar o trabalho que agora está desempenhando. Sugiro que se sente junto a um daqueles túmulos e repita essa frase: "...um milênio que Vós presenciais é apenas um dia que se esvai e como uma vigília à noite" (Salmos 90:4).

> ✡ Bíblia de Jerusalém: "Compreendi que tudo o que Deus faz é para sempre. A isso nada se pode acrescentar, e disso nada se pode tirar. Deus assim faz para que o temam. O que existe, já havia existido; o que existirá, já existe, e Deus procura o que desapareceu" (Eclesiastes 3:14-15).

> ☪ Alcorão: "Pedem-te incessantemente a iminência do castigo; saibam que Deus jamais falta à sua promessa, porque um dia, para o teu Senhor, é como mil anos, dos que contais" (Al-Hajj: 47). E: "Ele rege todos os assuntos, desde o céu até à terra; logo (tudo) ascenderá a Ele, em um dia cuja duração será de mil anos, de vosso cômputo" (As-Sajda: 5).

> ✝ Versão da Bíblia King James Atualizada: "Caros irmãos, em relação aos tempos e épocas, não é necessário que eu vos escreva; pois vós mesmos estais bem informados de que o Dia do Senhor virá como "ladrão à noite" (1 Tessalonicenses 5: 1-2).

O paciente compreendeu aquela sugestão. Reduziu o ritmo de suas atividades. Aprendeu a delegar autoridade a outras pessoas. Não mais exagerou o sentido exato de sua própria importância. Acabou com sua agitação e exaltação. Tornou-se sereno. Poder-se-ia acrescentar que está trabalhando melhor. Está desenvolvendo uma organização mais eficiente e admite que o seu negócio se acha em melhores condições.

Um preeminente fabricante se via constantemente presa de tensão. De fato, seu estado de espírito era, por assim dizer, vibrátil. Como ele descrevia a si mesmo, "saltava da cama logo cedo e imediatamente se desdobrava em atividades. Era tal a sua pressa que, na sua primeira refeição, tomava ovos quentes porque estes desciam mais rápido para o estômago". Toda essa correria louca o deixava exausto ao meio-dia. Ia se deitar todas as noites completamente esgotado.

Acontece que a casa dele ficava situada em meio a um conglomerado de árvores. Um dia, aos primeiros albores da manhã, impossibilitado de dormir, levantou-se e foi postar-se junto a uma janela. Prendeu-lhe a atenção um passarinho que começava a despertar de seu sono. Observou que o pássaro dorme com a cabeça enfiada debaixo da asa, com as pernas encolhidas e, ao despertar, levanta o bico, olha preguiçosamente em torno de si, estica bem uma perna e distende depois uma asa sobre ela, qual um verdadeiro leque; recolhe depois a perna e a asa e repete o mesmo processo com a outra perna e a outra asa, quando então enfia a cabeça novamente entre as penas para tirar uma soneguinha. Levanta depois a cabeça e, desta vez, olha alegre para os lados; inclina-a, em seguida, para trás, dá mais dois puxões às asas e às pernas e lança depois seu melodioso canto de louvor para o dia. Desce depois de seu abrigo, bebe um pouco de água fresca e começa então a procurar alimento para si.

O meu vibrátil amigo disse então com seus botões:

— Se é essa a maneira que os pássaros se levantam, assim tão preguiçosamente, por que não haveria de ser um bom método para eu começar também o dia desse modo?

Acabou agindo daquela mesma maneira. Chegava até a cantar. Notou que o canto exercia realmente um efeito benéfico no seu organismo.

— Não sei cantar, mas é coisa que agora pratico sentado mui tranquilamente numa cadeira — observou o fabricante sorrindo. — Na maioria das vezes canto hinos e algumas canções alegres. Imagine-me cantando, mas é o que realmente faço. Minha mulher pensou que eu tinha perdido o juízo. A única vantagem que levo sobre o pássaro é que faço minhas orações também. Depois, à maneira dele, trato logo de comer uma boa refeição — *bacon* e ovos. E não tenho pressa para comer. Depois disso sinto uma boa disposição para ir trabalhar. Seguramente, começo o dia sem tensão alguma, o que me auxilia a exercer as atividades muito tranquilamente, sem agitações.

Contou-me um antigo membro de uma universidade que se sagrara campeão nas regatas, que o seu instrutor era muito hábil e costumava recomendar aos tripulantes do barco que remassem lentamente se quisessem ganhar uma corrida. Dizia que as remadas rápidas tendiam a quebrar o ritmo, o qual mui dificilmente se poderia recuperar. Entrementes, outros barcos, com isso, passariam à frente da tripulação assim desorganizada. É realmente um bom conselho este que ele lhes dava: "Para se ir depressa, basta remar devagar".

A fim de remar ou trabalhar devagar e manter o ritmo constante que conduz à vitória, a vítima da pressa faria melhor se absorvesse no espírito essa paz coordenadora que vem de Deus. Poder-se-ia acrescentar: devia absorvê-la também nos nervos e nos músculos.

Já considerou alguma vez a importância de ter a paz de Deus em seus músculos e em suas juntas? Estas talvez não lhe doerão tanto se você tiver nelas a paz do Todo-Poderoso. Seus músculos atuarão melhor se a paz de Deus, que os criou, lhes governar a ação. Diga todos os dias a seus músculos e juntas: "Não se exaltem" (Salmos 37:1).

> ✡ Bíblia de Jerusalém: "O homem misericordioso faz bem a si mesmo, o homem cruel destrói sua própria carne" (Provérbios 11:17). E: "Sim, a justiça leva à vida, quem procura o mal morrerá" (Provérbios 11:19).

> ☪ Alcorão: "E os servos do Clemente são aqueles que andam pacificamente pela terra e, quando os ignorantes lhes falam, dizem: Paz!" (Al-Furqan: 63). E: "Porque Deus não estima arrogante e vaidoso algum" (Luqman: 18).

> ✝ Versão da Bíblia King James Atualizada: "Portanto, livrando-vos de toda malignidade e de todo engano, hipocrisia, inveja e toda espécie de maledicência" (1 Pedro 2:1).

Descanse num sofá ou numa cama; pense na importância de cada músculo e de cada junta, da cabeça aos pés, e diga a cada um: "A paz de Deus desce sobre cada um de vocês". Tenha sempre a impressão de que essa paz lhe domina todo o corpo. Com o tempo seus músculos e juntas ficarão dominados.

Acalme-se, pois aquilo que você desejar estará ao seu alcance se trabalhar para consegui-lo sem recorrer à pressa e a esforços excessivos. Se, atuando sob a orientação de Deus e de acordo com o Seu ritmo suave e calmo, não conseguir o que deseja, é porque não lhe estava fadado atingir esse objetivo. Tinha de acontecer. Por isso, trate de desenvolver o ritmo normal, natural e como Deus ordenou. Pratique e preserve uma tranquilidade mental. Aprenda a arte de prescindir das excitações nervosas. Para fazê-lo, basta deter-se alguns momentos e afirmar com fé: "Desisto agora de qualquer excitação nervosa e ela está desaparecendo completamente. Sinto-me perfeitamente tranquilo". Não se agite nem se exalte. Cultive sempre a tranquilidade.

Para atingir esse eficiente estado na vida, recomendo que cultive sempre pensamentos bons e serenos. Todos os dias executamos uma série de atos para cuidar de nosso corpo. Banhamo-nos, escovamos os dentes e fazemos ginástica. Devemos também dispensar certo tempo e esforços para manter o espírito sadio. Um processo para atendermos a isso é nos sentarmos tranquilamente em algum lugar e pensarmos em coisas agradáveis. Por exemplo, pensarmos numa grande montanha que vimos, num vale coberto pela névoa, num ribeirão prateado pela luz solar ou num doce luar sobre as águas do mar.

Cesse completamente, por uns dez ou quinze minutos, qualquer atividade que esteja exercendo e mantenha-se sereno; faça isso, pelo menos, uma vez a cada vinte e quatro horas, preferivelmente na hora mais atarefada do dia.

Há ocasiões em que é essencial reprimir resolutamente os nossos movimentos. É preciso ressaltar que a melhor maneira de fazê-lo é cessar completamente toda e qualquer atividade.

Fui uma ocasião a certa cidade fazer uma conferência que me tinham solicitado. Uma comissão me recebeu à chegada. Levaram-me logo a uma livraria, onde tive de dar autógrafos, e depois a outro estabelecimento, onde se repetiu a mesma cena. Dali me levaram, quase às pressas, para um almoço. Findo este, conduziram-me para uma reunião. Mal acabou a reunião, levaram-me para o hotel, onde troquei de roupa; tive de sair correndo para uma recepção, onde fui apresentado a um sem-número de pessoas e bebi três copos de ponche de frutas. Levaram-me depois para o hotel e me disseram que eu tinha vinte minutos para vestir-me para o jantar. Quando estava me vestindo, o telefone tocou. Fui atender. Alguém pedia que me apressasse, pois era preciso que fôssemos depressa para o tal jantar.

— Daqui a pouquinho estarei aí embaixo — respondi presa de agitação.

Tratei de sair às pressas e sentia tal excitação que mal podia enfiar a chave na fechadura da porta. Passei uma rápida vista de olhos na roupa para ver se estava tudo em ordem e corri para o elevador. De repente, parei. Estava sem fôlego. Perguntei então a mim mesmo: Por que tudo isso? Que significa toda essa pressa? Que coisa ridícula!

Tratei de ser independente e disse com os meus botões:

— Pouco me interessa esse jantar. Pouco se me dá se faço ou não essa conferência. Não sou obrigado a ir ao jantar e tampouco a fazer a conferência.

E assim, deliberada e vagarosamente, voltei para o meu quarto. Não tive pressa em abrir a porta. Telefonei para o homem que me esperava embaixo e lhe disse que, se quisesse ir jantar, que fosse. Poderia reservar um lugar para mim se o desejasse, pois ia demorar-me mais um pouco. Não queria mais saber daquelas correrias.

Tirei o paletó, sentei-me, tirei os sapatos e estendi os pés para cima da mesa e fiquei assim mui comodamente sentado. Abri depois a Bíblia e mui lentamente li a passagem do salmo 121: "Erguerei os olhos para as colinas donde vem o auxílio para mim".

✡ Bíblia de Jerusalém: "Ergo os olhos para as montanhas: de onde virá meu socorro? Meu socorro vem de Iahweh, que fez o céu e a terra" (Salmos 121:1-2). E: "Iahweh é teu guarda, tua sombra, Iahweh está à tua direita. De dia o sol não te ferirá nem a lua de noite. Iahweh te guarda de todo o mal, ele guarda a tua vida: Iahweh guarda a tua partida e chegada, desde agora e para sempre" (Salmos 121:5-8).

☪ Alcorão: "O homem é, por natureza, impaciente. Não vos appresseis, pois logo vos mostrarei os Meus sinais!" (Al-Anbiya: 37). E: "O homem impreca pelo mal, ao invés de suplicar pelo bem, porque o homem é impaciente" (Al-Isra: 11).

✝ Versão da Bíblia King James Atualizada: "Ao ouvirem esse relato, os irmãos unânimes elevaram a voz a Deus e exclamaram: 'Ó Todo-Poderoso Senhor, Tu que fizeste o céu e a terra, o mar e tudo o que neles existe'" (Atos 4:24).

Fechei o livro e disse para mim mesmo: "Vamos, é preciso viver com mais calma". Afirmei depois: "Deus está aqui e Sua paz desce sobre mim".

Ainda raciocinei: "Não tenho necessidade de comer coisa alguma. De qualquer modo, já tenho comido muito. Além disso, é bem provável que o jantar não seja bom e, se eu ficar sossegado agora, poderei fazer um discurso melhor às oito horas".

Fiquei assim tranquilamente sentado e orando durante uns quinze minutos. Jamais me esquecerei da sensação de paz e de domínio pessoal que senti quando deixei o quarto. Tive a gloriosa sensação de ter sobrepujado alguma coisa, de ter-me dominado emotivamente. Quando cheguei ao jantar, os convivas tinham acabado de terminar o primeiro prato. Tudo o que perdi foi a sopa que, na opinião geral, não foi uma perda muito grande.

Esse incidente foi uma experiência extraordinária da benéfica presença de Deus. Tive-a parando simplesmente, lendo tranquilamente a Bíblia, orando sinceramente e fazendo passar pelo meu espírito alguns pensamentos serenos durante certo momento.

Os médicos geralmente acham que se poderia evitar ou vencer muitos males físicos se se professasse a filosofia e metodologia de não se ceder a qualquer agitação ou exaltação.

Um ilustre cidadão de Nova York contou-me que seu médico lhe sugerira que viesse à nossa clínica, na igreja, "porque — disse-lhe — precisava desenvolver uma calma filosófica em seu modo de vida. Os recursos de suas forças estão esgotados".

— Meu médico falou que estou excedendo-me completamente. Disse que estou sob forte tensão nervosa, muito agitado. O médico declarou — concluiu o cidadão — que só poderei me curar se desenvolver o que ele chama de "filosofia calma no modo de se viver".

Ele se levantou e andou de um lado para outro na sala. Perguntou depois:

— Mas como é que poderei fazer isso? É muito fácil falar, mas é difícil de se pôr em execução.

O excitado cavalheiro passou a dizer depois que o médico lhe tinha dado certas sugestões, para o desenvolvimento da calma filosofia no modo de se viver. Eram realmente muito sábias.

— Mas — explicou ele — sugeriu-me que procurasse os senhores aqui na igreja, pois acha que, se eu aprender a observar a fé religiosa numa maneira prática, conseguirei a paz para o meu espírito e a diminuição de minha pressão sanguínea. Com isso, disse-me ele, haverei de sentir-me melhor fisicamente. Conquanto compreenda que a receita do médico seja sensata, pergunto: como poderá um homem de cinquenta anos de idade, de uma natureza tão vibrátil quanto a minha, modificar repentinamente os hábitos de toda uma existência e desenvolver essa filosofia?

Parecia de fato um problema, pois ele era um feixe de nervos irritadiços e explosivos. Andava de um lado para outro, batia na mesa e falava estridentemente. Dava a impressão de um homem completamente perturbado e mistificado. Obviamente demonstrava a sua pior feição. Contudo, estava revelando claramente o que lhe passava no íntimo e isso nos dava uma oportunidade para auxiliá-lo mediante uma melhor compreensão.

Ouvindo o que dizia e observando sua atitude, mais uma vez compreendi por que Jesus Cristo retém extraordinário domínio sobre os homens. É que Ele tem a resposta para tais problemas. Provei o fato, mudando subitamente o rumo da conversa. Sem qualquer preâmbulo, comecei a recitar textos da Bíblia, tais como: "Vinde a mim, todos vós que trabalhais e tendes cargas pesadas, que eu vos darei o descanso" (Mateus 11:28).

> ✡ Bíblia de Jerusalém: "E sucederá, no dia em que Iahweh te der descanso do teu sofrimento, da tua inquietude e da dura servidão a que foste sujeitado" (Isaías 14:3).

> ☪ Alcorão: "Implorai o perdão de vosso Senhor e voltai-vos a Ele, arrependidos, que Ele vos agraciará generosamente até um término prefixado, e agraciará com o merecido a cada um que tiver mérito" (Hud: 3). E: "Quando Meus servos te perguntarem por Mim, dize-lhes que estou próximo e ouvirei o rogo do suplicante quando a Mim se dirigir. Que atendam o Meu apelo e que creiam em Mim, a fim de que se encaminhem" (Al-Baqara: 186).

> ✟ Bíblia Ave Maria: "'Porque amais tudo que existe, e não odiais nada do que fizestes, porquanto, se o odiásseis, não o teríeis feito de modo algum" (Sabedoria de Salomão 11: 24).

E novamente: "A paz deixarei convosco, dar-vos-ei a minha paz: não como o mundo a dá, mas como eu vo-la dou. Não deixeis que o coração se perturbe nem que sinta temor" (S. João 14:27).

> ✡ Bíblia de Jerusalém: "Iahweh te abençoe e te guarde! Iahweh faça resplandecer o seu rosto sobre ti e Te seja benigno! Iahweh mostre para ti a sua face e te conceda a paz!" (Números 6:24-26). E: "Iahweh é minha luz e minha salvação: de quem terei medo? Iahweh é a fortaleza de minha vida: frente a quem tremerei?" (Salmos 27:1). E: "No dia em que eu temo, confio em Ti. Em Deus, cuja palavra louvo, em Deus eu confio: jamais temerei! O que pode um mortal fazer contra mim?" (Salmos 56:4-5).

> ☪ Alcorão: "Responderam-lhe: Detém-no, e a seu irmão, e envia recrutadores pelas cidades" (Ash-Shu'ara: 36). E: "E ordenamos: Descei todos daqui! Quando vos chegar de Mim a orientação, aqueles que seguirem a Minha orientação não serão presas do temor, nem se angustiarão" (Al-Baqara: 38).

E uma vez mais: "Conservareis em perfeita paz aquele que tiver o pensamento voltado para Vós" (Isaías 26:3).

> ✡ Bíblia de Jerusalém: "Preserva tua língua do mal e teus lábios de falarem falsamente" (Salmos 34:14). E: "Eles gritam, Iahweh escuta e os liberta de suas angústias todas. Iahweh está perto dos corações contritos, Ele salva os espíritos abatidos" (Salmos 34:18-19).

> ☪ Alcorão: "Quanto àquele que confiar em Deus, saiba que Ele lhe será Suficiente" (At-Talaq: 3). E: "Que são crentes e cujos corações sossegam com a recordação de Deus. Não é, acaso, certo, que à recordação de Deus sossegam os corações?" (Ar-Ra'd: 28). E: "Porém, Deus é o melhor Guardião e é o mais clemente dos misericordiosos" (Yusuf: 64).

> ✞ Versão da Bíblia King James Atualizada: "Porque deste atenção à minha exortação quanto a suportar os sofrimentos com paciência, Eu, igualmente, te livrarei da hora da tribulação que virá sobre o mundo todo, para pôr à prova os que habitam sobre a terra" (Apocalipse 3:10). E: "Entretanto, o Senhor é fiel; Ele vos fortalecerá e vos livrará do Maligno" (2 Tessalonicenses 3:3).

Recitei aquelas palavras lenta, deliberada e pensativamente. Nesse ínterim observei que o visitante se acalmou. Ficou tranquilo. Ficamos depois em silêncio. Parecia que já haviam decorrido muitos minutos. Talvez não fosse tanto. Finalmente ele soltou um profundo suspiro.

— Coisa interessante — murmurou ele —, sinto-me muito melhor. Não é esquisito? Creio que foram essas palavras todas que o senhor disse.

— Não foram apenas as palavras, embora elas exerçam extraordinário efeito sobre o espírito — expliquei. — É que aconteceu algo mais profundo. Ele tocou, há pouco, no senhor: o Médico do toque benfazejo. Ele estava presente nesta sala.

O visitante não demonstrou qualquer surpresa a essa afirmação. Ao contrário, concordou imediatamente com ela. Via-se-lhe estampada no rosto essa convicção.

— O senhor tem razão. Realmente Ele estava aqui. Senti a Sua presença. Compreendo o que senhor quer dizer. Agora compreendo. Jesus Cristo ajudar-me-á a desenvolver essa calma filosófica necessária à vida.

Aquele homem encontrou o que milhares de outros estão agora descobrindo: a simples fé e a observância dos princípios e normas da religião trazem a paz e a serenidade; trazem, por conseguinte, novas forças para o corpo e o espírito. É o perfeito antídoto para a agitação e a exaltação. Auxilia a pessoa a obter a serenidade e a conseguir, assim, novas energias.

Naturalmente, era necessário ensinar àquele homem novas normas de pensamentos e ação. Foi o que, em parte, se fez, sugerindo-lhe trabalhos escritos por peritos no campo da cultura do espírito. Por exemplo, demos-lhe lições de como devia frequentar a igreja. Demonstramos-lhe como fazer do culto, na igreja, um remédio terapêutico. Ensinamos-lhe a empregar cientificamente as orações e a observar certo descanso. Como resultado dessa prática, ele acabou sendo um homem sadio. Qualquer pessoa disposta a seguir esse programa e que observe sinceramente esses princípios todos os dias acredito que desenvolverá dentro de si a paz e a energia de que necessita. Muitas dessas normas se acham expostas neste livro.

A prática diária dessas normas benéficas é de grande importância para conseguir-se o domínio sobre as emoções. Não se poderá obtê-lo de maneira fácil ou por um passe de mágica. Não se pode desenvolvê-lo apenas com a leitura de livros, se bem que isso muitas vezes seja de auxílio. O único método certo é cultivá-lo regular, persistente e cientificamente e desenvolver, ao mesmo tempo, uma fé criadora.

Sugiro que se comece com um processo primário, como o de se adestrar na arte de ficar fisicamente quieto. Não ande de um lado para outro. Não torça as mãos. Não esmurre a mesa, não grite, não discuta e não se impaciente. Não se deixe levar pela exaltação. Nela, os movimentos físicos se tornam acentuados. Assim, comece pelo processo mais simples: cesse os movimentos físicos. Mantenha-se tranquilo, sente-se, repouse. É claro que se deve dominar a voz.

No desenvolver-se esse domínio sobre si mesmo, é preciso pensar calmamente, pois o corpo responde de modo sensível ao tipo de pensamentos que lhe passar pelo espírito. É também verdade que se pode manter sereno o espírito, fazendo com que o corpo permaneça tranquilo. Isso quer dizer que a atitude física pode provocar as atitudes mentais desejadas.

Num discurso, relatei um incidente que ocorreu na reunião de uma comissão a que estive presente. Um senhor que me ouviu relatá-lo ficou tão impressionado que resolveu seguir à risca a técnica nela sugerida. Informou-me que a técnica em questão é muito eficiente para se debelar toda e qualquer exaltação.

Achava-me na referida reunião quando se verificou uma discussão, a qual finalmente se tornou muito exaltada. Os ânimos já se estavam irritando e alguns dos presentes pareciam já não mais poder conter-se. Houve trocas de palavras muito ríspidas. Subitamente, um dos homens se levantou, tirou o paletó, abriu o colarinho e deitou-se num sofá. Aquilo surpreendeu a todos. Alguém perguntou se ele estava sentindo-se mal.

— Não — respondeu ele —, sinto-me perfeitamente bem. Tinha começado a ficar nervoso e sempre aprendi que é difícil ficar nervoso quando se deita.

Nós todos rimos, e desfez-se a tensão reinante. O nosso extravagante amigo explicou então que tinha "experimentado um pequeno ardil" consigo mesmo. Era, por natureza, fácil de exaltar-se. Quando se via nessa situação, sentia que cerrava os punhos e a voz se lhe alterava. Estendia então os dedos e esforçava-se por não os fechar. À proporção que ia aumentando a sua tensão ou raiva, ia baixando o tom de voz. Falava então em tom exageradamente baixo. — Não se pode prosseguir com uma discussão falando baixinho — disse com uma pequena risada.

Esse princípio pode ser eficiente para dominar as excitações, exaltações, e tensão, como, aliás, muitos descobriram, pondo-o em prática. Um passo inicial, portanto, para conseguir a calma é disciplinar as reações físicas. Você ficará surpreso ao ver o quanto isso poderá diminuir o calor de suas emoções. Afastando esse calor, desaparece a exaltação. Ficará admirado com as energias que poupará. Sentir-se-á muito menos cansado.

É, além disso, um bom processo cultivar a fleuma ou mesmo a indiferença. Procure ser, até certo ponto, lento em seus movimentos. As pessoas assim constituídas ficam menos sujeitas a exaltações. As criaturas altamente organizadas fariam muito bem se cultivassem essas reações, pelo menos até certo grau.

É natural que não se deseje perder certas reações nítidas e sensíveis, características das criaturas bem organizadas. Contudo, a adoção de uma atitude fleumática tende a estabelecer nas pessoas suscetíveis à exaltação um equilíbrio verdadeiramente compensador.

Segue-se uma técnica que consiste em seis pontos que pessoalmente achei de grande auxílio para reduzir essa tendência para a exaltação e a agitação. Recomendei seu uso a inúmeras pessoas, que a estão praticando e que a consideram de grande valor:

1. Sente-se numa cadeira e descanse. Fique completamente à vontade. Conceba estarem em repouso todas as partes de seu corpo, dos pés à cabeça. Afirme esse repouso dizendo que os dedos dos pés, das mãos, os músculos, etc., se acham completamente calmos.

2. Pense em seu espírito como sendo a superfície de um lago numa tempestade, agitada pelas ondas e em tumulto e que depois se torna tranquila, sem uma ondulação sequer.

3. Passe dois ou três minutos pensando nas mais belas e mais tranquilas paisagens que tenha contemplado, como, por exemplo, uma montanha ao pôr do sol, ou um vale com a doce quietude das primeiras horas da manhã, ou uma floresta ao meio-dia ou o luar refletindo-se em águas levemente ondulantes. Reviva na memória essas cenas.

4. Repita lenta e serenamente uma série de palavras que exprimam quietude e paz, como por exemplo: (a) tranquilidade (diga-a deliberadamente e de maneira tranquila); (b) serenidade, (c) quietude. Pense em outras palavras semelhantes e repita-as.

5. Faça mentalmente uma lista das vezes em que, em sua vida, você sentiu a doce vigilância de Deus e lembre-se de como Ele fez com que tudo saísse certo, quando você se achava atribulado e ansioso. Recite depois em voz alta este versículo de um antigo hino: "Até então a Vossa força me tem guiado e certamente continuará a guiar-me".

6. Repita as seguintes palavras, as quais têm o extraordinário poder de trazer ao espírito uma doce tranquilidade: "Conservareis em perfeita paz aquele que tiver o pensamento voltado para Vós" (Isaías 26:3).

> ✡ Bíblia de Jerusalém: "Jó respondeu a Iahweh: Reconheço que tudo podes e que nenhum dos Teus desígnios fica frustrado" (Jó 42:1-2).

> ☪ Alcorão: "Quanto àquele que confiar em Deus, saiba que Ele lhe será Suficiente" (At-Talaq: 3). E: "Ó Senhor meu, concede-me perdão e misericórdia, porque Tu és o melhor dos misericordiosos!" (Al-Mu'minun: 118).

> ✟ Versão da Bíblia King James Atualizada: "Porque deste atenção à Minha exortação quanto a suportar os sofrimentos com paciência, Eu, igualmente, te livrarei da hora da tribulação que virá sobre o mundo todo, para pôr à prova os que habitam sobre a terra" (Apocalipse 3:10).

Repita-as várias vezes ao dia, sempre que tenha um momento disponível. Repita-as em voz alta, se possível, de modo que, ao fim do dia, as tenha repetido muitas vezes. Conceba-as como sendo substâncias ativas e vitais a penetrarem-lhe o espírito e nele espalhando-se como um bálsamo salvador. É o melhor remédio que se conhece para eliminar a tensão do espírito.

À medida que essa técnica for sendo praticada, a tendência para a agitação e a exaltação irá modificando-se gradativamente. Em proporção direta ao seu progresso, a força que até então vinha sendo destruída por esse hábito infeliz far-se-á sentir na sua capacidade cada vez maior para enfrentar as responsabilidades da vida.

7
ESPERE SEMPRE O MELHOR E CONSIGA-O

Perguntou intrigado um pai acerca do filho que tinha mais ou menos trinta anos de idade: — Por que meu filho fracassa em todo negócio em que se mete?

Era realmente difícil compreender os fracassos daquele jovem, pois, ao que parecia, tinha tudo. Descendia de boa família e sua educação, bem como suas oportunidades de negócios, estavam acima da média. No entanto, tinha uma trágica propensão para o fracasso. Tudo em que punha a mão ia mal. Esforçava-se bastante e, mesmo assim, não era coroado de êxito. Acabou, porém, encontrando a resposta para aquela situação, uma resposta curiosamente simples, se bem que fortíssima. Após pôr em prática, durante certo tempo, o segredo que descobrira, perdeu aquela tendência para o fracasso e obteve a essência para o triunfo. Sua personalidade começou a definir-se e suas energias tomaram novo alento.

Não faz muito tempo, num almoço que tivemos, não pude deixar de admirar aquele dinâmico jovem no auge de seu poderio.

— É assombroso o que o senhor fez — comentei. — Uns anos atrás, fracassava em tudo. Agora soube transformar uma ideia original em um negócio formidável. O senhor é um líder em sua comunidade. Por favor, explique como se operou essa mudança extraordinária no senhor.

— Realmente, foi a coisa mais simples — respondeu ele. — Apenas aprendi a magia da crença. Descobri que se consegue o pior quando se espera o pior e que se conseguirá sempre o melhor se se espera também pelo melhor. Isso tudo aconteceu quando pus em prática um versículo da Bíblia.

— E que versículo é esse?

— "Se tens fé, cumpre saberes que tudo será possível àquele que a tem" (Marcos 9:23).

> ✡ Bíblia de Jerusalém: "Ele obterá de Iahweh a bênção, e do seu Deus salvador a justiça. Esta é a geração dos que o procuram, dos que buscam Tua face, ó Deus de Jacó" (Salmos 24:5-6).

> ☪ Alcorão: "Mas, a quem crer em Deus, Ele lhe iluminará o coração, porque Deus é Onisciente" (At-Taghabun: 11). E: "Quanto aos crentes que praticam o bem, seu Senhor os encaminhará, por sua fé, aos jardins do prazer, abaixo dos quais correm os rios" (Yunus: 9).

> Livro do Eclesiástico: "Confia no Senhor, ele te ajudará, endireita teus caminhos e espera Nele. Vós que temeis ao Senhor, contai com sua misericórdia e não vos afasteis para não cairdes. Vós que temeis ao Senhor, tende confiança nele e a recompensa não vos faltará" (Eclesiástico 2:6-8).

— Fui criado em uma casa religiosa — explicou — e ouvi esse versículo muitas vezes, sem que ele, no entanto, produzisse qualquer efeito em mim. Um dia, na sua igreja, ouvi-o ressaltar essas palavras num sermão. Num relâmpago percebi que a razão de meus insucessos estava no fato de meu espírito não se achar preparado para crer, para pensar positivamente, para ter fé, quer em Deus, quer em mim mesmo. Segui sua sugestão de colocar-me nas mãos de Deus e pôr em prática as normas para a obtenção da fé que o senhor delineou. Comecei a alimentar somente pensamentos positivos. Naturalmente, procuro viver sempre direito, também. — O jovem sorriu e continuou: — Deus e eu fizemos uma parceria. Quando adotei essas normas, as coisas começaram a melhorar para mim quase imediatamente. Adquiri o hábito de esperar sempre o melhor e não o pior e esse é o motivo pelo qual meus negócios têm sido coroados de êxito, ultimamente. Penso que seja um milagre, não? — perguntou ele, ao concluir sua fascinante história.

Não foi milagre, porém. Na realidade, o que aconteceu foi que ele tinha aprendido a usar uma das mais poderosas leis do mundo, uma lei reconhecida pela psicologia e pela religião, a saber: modifique seus hábitos mentais para crer em vez de descrer. Aprenda a esperar e a não duvidar. Com isso, trará todos os bens para o reino das possibilidades.

Isso não quer dizer que, pelo fato de você ter fé, irá forçosamente conseguir tudo o que quer ou que pensa que quer. Talvez isso não redundasse para o seu bem. Ao colocar sua confiança em Deus, ele guiará o seu espírito de modo tal que você não irá desejar coisas que não sejam boas para você ou que não estejam em harmonia com a vontade dEle. Significa, porém, positivamente, que, quando se aprende a ter fé, aquilo que parecia impossível passa para a área das coisas possíveis. Todas as grandes coisas acabam tornando-se uma possibilidade para você.

William James, o célebre psicólogo, disse: "Nossa fé ao iniciarmos um empreendimento duvidoso é a única coisa (compreenda bem isso — *é a única coisa*) que assegura o bom êxito dele". Aprender a ter fé é de importância capital. É o fator básico do sucesso em qualquer empreendimento. Quando você espera o melhor, está libertando, em seu espírito, uma força magnética que, pela lei da atração, tende a trazer-lhe o melhor. Mas se espera o pior, está libertando de seu espírito uma força de repulsão que tende a afastar de você o melhor. É assombroso como essa expectativa do melhor põe em movimento forças que fazem com que ela se materialize.

Um exemplo interessante desse fato foi descrito alguns anos atrás por Hugh Fullerton, um famoso escritor de histórias esportivas da era passada. Quando eu era menino, era ele o meu autor favorito nas histórias desse gênero. Uma história de que nunca me esqueci versava sobre Josh O'Reilly que, em certo tempo, foi dirigente do clube de S. Antônio, da liga do Texas. O'Reilly tinha uma plêiade de jogadores, sete dos quais vinham desenvolvendo um belíssimo jogo, e todo mundo era de opinião que o time iria facilmente levantar o campeonato. Mas aconteceu que o time começou a fracassar, tendo perdido dezessete jogos dos vinte que jogou. Os jogadores começaram a acusar uns aos outros de "azarentos".

Jogando com o clube de Dallas, um time medíocre naquele ano, somente um jogador de S. Antônio conseguiu um ponto e, por mais estranho que pareça, foi justamente o "lançador". O time de O'Reilly foi derrotado naquele dia. Depois do jogo, a rapaziada dirigiu-se para a sede do clube. Era um grupo de pessoas desconsoladas. Josh O'Reilly sabia que tinha um agregado de astros e compreendeu que o mal deles jazia apenas no fato de alimentarem um pensamento errôneo. Não esperavam marcar um ponto. Não esperavam ganhar, mas, sim, ser derrotados. Não pensavam na vitória; pensavam na derrota. O padrão mental deles não era o da expectativa, mas, sim, da dúvida. Esse processo mental negativo os inibia, tolhia-lhes os músculos e tirava-lhes a coordenação. Não havia no time qualquer fluxo de energia.

Deu-se o fato de que, naquela ocasião, encontrava-se naquelas vizinhanças um pregador muito popular chamado Schlater. Ele alegava fazer curas pela fé e parecia que estava obtendo resultados surpreendentes. Multidões acorriam para ouvi-lo e todo mundo tinha confiança nele. Talvez o fato de acreditarem em seu poder fosse o que capacitava Schlater a conseguir aqueles resultados.

O'Reilly pediu a cada jogador que lhe emprestasse os seus dois melhores bastões. Pediu depois aos componentes do time que ficassem no clube até que ele voltasse. Colocou os bastões num carrinho e pôs-se a caminho com eles. Passada uma hora, voltou cheio de júbilo e informou aos jogadores que Schlater, o pregador, havia abençoado os bastões, os quais possuíam agora um poder invencível. Os jogadores ficaram pasmados e, ao mesmo tempo, satisfeitos.

No dia seguinte, venceram Dallas, tendo obtido uma alta contagem de pontos. Lutaram valentemente na liga e sagraram-se campeões. Hugh

Fullerton declarou que, no sudoeste, durante muitos anos, os jogadores estavam dispostos a pagar uma grande quantia para possuir um "bastão de Schlater".

Independentemente da força pessoal de Schlater, o fato que se constata é que algo formidável sucedera no espírito daqueles jogadores. Modificara-se-lhes o padrão dos pensamentos. Começaram a pensar em termos de expectativa e não de dúvida. Esperavam sempre o melhor. Esperavam pontos, belo desenvolvimento do jogo e vitórias, e conseguiam-nos. Não havia diferença alguma naqueles bastões; disso estou certo. Havia, porém, uma diferença no espírito daqueles homens que os usavam. Sabiam que podiam ser bem-sucedidos. Um novo padrão de pensamentos modificara o espírito daqueles homens de modo a poder operar neles a força criadora da fé.

Talvez você não esteja sendo bem-sucedido no jogo da vida. É possível que você esteja na posição de lançar a bola e não saiba como acertar. Lança-a repetidas vezes e ela não atinge a meta. Permita-me dar-lhe uma sugestão. Garanto que surtirá efeito. A base de minha garantia é o fato de milhares de pessoas terem seguido minhas recomendações e obtido, com isso, grandes resultados. As coisas serão bem diferentes se experimentar realmente esse método.

Comece a ler o Novo Testamento e anote o número de vezes que ele cita a fé. Escolha uma dúzia de conceitos sobre ela, os que você mais gostar. Decore-os. Absorva-os no seu espírito. Repita-os muitas vezes, especialmente antes de dormir. Por um processo de osmose espiritual, eles se impregnarão em seu subconsciente e, com o tempo, modificarão o padrão básico de seus pensamentos. Esse processo o transformará num crente e numa pessoa confiante e, quando isso se der, você se tornará um elemento triunfante. Terá novas forças para conseguir o que Deus e você julgarem que deva receber.

A mais poderosa força na natureza humana é a técnica da força espiritual que a Bíblia ensina. Muito habilmente, a Bíblia faz ressaltar o método pelo qual uma pessoa poderá fazer algo de si mesma. A fé, a crença, o pensamento positivo, a fé em Deus e em outras pessoas, a fé em si mesmo e na vida. É essa a essência da técnica que ela ensina. "Se tens fé, cumpre saberes que tudo será possível àquele que a tem" (Marcos 9:23). "Se tens fé ... nada será impossível para ti" (Mateus 17:20). "De acordo com a tua fé é que receberás" (Mateus 9:29). Tenha sempre fé e, com isso, terá enraizado em você mesmo essa verdade: a fé remove montanhas.

> ✡ Bíblia de Jerusalém: "Iahweh é minha luz e minha salvação: de quem terei medo? Iahweh é a fortaleza de minha vida: frente a quem tremerei?" (Salmos 27:1).

> ☪ Alcorão: "Para aqueles, Deus lhes firmou a fé nos corações e os confortou com o Seu Espírito" (Al-Mujadila: 22).

> Livro do Eclesiástico: "Confia no Senhor, ele te ajudará, endireita teus caminhos e espera Nele. Vós que temeis ao Senhor, contai com sua misericórdia e não vos afasteis para não cairdes. Vós que temeis ao Senhor, tende confiança nele e a recompensa não vos faltará" (Eclesiástico 2:6-8).

Algumas pessoas céticas, que jamais aprenderam essa lei sobre os efeitos do pensamento positivo, poderão duvidar de minhas afirmações no tocante aos extraordinários resultados advindos do emprego dessa técnica.

As coisas tornam-se melhores quando você espera o melhor em vez do pior, pois, libertando-se da dúvida, você poderá entregar-se inteiramente aos seus esforços e nada há que possa interpor-se no caminho do homem que se concentra inteiramente num problema. Quando você se aproxima de uma dificuldade como unidade pessoal, essa dificuldade, a qual, em si mesma, é uma demonstração de desunião, tende a desaparecer.

Quando toda a concentração de suas forças — físicas, emotivas e espirituais — é levada em consideração, a consolidação dessas forças, quando propriamente empregadas, torna-se irresistível.

Esperar o melhor significa que você coloca todo o coração (i.e., a essência central de sua personalidade) naquilo que você deseja realizar. As pessoas são derrotadas na vida não por causa da falta de capacidade, mas, sim, por falta de um interesse mais profundo. Não colocam esse interesse naquilo que esperam realizar. Não põem nele o coração; em outras palavras, não se entregam inteiramente às suas expectativas. As pessoas que se recusam a entregar-se inteiramente a essas expectativas não conseguirão o resultado que desejam.

A chave-mestra para triunfar na vida, conseguir o que se deseja profundamente, é entregar-se de corpo e alma ao trabalho ou projeto em que se estiver empenhado. Em outras palavras, seja qual for o trabalho, é preciso que se entregue a ele completamente. A vida nada negará de si àquele que lhe dá tudo o que tem. Infelizmente, a maioria das pessoas não age dessa maneira. De fato, poucas são as pessoas que assim procedem. É essa a causa do fracasso ou, se não do fracasso, a razão por que não chegam a triunfar completamente.

Um célebre atleta canadense, Ace Percival, disse que a maioria das pessoas, atletas ou não, não se esforça com decisão. Não luta valorosamente numa competição, motivo por que nunca atinge o ponto mais alto para o qual não lhe falta, no entanto, capacidade.

Red Barber, um célebre locutor esportivo, contou-me que poucos foram os atletas que conheceu que se esforçavam com verdadeira audácia.

Esforce-se com bravura, leitor, que a vida não lhe criará empecilhos.

Um famoso trapezista estava ensinando seus alunos a fazer acrobacias. Finalmente, tendo dado todas as explicações e instruções, pediu-lhes que demonstrassem suas habilidades.

Um estudante, olhando para o poleiro no alto, o qual lhe parecia inseguro, onde devia fazer suas acrobacias, foi subitamente assaltado pelo medo. Começou a sentir calafrios. Afigurava-se-lhe que ia esborrachar-se no solo se pusesse em prática a lição. Não se lhe movia um músculo, tal o medo que sentia.

— Não poderei fazer essa acrobacia! É impossível — tartamudeou ele.

O instrutor passou o braço em volta dos ombros do rapaz e disse-lhe:

— Escute, rapaz, você pode fazê-lo muito bem e vou dizer como.

Disse-lhe então uma frase que é de inestimável importância. É uma das mais sábias observações que já ouvi: — Lance seu coração sobre a barra que o seu corpo o acompanhará.

Copie essa frase. Escreva-a num cartão e ponha no bolso. Coloque-o sob o vidro que cobre a sua mesa de trabalho. Pregue-o na parede ou no espelho, diante do qual costuma fazer a barba. Melhor ainda, grave a frase no espírito se realmente deseja fazer algo na vida. Essa frase encerra um grande poder: "Lance seu coração sobre a barra que o seu corpo o acompanhará".

O coração é o símbolo da atividade criadora. Tenha o coração voltado para o objetivo que deseja alcançar. Alimente o seu espírito com essa chama ardente que jamais encontrará um "não" por resposta. Toda a sua personalidade seguirá a meta que o seu coração seguir. "Lance seu coração sobre a barra" significa lançar a fé sobre as dificuldades e vencer todas as barreiras, todos os obstáculos. Em outras palavras, lance a essência espiritual de seu ser sobre os empecilhos, que a sua parte material a acompanhará. Ela trilhará o caminho da vitória, do qual o seu espírito, inspirado pela fé, foi pioneiro. Espere o melhor e não o pior e haverá de conseguir o que o seu coração deseja. É o que estiver em seu coração, sejam coisas boas ou más, fortes ou fracas, que você haverá de receber. Disse Emerson: "Cuidado com o que deseja, pois será o que você receberá".

Essa filosofia é de valor prático, como se verá pela experiência pela qual passou uma jovem que entrevistei há uns anos atrás. Ela marcou um dia uma visita ao meu escritório para as duas horas da tarde. Fora um dia muito atarefado para mim e cheguei um pouco atrasado. Aliás, atrasara-me apenas uns cinco minutos. Ela já estava esperando-me na sala de conferência. Evidentemente ressentira-se com o atraso, pois cerrava fortemente os lábios.

— São duas horas e cinco e marcamos a minha visita para as duas — disse ela. — A pontualidade é uma coisa que admiro sempre — acrescentou.

— Eu também. Sempre creio na pontualidade e espero que perdoe o meu atraso involuntário — respondi com um sorriso.

Mas a jovem não se achava em boa disposição, pois foi logo dizendo com rispidez:

— Tenho um problema muito importante para apresentar ao senhor e desejo uma solução. Espero de fato uma solução para ele. — Foi quase gritando que ela acrescentou: — É melhor apresentá-lo sem mais palavras. Desejo casar-me.

— Muito bem — respondi. — É um desejo perfeitamente normal. Gostaria de auxiliá-la.

— Desejo saber por que não posso casar-me — continuou ela. — Toda vez que travo amizade com um homem, passado algum tempo ele desaparece e é mais uma oportunidade que se vai. — Falou depois com franqueza: — Os anos vão passando e com eles a mocidade. O senhor dirige uma clínica que trata de problemas íntimos. Tem certamente experiência. Estou lhe apresentando o problema tal qual ele é. Diga-me, por que não posso casar-me?

Estudei-a para ver se ela era realmente uma pessoa a quem se pudesse falar com franqueza, pois tinha de dizer certas coisas se ela desejasse, de fato, uma solução. Finalmente achei que a jovem estava à altura de seguir a receita que seria necessária para corrigir suas dificuldades pessoais. Falei-lhe então:

— Bem, analisemos agora a situação. Evidentemente a senhorita é dotada de um espírito bom e de personalidade interessante. Permita-me dizer-lhe que é muito bonita.

Era verdade tudo que eu disse. Felicitei-a de todos os modos que pude; fiz isso com sinceridade. Prossegui depois:

— Creio que estou vendo suas dificuldades. Vejamo-las. A senhorita censurou-me porque cheguei cinco minutos atrasado. Foi realmente muito severa para comigo. Por acaso, ocorreu-lhe alguma vez a ideia de que sua atitude representa um defeito muito grave? Creio que um marido teria sérios embaraços se a senhorita se mostrasse assim tão exigente. De fato, a senhorita dominá-lo-ia de tal modo que a sua vida matrimonial se tornaria desagradável. O amor não pode viver sob o domínio.

— A senhorita tem um modo de cerrar os lábios que indica uma atitude prepotente. Geralmente o homem, é bom que lhe diga, não gosta de ser dominado, pelo menos de um modo tal que não lhe passe despercebido.

— E acrescentei: — Creio que a senhorita se tornaria bem atraente se não cerrasse assim os lábios. É preciso mostrar-se terna, ter certa doçura, o que não é possível conseguir se persistir nesse hábito.

Observei-lhe o vestido. Custara muito dinheiro, sem dúvida. Contudo, não lhe caía bem. Ousei então dizer:

— Talvez o que vou falar esteja fora da minha alçada e espero que não se melindre com a minha opinião. Tenho impressão de que a senhorita poderia fazer com que esse vestido lhe assentasse um pouco melhor.

Eu sabia que essa minha descrição era algo desajeitada, mas a jovem se mostrou de boa paz. Acabou achando graça e riu alto.

— Certamente o senhor não usa fraseologia da moda, mas percebi o que quis dizer — disse.

Sugeri-lhe então:

— Talvez a auxiliasse um pequeno arranjo nos cabelos. Estão um pouco soltos. Poderia também acrescentar um pouquinho de perfume, apenas um pouquinho. Mas a coisa realmente importante é adotar uma nova atitude, a qual eliminará essas rugas que a senhorita faz no rosto e lhe dará uma qualidade indefinível, conhecida como sendo a alegria espiritual. Estou certo de que isso porá em evidência todo a seu encanto.

— Sim senhor, nunca esperei que fosse receber uns conselhos desse porte no gabinete de um pastor — confessou ela, rindo-se.

Ri também.

— De fato, mas hoje em dia temos que entrar em todos os terrenos para resolvermos os problemas humanos.

Falei-lhe então acerca de um velho professor que tive na Universidade de Wesley, em Ohio, chamado "Rolly" Walker, o qual dizia que "Deus dirige um instituto de beleza". Explicara que algumas jovens, quando entravam no colégio, eram muito bonitas, mas, quando voltavam trinta anos depois para visitar o estabelecimento, via-se que tinham perdido toda a sua beleza. O encanto de sua juventude parecia ter curta duração. Por outro lado, outras jovens que lá entravam e que eram despidas de encanto, quando voltavam para uma visita trinta anos depois, eram bonitas senhoras.

— Como se operava essa diferença? — perguntara Walker. Ele mesmo explicou: — Essas últimas senhoras tinham a beleza de uma vida espiritual interior estampada em seus rostos — e acrescentou: — Deus dirige um instituto de beleza.

Bem, a jovem meditou no que eu lhe disse, durante uns minutos, e declarou depois: — Há cabimento em tudo isso que o senhor disse. Vou tentar seguir suas recomendações.

O fato predominante é que ela pôs em prática as minhas recomendações. Passaram-se alguns anos e já me tinha me esquecido dela. Certo dia, numa cidade, depois que terminara um discurso, uma senhora encantadora, acompanhada de um homem muito simpático e de uma criança de dez anos de idade, mais ou menos, aproximou-se de mim e perguntou com um sorriso:

— Como assenta ele agora?

— Assenta o quê? — indaguei, admirado com aquela pergunta sem nexo.

— O meu vestido — explicou ela. — Acha que assenta bem?

Fiquei um tanto confuso.

— Sim, assenta bem — disse-lhe. — Mas por que me faz essa pergunta?

— O senhor não está me reconhecendo, não é?

— Vejo muitas pessoas em minha vida — confessei. — Francamente, não a estou reconhecendo. Não creio que a tenha visto antes. — Ela me lembrou a conversa que tivemos anos atrás, a qual descrevi.

— Quero que conheça meu marido e meu filhinho. O que o senhor me disse era absolutamente verdadeiro — declarou com certo calor. — Quando o procurei, sentia-me a mais desanimada e a mais infeliz das criaturas, mas pus em prática os princípios que o senhor sugeriu. Segui-os à risca. Surtiram efeito.

— Não existe criatura mais encantadora que minha Mary — interveio o marido. — Devo dizer que ela correspondeu a todas as minhas expectativas. Evidentemente ela andou frequentando o "instituto de beleza de Deus".

Ela não só abrandou e aperfeiçoou seu espírito interior, como também soube usar apropriadamente a grande qualidade que possuía, aquela força impulsionadora que a fez conseguir o que desejava. Dispôs-se a transformar-se para que seus sonhos se tornassem realidade. Teve a qualidade de espírito para orientar-se; aplicou a técnica espiritual e teve uma fé profunda, embora simples, de que podia conseguir por meios criadores e positivos o que seu coração desejava.

A fórmula consiste, pois, em saber o que desejamos. Cumpre convencer-nos de que o que desejamos é justo. Transformemo-nos de maneira a receber, como coisa natural, aquilo que almejamos, e tenhamos sempre fé. Com a força criadora da fé estimularemos a formação das circunstâncias que nos irão trazer o objeto de nossos sonhos.

Estudantes do pensamento dinâmico moderno estão percebendo cada vez mais o valor prático das ideias e doutrinas de Jesus, especialmente as verdades como a que contém esta frase: "De acordo com a tua fé é que receberás" (Mateus 9:29).

> ✡ Bíblia de Jerusalém: "Que te agradem as palavras de minha boca e o meditar do meu coração, sem treva em tua presença, Iahweh, meu rochedo, redentor meu!" (Salmos 19:15).

> ☪ Alcorão: "E, a quem temer a Deus, Ele lhe apontará uma saída, e o agraciará quando menos esperar. Quanto àquele que confiar em Deus, saiba que Ele lhe será Suficiente, porque Deus cumpre o que promete" (At-Talaq: 2-3). E: "Meu Senhor conduziu-me pela senda reta" (Al-An'am: 161).

> Livro do Eclesiástico: "Confia no Senhor, ele te ajudará, endireita teus caminhos e espera Nele. Vós que temeis ao Senhor, contai com sua misericórdia e não vos afasteis para não cairdes. Vós que temeis ao Senhor, tende confiança nele e a recompensa não vos faltará" (Eclesiástico 2:6-8).

De acordo com a fé que você tiver em si mesmo, em seu emprego, em Deus, é o que terá e não mais que isso. Se você tiver fé em seu emprego, em si mesmo e nas oportunidades de seu país e se tiver fé em Deus e trabalhar e estudar arduamente, poderá galgar um posto elevado na vida, o objeto de seus sonhos. Toda vez que encontrar uma barreira à sua frente, pare, feche os olhos, imagine tudo que possa estar acima dela e nada que possa estar abaixo, e, depois, pela imaginação, transponha-a com o seu coração e julgue-se como tendo recebido uma força impulsionadora. Creia que está de fato sentindo essa força em si. Ficará maravilhado com a energia que fluirá de seu ser. Se, no íntimo, idealizar sempre o melhor e empregar o poder da fé e da energia, conseguirá o melhor.

Naturalmente, nesse processo de conseguir o melhor é importante saber aonde você quer ir na vida. Poderá atingir seu objetivo, seus sonhos tornar-se-ão realidade, poderá chegar ao lugar desejado somente se souber qual o seu objetivo. Este deve ser bem definido. Muitas pessoas nada conseguem simplesmente por não saberem o que querem. Não têm alvo nitidamente definido. Não se pode esperar o melhor quando não se tem um objetivo certo.

Um jovem de vinte e seis anos veio consultar-me por não se sentir satisfeito no emprego. Ambicionava ocupar uma bela posição e desejava saber como poderia melhorar as circunstâncias. Era um desejo muito natural e digno de ser considerado.

— Muito bem. Para onde o senhor pretende ir? — indaguei.

— Não o sei exatamente — respondeu ele com certa hesitação. — Não cheguei a pensar nesse particular. Sei que desejo ir para algum lugar, menos ficar onde estou.

— O que o senhor sabe fazer bem? Qual a sua capacidade de trabalho?

— Está aí uma coisa de que também não cogitei.

— Mas que gostaria de fazer se tivesse de optar por outro trabalho? — insisti.

— Francamente não o saberia dizer — respondeu ele desalentadamente. — Realmente, não sei o que gostaria de fazer. É uma coisa que ainda não me passou pela cabeça. Acho que tenho de refletir também sobre isso.

— Preste atenção no que lhe vou dizer. O senhor deseja ir para algum lugar. Não sabe para onde. Não sabe o que pode fazer ou gostaria de fazer.

É preciso que ponha em ordem suas ideias antes de pensar em sair do lugar onde está.

É esse o motivo do fracasso de muitas pessoas. Elas nunca chegam a parte alguma, pois têm apenas uma vaga ideia do que desejam fazer. Nada se consegue se não se tem um objetivo certo.

Fizemos uma análise completa daquele jovem. Estudando suas possibilidades, descobrimos que possuía certos predicados que ele mesmo ignorava. Mas foi necessário despertar suas energias. Ensinamos-lhe, por isso, as normas para a aquisição da fé. Hoje, ele está a caminho do êxito.

Ele sabe agora o que quer e o que deve fazer para conseguir a materialização de seus desejos. Sabe o que lhe será melhor e espera-o. Nada o deterá.

Perguntei a um preeminente redator de jornal, uma personagem inspiradora:

— Como o senhor chegou a ser redator deste importante jornal?

— Quis sê-lo — respondeu ele simplesmente.

— E isso foi bastante? O senhor o quis e ficou sendo redator?

— Bem, talvez não tenha sido só por isso, mas foi o que pesou bastante no processo — explicou ele. — Acredito que a gente, quando quer chegar a um resultado, deve resolver definitivamente o que deseja ser ou realizar. Naturalmente, é preciso ter um objetivo justo e deve-se gravá-lo no espírito. Trabalhando arduamente, tendo fé no trabalho, a ideia então formada se torna tão poderosa que tende a assegurar o êxito. Há uma profunda tendência — declarou ele — para se alcançar aquilo que se imagina e conserva gravado firmemente no espírito, mas é preciso que o objetivo seja justo.

Assim dizendo, o redator puxou um cartão muito velho e explicou:

— Costumo repetir todos os dias essa citação, a qual se tornou meu pensamento dominante.

Copiei-a e dou-a a você: "O homem confiante em si, positivo, otimista e que empreende o seu trabalho, com a segurança de que será coroado de êxito, magnetiza a sua condição. Atrai para si as forças criadoras do universo".

É realmente um fato que a pessoa que tem confiança em si e é otimista magnetiza a sua condição e adquire energia para atingir o seu objetivo. Por isso, espere sempre o melhor. Nunca pense no pior. Afaste do pensamento as coisas ruins. Nunca deixe passar pelo espírito que o pior poderá acontecer. Afaste tal concepção do pensamento para que não crie raízes nele. Traga sempre nele a essência do que há de melhor. Alimente-a, concentre-se nela, conceba-a em suas orações e cerque-a de uma fé inabalável. Faça dela a sua obsessão. Espere o melhor e o poder criador e espiritual do pensamento, auxiliado por Deus, dar-lho-á.

Talvez ao ler este livro você esteja numa situação que julgue ser desesperadora e dirá com os seus botões que nenhum pensamento irá modificar a situação. Respondo a essa objeção: não é como pensa. Mesmo que esteja numa situação desesperadora, você encerra dentro de si uma força potencial. Cumpre apenas descobri-la, soltá-la e erguer-se com ela. Isso requer coragem e caráter, é claro, mas o principal é a fé. Cultive a fé e você terá a coragem e o caráter necessários.

Uma mulher foi obrigada, pela adversidade, a trabalhar como vendedora, um ramo de atividade no qual não tinha experiência alguma. Sua tarefa consistia em fazer demonstrações com aspiradores de pó, de casa em casa. Ela assumiu uma atitude negativa para consigo mesma e para com o seu trabalho. Não acreditava que pudesse fazer tal serviço. "Sabia" que ia fracassar. Receava entrar numa casa mesmo quando era chamada para fazer uma demonstração. Acreditava que não poderia efetuar uma venda. O resultado, que não era para se admirar, foi que ela fracassou em muitas de suas entrevistas.

Aconteceu que um dia ela visitou uma senhora que lhe dispensou uma atenção como até então nunca recebera. A essa freguesa, a vendedora contou toda a história de seus fracassos e dificuldades. A outra a ouviu pacientemente e disse-lhe depois serenamente:

— Se a senhora espera o fracasso, é natural que fracassará. Pense em ser coroada de êxito e tenho certeza de que será bem-sucedida. — E acrescentou: vou dar-lhe uma fórmula que acredito irá ajudá-la. Ela dará nova feição aos seus pensamentos, nova confiança e vai ajudá-la a conseguir os seus fins. Repita-a antes de fazer cada visita. Tenha fé nela e ficará maravilhada com o que ela fará pela senhora. A fórmula é esta: "Se Deus estiver conosco, quem irá poder estar contra nós?" (Romanos 8:31).

> ✡ Bíblia de Jerusalém: "Ainda que eu caminhe por vale tenebroso, nenhum mal temerei, pois estás junto a mim; Teu bastão e Teu cajado me deixam tranquilo" (Salmos 23:4).

> ☪ Alcorão: "Deus está conosco!" (At-Tawba: 40). E: "Meu Senhor está comigo e me iluminará!" (Ash-Shu'ara: 62). E: "Porque estarei convosco; ouvirei e verei (tudo)" (Ta-Ha: 46).

— Modifique-a, porém, personalizando-a. Diga: "Se Deus estiver *comigo*, quem irá poder estar contra *mim?*". Se Deus estiver comigo, então saberei que com o auxílio dEle poderei vender aspiradores de pó". Deus compreende que a senhora deseja segurança e apoio para si e para seus filhos. Praticando esse método que estou sugerindo, a senhora receberá a força para conseguir o que deseja.

A mulher aprendeu a utilizar-se daquela fórmula. Visitava cada casa esperando fazer uma venda, sempre idealizando resultados positivos e não resultados negativos. Empregando esse princípio, logo adquiriu nova coragem, nova fé e uma confiança mais profunda em sua própria capacidade. Costuma agora dizer: — Deus me ajuda a vender aspiradores de pó. — Quem poderá contestá-la?

É um princípio autêntico e bem definido que o nosso espírito tende a receber aquilo que ele ardentemente espera conseguir. Talvez isso seja verdadeiro porque o que realmente esperamos é aquilo que de fato desejamos. É preciso que você deseje algo que seja suficiente para criar uma atmosfera de fatores positivos para que o seu desejo se torne realidade. É preciso pôr nele todo o seu coração. "Todo o seu coração", eis o segredo. Isso quer dizer que, se, com todo o complemento de sua personalidade, você for em busca de um ideal, amparado pelos anseios de seu coração, os passos que você der não serão em vão.

Permita-me dar-lhe seis palavras que são a fórmula de uma grande lei — *O poder da fé faz maravilhas*. Elas encerram uma força dinâmica e criadora. Conserve-as no seu espírito. Deixe-as mergulharem no subconsciente que elas poderão auxiliá-lo a vencer quaisquer dificuldades. Mantenha-as no pensamento; diga-as sempre. Diga-as até que seu espírito as aceite, até crer nelas — *O poder da fé faz maravilhas*.

Não tenho dúvidas quanto à eficiência desse conceito, pois o tenho visto surtir efeito tantas vezes que meu entusiasmo pelo poder da fé não tem limites. Você poderá vencer qualquer obstáculo. Poderá conseguir as coisas mais extraordinárias pelo poder da fé. E como a desenvolverá? Eis a resposta: sature o espírito com os grandes ensinamentos da Bíblia. Se despender uma hora por dia, lendo-a e decorando as suas grandes passagens, permitindo assim que estas apurem a sua personalidade, a transformação em você e em suas experiências, pouco faltará para ser milagrosa.

Uma única parte da Bíblia *realizará* isso para você. O capítulo 11 de S. Marcos é suficiente. Você encontrará o segredo nas seguintes palavras que constituem uma das maiores fórmulas desse livro: "*Tem fé em Deus* (isso é positivo, não?), *pois em verdade te digo que todo aquele que disser a esta montanha* (é específico esse ponto) *que se remova* (isto é, afaste-se) *e se lance ao mar* (isto é, longe da vista — qualquer coisa que se atirar ao mar desaparecerá para sempre. O *Titanic* jaz no fundo do mar. O fundo do mar está semeado de navios. Lance o obstáculo denominado 'montanha' às águas) *e se não tiver dúvidas no coração* — (por que se emprega aqui a palavra coração? Porque ela quer dizer que você não deve alimentar dúvidas em seu subconsciente, na sua essência interior. Não é tão superficial quanto a dúvida no espírito consciente. Esta é a indagação normal e inteligente. É a dúvida profunda e fundamental que deve ser evitada) *deverá crer que aquelas coisas que ele disser haverão de suceder e ele terá aquilo que disser*" (Marcos 11:22-23).

> ✡ Bíblia de Jerusalém: "Vós Me procurareis e Me encontrareis, porque Me procurareis de todo coração" (Jeremias 29:13).

> ☪ Alcorão: "E quem quer que creia em seu Senhor, não há de temer fraude, nem desatino" (Al-Jinn: 13). "Quem renegar o sedutor e crer em Deus, Ter-se-á apegado a um firme e inquebrantável sustentáculo (Al-Baqara: 256).

Não se trata aqui de uma teoria arquitetada por mim. É ensinada no melhor livro que se conhece, a Bíblia, aliás o livro que mais se lê no mundo, atravessando gerações e gerações, independentemente do que possa surgir em questão de conhecimento e ciência. A humanidade, mui acertadamente, confia mais nele do que em qualquer outro documento, e diz-nos a Bíblia que o poder da fé faz maravilhas.

A razão pela qual as grandes coisas não acontecem a algumas pessoas está no fato de elas não serem específicas ao aplicarem o poder da fé. A frase "Dirá a esta montanha" quer dizer: não aplique seus esforços à cadeia de montanhas de todas as suas dificuldades, mas, sim, ataque apenas a coisa que possa estar, no momento, prejudicando-o. Seja específico. Ataque suas dificuldades uma de cada vez.

Se há alguma coisa que você deseja, como agir para consegui-la? Em primeiro lugar, pergunte a si mesmo: "Devo desejá-la? Submeta essa pergunta a um exame sincero para ter certeza de que realmente a deseja. Se puder responder a ela afirmativamente, peça-a então a Deus com todo fervor. Se Deus, que é onisciente, crê que você não a deve ter, não se apoquente — Ele não lhe dará. Sendo ela justa, peça-a a Deus, e, quando a pedir, não alimente dúvidas em seu coração. Seja específico.

A solidez dessa norma adveio-me de um fato que me contou um amigo, um negociante do Centro-Oeste, um perfeito cavalheiro, de verdadeiro espírito cristão. Ele ensina a Bíblia para a maior turma do seu estado. Na cidade em que mora é o chefe de uma fábrica que emprega quarenta mil operários.

A mesa de seu escritório está sempre repleta de papéis sobre religião. Ele tem até mesmo alguns de meus sermões e boletins. É um dos maiores fabricantes de geladeiras nos Estados Unidos.

— Pregue sempre uma grande fé, nada de coisa superficial — declarou. — Não julgue que ela não seja uma grande ciência. Sou um cientista. Uso a ciência em meus negócios diariamente e também a Bíblia. Esta surte efeito. Dá de fato resultados se a gente tem fé.

Quando ele foi nomeado gerente-geral da fábrica, os operários começaram a cochichar: "Agora que ele é gerente, vamos ter que trazer a Bíblia conosco ao vir trabalhar". Dias depois, ele chamou à sua presença alguns dos homens que andaram fazendo aquela observação. Usando a linguagem que eles compreendiam, disse-lhes:

— Ouvi dizer que vocês andaram dizendo aí pela cidade que, agora que sou gerente-geral, terão de trazer suas Bíblias quando tiverem de vir trabalhar.

— Oh! Foi uma simples brincadeira — desculparam-se eles, meio embaraçados.

— Bem, é bom que o saibam, é uma boa ideia. Mas não quero que vocês tragam a Bíblia debaixo do braço. Basta trazê-la no coração e no espírito. Se vocês vierem com um espírito de boa vontade e fé em seus corações, podem crer, faremos bons negócios. Deve ser uma fé específica, da espécie que remove montanhas.

Ao contar-me isso, virou-se subitamente para mim e perguntou:

— Alguma vez você teve algum dedo do pé que o incomodasse?

Fiquei um tanto admirado com a pergunta, mas, antes que pudesse responder, ele prosseguiu:

— Eu tinha um dedo do pé que me afligia. Consultei os médicos aqui da cidade. São, na verdade, ótimos médicos. Disseram que eu não tinha coisa alguma no dedo. Estavam errados, porque o dedo me doía. Tratei então de comprar um livro sobre a anatomia e comecei a ler tudo o que dizia sobre os dedos do pé. A sua construção é realmente muito simples. Há apenas uns poucos músculos, ligamentos e uma estrutura óssea. Parecia que qualquer pessoa que soubesse algo a respeito dele poderia muito bem curá-lo. Mas eu não encontrei ninguém que resolvesse o caso e o dedo me doía sempre. Um dia sentei-me numa cadeira e olhei para o dedo. Disse, então, nessa ocasião: "Deus, Todo-Poderoso, envio este dedo de volta para a fábrica. Vós o fizestes. Eu fabrico refrigeradores e sei o que se deve saber no que diz respeito a um refrigerador. Quando o vendemos, garantimos a sua eficiência. Se não funciona direito e o nosso agente não o pode consertar, ele o traz para a nossa fábrica e nós aqui o reparamos, porque sabemos como fazer isso". E falei então: "Deus, Todo-Poderoso, Vós fizestes este dedo. Vós o fabricastes e vossos agentes, os médicos, parece que não sabem consertá-lo. Se não é incômodo, meu Deus, gostaria que o consertásseis o mais breve possível porque me está afligindo muito".

— E como está o dedo agora? — indaguei.

— Perfeito.

Talvez seja uma história tola, mas o fato é que ri quando ele me contou, mas quase chorei também, pois vi uma expressão maravilhosa no rosto daquele homem quando ele me relatava esse incidente de uma oração específica.

Seja específico. Peça a Deus qualquer coisa que seja justa, mas, como o fazem as criancinhas, não alimente dúvida. A dúvida veda o caminho para a força. A fé abre-o. O poder da fé é tão grande que nada há que Deus não possa fazer por nós, conosco ou por meio de nós, se permitirmos que Ele canalize Sua força através de nosso espírito.

Repita sempre aquelas palavras citadas acima, até que as grave bem em seu espírito, que desçam ao seu coração e se integrem em você. Cito-as mais uma vez: " ...Tem fé em Deus, pois em verdade te digo que, todo aquele que disser a esta montanha que se remova e se lance ao mar, e não tiver dúvidas no coração, deverá crer que aquelas coisas que ele disse hão de suceder e ele terá aquilo que disser" (Marcos 11:23).

> ✡ Bíblia de Jerusalém: "Vós Me procurareis e Me encontrareis, porque Me procurareis de todo coração" (Jeremias 29:13).

> Alcorão: "Mas, se os moradores das cidades tivessem acreditado (em Allah) e O tivessem temido, tê-los-íamos agraciado com as bênçãos dos céus e da terra" (Al-A'raf: 96). E: "E, a quem temer a Deus, Ele lhe apontará uma saída, e o agraciará quando menos esperar. Quanto àquele que confiar em Deus, saiba que Ele lhe será Suficiente, porque Deus cumpre o que promete" (At-Talaq: 2-3).

Sugeri esses princípios uns meses atrás a um velho amigo, um homem demasiado pessimista. Até ao tempo de nossa conversa, nunca o ouvira dizer qualquer coisa que revelasse otimismo. Assumia sempre uma atitude negativa para com todos os projetos ou problemas. Manifestara forte descrença dos princípios expostos neste capítulo e oferecera-se para fazer uma experiência a fim de provar que eu não tinha razão em minhas conclusões. Ele é um homem sincero. Pôs em prática esses princípios com relação a várias questões e manteve um registro delas num cartão. Procedeu assim durante seis meses. Ao fim do período, informou-me que 85 por cento das questões haviam sido resolvidas satisfatoriamente.

— Estou agora convencido —, disse ele — se bem que a princípio não acreditasse que isso fosse possível, que, se a gente esperar o que é bom, uma força estranha qualquer nos será dada para criar as condições que produzem os resultados desejados. De agora em diante a atitude que adotarei será diferente. Haverei sempre de esperar o que é bom e não o que é ruim. A prova a que me submeti indica que isso não é uma teoria, mas sim um meio científico de enfrentar as situações da vida.

Eu poderia acrescentar que até mesmo a alta porcentagem que ele atingiu poderá ser aumentada com a prática. Naturalmente, a prática da arte de saber esperar é tão essencial quanto os exercícios com instrumentos musicais ou com um taco de golfe. Não se consegue destreza em qualquer coisa sem que se faça um exercício intensivo, persistente e inteligente. É de se notar também que o meu amigo começou aquela experiência com um espírito de dúvida, o qual tenderia a prejudicar os primeiros resultados.

Sugiro que você afirme todos os dias com fé, quando enfrentar os problemas da vida, o seguinte: "Acredito que Deus me dá forças para conseguir o que realmente desejo".

Nunca mencione coisas ruins. Não pense nisso. Elimine-as de seu espírito. Declare pelo menos dez vezes ao dia: "Espero tudo que é bom e com auxílio de Deus hei de consegui-lo".

Procedendo assim, seus pensamentos convergirão sempre para o que é bom e se transformarão numa grande força para a realização de seus desejos.

8
NÃO ACREDITO EM FRACASSOS

Se você estiver pensando em fracassos, aconselho-o a livrar-se de tais pensamentos, pois eles tendem a materializar-se. Adote o princípio de não acreditar em fracassos.

Desejo contar-lhe alguns fatos sobre pessoas que puseram em prática essa filosofia, tendo tido excelentes resultados. Explicarei a técnica e as fórmulas que empregaram com êxito. Se você ler esses incidentes cuidadosa e atentamente e tiver a mesma fé que elas tiveram, pensando positivamente, pondo em prática a técnica em questão, poderá também vencer a materialização do fracasso que, no momento, possa parecer inevitável.

Espero que você não seja igual a um homem que vivia criando obstáculos a tudo. Contaram-me que o chamavam de "o homem dos obstáculos", porque, fosse qual fosse a sugestão que se apresentasse, imediatamente seu espírito remoía todos os obstáculos que poderiam surgir com relação a ela. Mas ele encontrou alguém que o soube enfrentar e aprendeu uma lição que o auxiliou a modificar aquela sua atitude negativa. Passou-se o fato da seguinte maneira:

Os diretores de sua companhia tinham um projeto em estudo, que envolvia consideráveis despesas e alguns riscos, bem como possibilidades de êxito. Na discussão que se travou sobre o empreendimento, o homem dos obstáculos interveio, como era seu hábito, e, sempre com ar doutoral (invariavelmente tais criaturas assumem uma atitude prudente, provavelmente

com o intuito de dissimular as dúvidas que alimentam no seu "eu"), dizendo:
— Esperem um momento. Vamos considerar os obstáculos que isso envolve.

Outro homem, que até então tinha falado muito pouco, mas que era muito respeitado pelos seus associados em virtude de sua capacidade, realizações e certa qualidade indômita que o caracterizava, levantou-se e perguntou-lhe por que estava constantemente citando dificuldades para aquele projeto em vez de citar as possibilidades.

— Porque a gente tem de ser sempre realista quando se tem de agir com inteligência — respondeu o outro. Acrescentou: — É um fato que, neste projeto, há certos obstáculos bem definidos. Qual a atitude que você tomaria com relação a eles? Poderia dizer-me?

O companheiro não hesitou em responder:

— Qual a atitude que eu tomaria com relação a eles? Ora, apenas os afastaria. Nada mais que isso. E, depois, me esqueceria deles.

— Isso é mais fácil dizer do que fazer — replicou o homem dos obstáculos. — Você diz que os afastaria e os esqueceria depois. Posso perguntar se tem alguma técnica para eliminar obstáculos e esquecê-los depois? Ainda não descobrimos essa técnica.

Um leve sorriso pairou nos lábios do outro homem.

— Rapaz — disse ele —, passei toda minha vida removendo dificuldades e nunca vi uma que não pudesse ser eliminada, quando se tem fé e coragem suficiente e se está disposto a trabalhar. Uma vez que você quer saber como se faz, vou mostrar-lhe.

Enfiou a mão no bolso e tirou a carteira. Debaixo de uma folha de celofane, nela fixada, via-se um cartão, no qual estavam escritas algumas palavras. Ele atirou a carteira sobre a mesa e falou:

— Está aí, rapaz. Leia o que está escrito no cartão. É a minha fórmula. Não venha depois com a sua ladainha de que ela não dá resultado. Eu é que posso dizer se dá resultado, pois não me tem faltado experiência.

O homem dos obstáculos pegou a carteira e, com uma estranha expressão no rosto, leu para si o cartão.

Eis o que ele leu em voz lenta e incerta: "Poderei fazer tudo com a ajuda de Cristo; Ele me dará forças" (Filipenses 4:13).

> ✡ Bíblia de Jerusalém: "Vós, porém, vos santificareis e sereis santos, pois eu sou Iahweh vosso Deus. Guardareis os meus estatutos e os praticareis, pois sou Eu, Iahweh, que vos santifico" (Levítico 20:7-8).

> ☪ Alcorão: "Ó povo meu, implorai o perdão de vosso Senhor e voltai-vos arrependidos para Ele, Que vos enviará do céu copiosa chuva e adicionará força à vossa força" (Hud: 52). E: "Que são crentes e cujos corações sossegam com a recordação de Deus. Não é, acaso, certo, que à recordação de Deus sossegam os corações?" (Ar-Ra'd: 28).

— Vivi bastante — disse o outro, guardando no bolso a carteira — e encontrei muitas dificuldades em minha vida. Mas há um poder nessas palavras, um poder real, e com elas você pode remover qualquer obstáculo.

Disse aquilo com confiança e todos sabiam que estava falando seriamente. Aquela positividade, juntamente com os fatos de uma experiência que lhes eram conhecidas, pois era um homem extraordinário que tinha vencido muitos contratempos e, em qualquer sentido, não era "mais santo que você", convenceu os companheiros que se achavam sentados àquela mesa redonda. Seja como for, o fato é que não se ouviu mais aquela conversa negativa. O projeto foi posto em execução e, a despeito das dificuldades e riscos, foi coroado de êxito.

A técnica usada por aquele homem baseia-se num fato primário acerca dos obstáculos, que é o seguinte: não se deve receá-los. Ponha em prática a crença de que Deus está com você e, juntamente com Ele, você terá o poder de vencer.

Assim, a primeira coisa a ser feita, no tocante a um obstáculo, consiste simplesmente em enfrentá-lo, não se queixar e tratar logo de atacá-lo. Não se arraste pela vida com essa ideia de que poderá fracassar. Enfrente os obstáculos e faça algo com relação a eles. Verá que não têm metade da força que você julga que possuem.

Um amigo que tenho na Inglaterra me enviou um livro de Winston Churchill, intitulado *Maxims and Reflections*. Nesse livro, Churchill fala sobre o general britânico Tudor, que comandou uma divisão do 5º exército britânico que enfrentou o grande ataque dos alemães em março de 1918. As probabilidades pesavam fortemente contra ele, mas o general soube como enfrentar um obstáculo aparentemente irremovível e invencível. Seu método foi muito simples. Fez apenas pé firme e deixou que o obstáculo caísse sobre ele, e ele, por sua vez, o rompeu.

Eis o que Churchill disse a respeito do general Tudor, aliás uma grande frase, repleta de energia: "A impressão que tive de Tudor foi a de uma estaca de ferro cravada no gelo, irremovível".

O general Tudor sabia como enfrentar um obstáculo. Basta enfrentá-lo. Apenas isso. Não ceda, e ele acabará rompendo-se. Você o romperá. Alguma coisa tem de se romper. Não será você, mas, sim, o obstáculo.

É o que você poderá fazer se tiver fé, fé em Deus e em si mesmo. A fé é a principal qualidade de que você necessita. É o suficiente. De fato, é mais que suficiente.

Use a fórmula que aquele negociante sugeriu, que ela desenvolverá essa qualidade de fé poderosa em Deus e em si mesmo. Você aprenderá a conhecer a si mesmo, sua capacidade e o poder de realizar as coisas. Adquirirá esse domínio no mesmo grau em que sua atitude for passando da reação negativa para a reação positiva. Poderá então dizer a si mesmo, com segurança, em qualquer circunstância, que não acredita em fracassos.

Tome, por exemplo, a história de Gonzales, que ganhou o campeonato de tênis uns anos atrás, após uma árdua disputa. Era quase desconhecido. Por causa do mau tempo, não tinha podido aperfeiçoar o seu jogo antes do torneio. O cronista esportivo de um jornal metropolitano, ao analisar Gonzales, disse que havia certos defeitos em sua técnica. Declarou, em sua opinião, que provavelmente já haviam aparecido na quadra de tênis maiores campeões, mas soube reconhecer em Gonzales belos lançamentos e rebatidas. "Mas o fator que o fez conquistar o campeonato", escreveu o cronista, "foi a sua resistência e o fato de que jamais se deixava vencer pelas vicissitudes do jogo."

Eis uma das frases mais sutis que até então li em notícias esportivas: "Ele jamais se deixou vencer pelas vicissitudes do jogo".

Isso significa que, quando o jogo parecia estar contra ele, não deixava que o desânimo se apoderasse dele nem que pensamentos negativos lhe dominassem o espírito. Seria perder a força de que necessitava para alcançar a vitória. Aquela qualidade mental e espiritual fizeram-no um campeão. Sabia enfrentar os obstáculos, resistir a eles. Sabia vencê-los.

A fé alimenta a resistência. Ela contém a força que nos faz sustentar a luta mesmo quando esta é difícil. Qualquer pessoa pode sustentar uma luta fácil, mas é preciso mais algum outro ingrediente para se prosseguir na luta quando ela se torna desfavorável. É um grande segredo este, o de "não se deixar vencer pelas vicissitudes do jogo".

Você talvez retruque, dizendo: — Mas você não conhece minhas circunstâncias. Estou numa situação diferente da de qualquer outra pessoa e desci na vida até onde uma criatura humana pode descer.

Nesse caso você é feliz, pois se desceu até ao último ponto, isso quer dizer que já não há mais para onde descer. Há então apenas uma direção que pode tomar e esta é a da subida. Por conseguinte, sua situação é bem encorajadora. Mas desejo que se acautele e não assuma essa atitude de achar-se numa situação a que ninguém tenha chegado na vida. Não é o que pensa.

Falando praticamente, poucas são as criaturas humanas que passam por experiências que não sejam comuns a todos. Há um fato que não se deve esquecer: há pessoas que têm vencido todas as situações difíceis que se possa conceber, mesmo a situação em que você se encontra e que lhe parece completamente insolúvel. Era o que parecera a alguns outros, mas eles descobriram uma saída, um caminho para se reerguerem, um caminho que os salvou.

Um dos mais animadores exemplos desse fato é a história de Amos Parrish que, duas vezes por ano, reúne centenas de dirigentes de lojas e de peritos de modas em duas grandes convenções que se realizam no Grande Salão de Baile do Hotel Waldorf Astoria, na cidade de Nova York. Nessas convenções, o sr. Parrish ministra conselhos aos negociantes e seus associados sobre a tendência dos negócios sobre mercadorias e métodos de vendas, bem como sobre outras questões importantes para a direção dos negócios. Tendo presenciado algumas dessas convenções, estou convencido de que os maiores valores que o sr. Parrish transmite aos seus clientes são a coragem e o pensamento positivo, uma profunda fé que ele incute em todos e a confiança de que todos poderão vencer suas dificuldades.

Ele parece o exemplo vivo da filosofia que ministra a seus ouvintes. Quando criança, era doentio. Além disso, era gago. Era muito sensível e vítima de um complexo de inferioridade. Julgava-se que não viveria por causa de sua fraqueza física. Mas um dia Amos Parrish passou por uma experiência espiritual. A fé desceu sobre o seu espírito e, desse tempo em diante, convenceu-se de que, com o auxílio de Deus e com a utilização de suas próprias forças, poderia vencer na vida.

Desenvolveu uma extraordinária ideia: a de servir aos negociantes. Eles têm em tão alta valia a sua sabedoria e inspiração em assuntos comerciais, que não titubeiam em pagar altos honorários para assistir a dois dias de sessões, duas vezes ao ano. Constitui para mim uma experiência tocante assistir, juntamente com aquela multidão, no salão do hotel, aquelas reuniões, e ouvir "A. P.", como o chamam afetuosamente, falar a todos aqueles importantes negociantes, homens e mulheres, o pensamento imbuído apenas de ideias positivas.

Às vezes, ele tem grande dificuldade com a sua gagueira, mas não se deixa vencer por ela. Cita-a francamente e com humorismo. Certo dia, por exemplo, tentava dizer a palavra "Cadillac". Tentou-a várias vezes e somente com extraordinário esforço é que conseguiu exprimi-la. Comentou então: — Tenho dificuldades em falar a palavra Cadillac, quanto mais comprar um. — O auditório rompeu em estrondosa gargalhada, mas notei que todo mundo o olhava com uma expressão de afeto estampada no rosto. Todos saem da reunião em que ele fala com a convicção de que poderão também dominar suas dificuldades.

Novamente repito que não existe dificuldade que não possa ser superada. Um negro erudito e filósofo, a quem eu perguntava uma vez como vencia suas dificuldades, respondeu: "Como eu venço minhas dificuldades? Bem, primeiramente procuro contorná-las. Se não o consigo, tento passar por cima. Se vejo que é também impossível, atravesso-as". Acrescentou depois: "É o que Deus e eu fazemos: nós as atravessamos".

Considere seriamente a fórmula daquele negociante que citamos no princípio deste capítulo. Pare de ler um instante e repita-a para si cinco vezes e, cada vez, termine com esta afirmativa: "Tenho fé nessas palavras". Ei-las novamente: "Poderei fazer tudo com a ajuda de Cristo; Ele me dará forças" (Filipenses 4:13).

> ✡ Bíblia de Jerusalém: "Este Deus, ele é minha praça-forte e poderosa; ele desembaraça meu caminho e ele é íntegro" (2 Samuel 22:33).

> ☪ Alcorão: "Meu Senhor está comigo e me iluminará!" (Ash-Shu'ara: 62). E: "Quanto aos crentes que praticarem o bem, o Clemente lhes concederá afeto perene" (Maryam: 96). E: "Meu Senhor conduziu-me pela senda reta" (Al-An'am: 161).

Diga-a cinco vezes por dia e ela lhe dará ao espírito uma força prodigiosa.

Seu subconsciente, que sempre se ressente de qualquer mudança, poderá talvez dizer: "Você não irá acreditar em tais coisas". Lembre-se, porém, que o seu subconsciente, em certo sentido, é um dos maiores mentirosos que existem. Ele concorre para desenvolver-lhe todos os seus próprios erros no tocante às habilidades. Você tem criado atitudes negativas em seu subconsciente e elas lhe devolvem os erros que tiver tido. Vire-se pois para ele e diga que tem fé naquelas palavras. Insista em mantê-las. Se tratar o subconsciente com essa positividade, ele se convencerá com o tempo. A razão está no fato de você começar agora a alimentar pensamentos positivos. Em outras palavras, está finalmente dizendo a verdade ao seu subconsciente. Depois de certo tempo, ele começará a devolver-lhe também a verdade. Com ela, e com o auxílio de Deus, não haverá obstáculos que você não possa vencer.

Um método eficiente para tornar positivo o caráter do subconsciente consiste em eliminar certas expressões de pensamento que poderemos chamar de "pequenas negações". Elas vão se acumulando na conversação e, conquanto pareçam em si despidas de importância, acabam criando atitudes nocivas para o espírito. Quando me ocorreu pela primeira vez essa ideia de "pequenas negações", comecei a analisar os meus próprios hábitos durante as conversações. Fiquei surpreso com o que descobri. Descobri que costumava dizer coisa deste tipo: "Receio que vá chegar tarde", ou "Será que o meu pneu irá furar?", ou "Não creio que possa fazer isso", ou "Não vou poder acabar esse trabalho. Há tanto para fazer ainda!". Se alguma coisa não saía bem, costumava dizer: "Oh! era justamente o que esperava". Se observava algumas nuvens no céu, franzia a testa e dizia: "Vai chover na certa".

Trata-se de "pequenas negações", não há dúvida, mas um grande pensamento sempre é melhor que um pequeno pensamento. Não se deve esquecer que os "grandes carvalhos nascem de pequeninas bolotas". Se uma massa de "pequenas negações" começa a acumular-se em suas conversações, ela acaba infiltrando-se em seu espírito. É surpreendente como elas se vão acumulando e transformando em "grandes negações" sem a gente o perceber. Foi então que resolvi eliminar completamente de minhas conversações esse hábito. Descobri que a melhor maneira de eliminá-lo era empregar sempre palavras positivas acerca de tudo. Quando se começa a dizer que tudo vai dar certo, que se poderá fazer tal e tal tarefa, não haverá possibilidade de o pneu vir a furar, chegar-se-á a tempo em determinado lugar, pois está-se evocando a lei de resultados positivos e estes acabam materializando-se. As coisas acabam realmente dando certo.

Vi um anúncio num cartaz, à beira da estrada, referente a certa marca de óleo para motor. Dizia: "Uma máquina lubrificada fornece sempre força". O mesmo se dará com o espírito. É preciso lubrificá-lo, isto é, eliminar as ideias negativas e produzir apenas ideias positivas a fim de que estas forneçam sempre força e energia. Purifique, pois, seus pensamentos, adquira uma máquina mental purificada, lembrando-se sempre de que o espírito é como uma máquina; purificando-o, terá sempre a força de que você necessita.

Por conseguinte, a fim de que possa vencer os obstáculos e viver com essa filosofia de não se acreditar em fracassos, cultive profundamente em seu "eu" interior apenas ideias positivas. A nossa atitude mental é que determina diretamente o que devemos fazer com os obstáculos. A maioria de nossos obstáculos é, na realidade, de caráter mental.

— Ah! Acontece que os meus obstáculos não são de ordem mental, mas sim reais — poderia você talvez dizer.

Quem sabe? Mas a sua atitude para com eles é mental. A única maneira possível de você poder ter uma atitude é recorrendo a um processo mental. O que você pensar a respeito dos obstáculos é o que, em grande parte, determina os seus atos no tocante a eles. Forme a atitude mental de que não pode remover um obstáculo e verá que não o removerá. Fixe na ideia que ele não é tão grande quanto lhe parecera à primeira vista. Mantenha sempre a ideia de que ele é removível. Por mais fracamente que entretenha esse pensamento positivo, inaugurar-se-á, desde o momento em que começar a pensar dessa maneira, o processo que o levará a vencer o obstáculo.

Se você se deixou vencer por uma dificuldade, é sem dúvida devido a ter dito a si mesmo durante meses e meses e talvez durante anos que nada haveria que você pudesse fazer para superá-la. Você teria ressaltado de tal modo sua incapacidade, que seu espírito acabou aceitando as conclusões a que você chegara. Quando o seu espírito estiver convencido de alguma coisa, o mesmo se dará com você, pois você age de conformidade com o que ditar o seu espírito.

Mas, se, ao contrário disso, você empregar esse novo conceito criador — "Poderei fazer tudo com a ajuda de Cristo" (Filipenses 4:13) — irá empregar uma nova concepção mental. Adote realmente essa atitude positiva e acabará convencendo o seu próprio "eu" de que poderá resolver suas dificuldades. Quando seu espírito ficar finalmente convencido, começarão a surgir resultados surpreendentes. Você descobrirá de repente que possui uma energia em que jamais pensara.

✡ Bíblia de Jerusalém: "Amai a Iahweh, seus fiéis todos: Iahweh preserva os leais, mas retribui com usura ao que age com soberba. Sede firmes, fortalecei vosso coração, vós todos que esperais Iahweh!" (Salmos 31:24-25).

☪ Alcorão: "Quanto àquele que confiar em Deus, saiba que Ele lhe será Suficiente" (At-Talaq: 3). E: "Porém, Deus é o melhor Guardião e é o mais clemente dos misericordiosos" (Yusuf: 64).

Joguei golfe com um senhor que, além de ser excelente jogador, era também filósofo. Quando disputávamos uma partida, ele, de quando em vez, aproveitando-se dos próprios incidentes do jogo, exprimia certas opiniões filosóficas, pelas quais lhe fiquei muito grato.

Houve uma ocasião em que atirei a bola para um ponto em que a grama era alta. Quando chegamos até o ponto em que ela se achava, exclamei, ao vê-la:

— Está ai! Veja em que entaladela fui cair. A bola ficou numa posição ruim. Vai ser difícil arrancá-la daqui.

— Por acaso não li, em seus livros, alguma coisa acerca de pensamentos positivos? — observou ele sorrindo.

Um pouquinho envergonhado, reconheci que era exato o que ele dizia.

— Eu não pensaria de maneira negativa no tocante à posição dessa bola — continuou ele. — Acha que teria um bom lance se a bola estivesse na pista de grama baixa?

— Creio que sim.

— Então por que julga que poderia jogar melhor lá do que aqui?

— Porque lá a grama é baixa e a bola pode sair melhor — respondi.

Foi então que ele propôs uma coisa curiosa.

— Vamos abaixar-nos aqui — disse — e examinar a situação. Vamos ver como é que a bola está.

Abaixamo-nos, e ele observou então:

— Note que a altura da bola aqui é, relativamente, quase a mesma, como se ela estivesse na pista: a única diferença é que aqui a grama está acima dela, mais ou menos treze ou quinze centímetros.

Ele fez uma coisa mais curiosa ainda. Arrancou um pedacinho de grama e mordeu, dizendo:

— Veja a qualidade e caráter dessa grama. Mastigue-a.

Mastiguei-a.

— Não a acha muito tenra? — perguntou.

— De fato, é muito tenra — respondi. — Pelo menos, assim parece.

— Nesse caso — continuou ele — um simples lance com o seu taco de ferro número cinco cortará essa grama à semelhança de uma faca. — Foi então que me disse coisas das quais não me esqueci. Espero que você não se esqueça também: — A dificuldade é apenas mental. Em outras palavras, a dificuldade origina-se do fato de você a ter admitido em seu pensamento. "Acho que há aqui um obstáculo que irá causar-me dificuldades." Você tem no espírito a força para vencê-las. Se você conceber a ideia de que vai arrancar a bola desse ponto difícil, crendo que irá poder fazê-lo, seu espírito transferirá a flexibilidade, o ritmo e a força para os seus músculos. Manejará então o taco de tal maneira que a bola saltará para fora num belo lance. Tudo que você precisa fazer é concentrar os olhos na bola e dizer a si mesmo que vai arrancá-la desse gramado com uma belíssima tacada. Nada de ficar duro e tenso. Fira a bola com disposição e força. Lembre-se, a dificuldade é apenas mental.

Até hoje me lembro da extraordinária sensação de força e prazer que tive ao lançar a bola, com uma forte tacada, para a outra extremidade do gramado.

Eis aí um importante fato para se lembrar sempre com relação a qualquer problema difícil: "a dificuldade é apenas mental".

Seus obstáculos se acham presentes, é certo. Não são fantasias, mas também não são verdadeiramente tão difíceis quanto parecem. Sua atitude mental é o fator mais importante. Tenha fé em Deus Todo-Poderoso. Ele lhe dará a força para arrancá-lo das dificuldades se você concentrar seus olhos na fonte de sua energia. Afirme a si mesmo que, com essa força, poderá fazer tudo que tem a fazer. Tenha fé de que essa força está fluindo para você. Acredite, e o sentido da vitória se manifestará.

Considere agora novamente o obstáculo que talvez o apoquenta. Verá que não é tão grande quanto julgava. Diga a si mesmo: "A dificuldade é apenas mental. Penso vencer e vencerei". Lembre-se desta fórmula: "Poderei fazer tudo com a ajuda de Cristo; Ele me dará forças" (Filipenses 4:13). Escreva-a num pedaço de papel e guarde-a na carteira. Fixe-a no espelho diante do qual costuma fazer a barba todas as manhãs, ponha-a na penteadeira, na mesa. Contemple-a sempre até que sua verdade penetre fundo em seu espírito, até que se integre em toda a sua atitude mental, até que se torne uma obsessão positiva.

> ✡ Bíblia de Jerusalém: "Este Deus, ele é minha praça-forte e poderosa; ele desembaraça meu caminho e ele é íntegro" (2 Samuel 22:33).

> ☾ Alcorão: "Porque confio em Deus, meu Senhor e vosso" (Hud: 56). E: "Que são crentes e cujos corações sossegam com a recordação de Deus. Não é, acaso, certo, que à recordação de Deus sossegam os corações?" (Ar-Ra'd: 28).

O que poderá parecer uma proposição difícil será, conforme indiquei, árduo ou fácil na proporção da tendência de seus pensamentos. Poder-se-á dizer que foram três os homens que influenciaram vitalmente o processo de pensamento dos americanos: Emerson, Thoreau e William James. Analise o espírito americano até essa última data. É evidente que os ensinamentos desses três filósofos se amalgamaram para criar esse gênio particular do americano que não se deixa vencer pelos obstáculos e realiza coisas "impossíveis" com extraordinária eficiência.

Uma doutrina fundamental de Emerson é a seguinte: "A personalidade humana pode ser bafejada pela força divina, dela se originando grandes ideais". William James acentuou que o maior fator em qualquer empreendimento é a fé que se tem nele. Disse-nos Thoreau que o segredo do êxito está em mantermos no espírito a ideia de que seremos bem-sucedidos.

Outro sábio americano foi Thomas Jefferson, o qual, à semelhança de Franklin, estabeleceu para sua orientação uma série de regras. Franklin tinha treze regras para observar diariamente; Jefferson tinha apenas dez. Uma das regras de Jefferson era a seguinte — e a considero de valor inestimável: "Trate de enfrentar as coisas sempre pelo lado mais prático". Isso quer dizer: enfrente suas tarefas e dificuldades, empregando o método que encontre menos resistência. A resistência causa fricção na mecânica; por conseguinte, na mecânica é necessário vencer ou reduzir a fricção. A atitude negativa é um meio de se criar fricção. É essa a razão por que o negativismo cria tão grande resistência. A atuação positiva é o "lado mais prático". Está em harmonia com o curso da vida. Não somente encontra menos resistência como também estimula realmente as forças auxiliares. É notável como, do começo ao fim de sua existência terrena, a aplicação dessa filosofia o capacitará a obter resultados brilhantes nas áreas em que você, se agisse de modo contrário, seria vencido.

Eis um exemplo: uma mulher nos mandou o filho, um rapazinho de quinze anos, para que o examinássemos. Pediu que "resolvêssemos" sua situação. Vivia preocupadíssima com o fato de ele nunca poder conseguir mais que uma nota 70 em qualquer matéria que estudasse. Declarou orgulhosamente que o filho tinha uma grande inteligência.

— Como sabe que ele tem uma grande inteligência? — perguntei-lhe.

— Porque é meu filho — respondeu ela. — Formei-me no colégio com distinção.

O rapazinho apareceu em nosso escritório muito macambúzio.

— Que é que se passa com o nosso amiguinho? — perguntei.

— Não sei. Mamãe mandou que eu viesse falar com o senhor — disse ele.

— Pelo que vejo, não está ardendo de entusiasmo — comentei. — A senhora sua mãe falou que você só consegue 70 em suas notas — acrescentei.

— De fato, é o que consigo obter. Aliás, o que é pior ainda, já cheguei a receber notas ainda mais baixas.

— Você não se julga inteligente?

— Mamãe disse que eu sou inteligente. Não creio ... Acho que sou burro, dr. Peale. — Prosseguiu depois, com emoção: — Eu estudo as matérias. Em casa costumo repassá-las. Fecho os livros e procuro lembrar-me do que li. Repito esse processo umas três vezes. Penso depois que, se não consigo meter tudo na cabeça repetindo três vezes, como é que irei consegui-lo? Vou então para a escola com a ideia de que talvez tenha tudo na cabeça. A professora me chama para dizer a lição e eu, na hora, não me lembro de coisa alguma. Vêm depois os exames. Fico ali suando frio, sem saber que resposta dar às perguntas que me fazem. Não sei o que acontece — continuou. — Sei que minha mãe foi uma grande aluna. Creio que eu não dou mesmo para a coisa.

Esse padrão de pensamentos negativos, combinado com o complexo de inferioridade, estimulado pela atitude da mãe, era naturalmente o que o esmagava. Embotava-lhe o espírito. Sua mãe nunca lhe dissera que fosse à escola estudar pela glória de adquirir conhecimentos. Não tivera bastante sabedoria para encorajá-lo a competir consigo mesmo, em vez de competir com os outros. Vivia insistindo para que fosse como ela, um aluno brilhante. Não é de admirar que essa pressão lhe cerceasse o espírito.

Dei-lhe algumas sugestões que provaram ser de grande auxílio:

— Antes de ler suas lições, faça uma pausa e ore da seguinte maneira: "Meu Deus, sei que sou inteligente e que posso executar minha tarefa". Não se afobe e leia suas lições com calma. Imagine que está lendo uma história. Não a leia duas vezes, salvo se o quiser. Acredite simplesmente que já a tem na cabeça logo na primeira leitura. Encare a matéria como tendo sido absorvida pelo seu espírito e, nele, germinado. No dia seguinte, quando for à escola, diga a si mesmo: "Eu tenho uma mãe maravilhosa. Ela é muito bonita e boazinha, mas ela devia ter sido uma devoradora de livros para conseguir aquelas notas altas. Quem é que há de querer ser devorador de livros, afinal? Não quero receber distinções. Apenas pretendo fazer o curso com boas notas".

— Na classe, quando a professora o chamar, faça uma oração rápida antes de responder. Creia depois que Deus, naquele momento, irá auxiliar o seu espírito a responder às perguntas. Por ocasião dos exames, afirme, na oração, que Deus está libertando o seu espírito e que você receberá as respostas certas.

O rapazinho seguiu essas ideias. Que nota você pensa que ele recebeu no semestre seguinte? Noventa! Tenho certeza de que, tendo descoberto a extraordinária vantagem e praticabilidade daquela filosofia de não se acreditar em fracassos, aquele jovem irá empregar em todas as questões de sua vida essa força extraordinária que é o pensamento positivo.

Eu poderia dar muitos exemplos de homens que remodelaram suas vidas seguindo esse método. No entanto, isso ampliaria bastante este livro. Além disso, são incidentes e experiências tirados da vida cotidiana. Não são simples teorias, mas casos práticos. Minha correspondência está repleta de testemunhos enviados por pessoas que, tendo ouvido sobre os fatos que tenho narrado, ou lido a respeito deles, com referências e passagens vitoriosas na vida, se sentiram como que obrigadas a relatar ocorrências semelhantes em suas próprias vidas.

Eis uma carta que recebi de um cavalheiro que fala sobre o pai, cumprindo-me dizer que conheço muitas pessoas que empregam o plano, nela exposto, com resultados surpreendentes:

"Meu pai era caixeiro-viajante. Em certas ocasiões vendia móveis, noutras louças e, às vezes, artigos de couro. A verdade é que todos os anos mudava de ramo de negócio.

"Ouvia-o dizer a minha mãe que aquele era o último ano em que ia vender artigos de papelaria ou lâmpadas ou o que fosse que estivesse vendendo na ocasião. No ano seguinte, tudo haveria de ser diferente e gozaríamos prosperidade. Ele teve a oportunidade de trabalhar para uma firma que tinha um produto que era de fácil saída. Muito bem. Dava-se com esse produto o mesmo que sucedia com os outros. Meu pai sempre achava que não havia um produto que fosse vendável. Vivia sempre agitado, sempre receoso.

"Mas aconteceu que um dia um viajante deu a meu pai a cópia de uma oração composta de três sentenças. O viajante disse-lhe que a repetisse antes de visitar o freguês. Meu pai seguiu o conselho e os resultados foram quase milagrosos. Em cem visitas que fez durante a primeira semana, conseguiu efetuar oitenta e cinco vendas. Nas semanas que se seguiram, os resultados foram maravilhosos. Houve semanas em que a porcentagem chegou a noventa e cinco. Em umas dezesseis semanas que trabalhou, chegou a vender a quase todos os fregueses que visitou.

"Meu pai deu essa oração a vários outros vendedores e, em cada caso, ela trouxe resultados surpreendentes.

"Eis a oração que ele usou:
'Acredito que sou sempre guiado por Deus.
'Acredito que estou sempre seguindo pela estrada certa.
'Acredito que Deus abrirá sempre um caminho onde não houver caminho'".

O chefe de uma pequena firma que tinha muitas dificuldades em firmar seus negócios contou-me que teve um incomensurável auxílio empregando uma técnica por ele mesmo inventada. Ele vivia sempre exagerando suas próprias dificuldades. Sabia que estava sempre enfrentando seus problemas com uma atitude derrotista. Mas teve bom senso bastante para compreender que tais obstáculos não eram tão difíceis como ele mesmo fazia parecer. Ao contar essa história, perguntei a mim mesmo se ele não vivia às voltas com aquela dificuldade psicológica conhecida como vontade de fracassar.

Ele empregou um processo que remodelou sua atitude mental: após certo tempo, foram notáveis os resultados. Colocou simplesmente um grande cesto de arame na sua mesa de trabalho no escritório. Tinha um cartão fixado à cesta, no qual se liam as seguintes palavras: "Com a ajuda de Deus tudo é possível". Toda vez que surgia um problema e seu antigo mecanismo de derrotismo começava a exagerar-lhe as dificuldades, lançava na cesta o papel referente ao problema e ali o deixava um ou dois dias.

— É curioso como cada questão deixava de parecer difícil depois que eu tirava da cesta o papel que dizia respeito a ela — informou ele.

Naquele ato, ele dramatizava a atitude mental de colocar o problema nas mãos de Deus. Como resultado, recebia energia para enfrentar normalmente o caso e com êxito.

Ao terminar este capítulo, diga em voz alta a seguinte sentença: "Não acredito em fracassos". Diga-a sempre até que a ideia domine as atitudes de seu subconsciente.

9
COMO ACABAR COM AS PREOCUPAÇÕES

Você não tem necessidade de ser vítima de preocupações. Reduzida à sua forma mais simples, que é a preocupação? É simplesmente um hábito. Adquiriu-o. Assim como se pode mudar de hábito e de qualquer atitude adquirida, você também poderá eliminar esse hábito do espírito. Como é essencial uma ação direta e agressiva, no processo de eliminação, há apenas uma ocasião própria para se começar um ataque contra as preocupações: agora. Comecemos, pois, a eliminar esse hábito a partir deste momento.

Por que devemos levar a sério esse problema das preocupações? O dr. Smiley Blanton, eminente psiquiatra, explica claramente a razão, dizendo: "A ansiedade é o grande flagelo dos tempos modernos".

Um célebre psicólogo afirma que "o temor é o grande inimigo aniquilador da personalidade humana". Diz um preeminente médico que "a preocupação é a mais sutil e a mais destruidora de todas as doenças humanas". Outro médico afirma que milhares de pessoas ficam doentes em decorrência de "ansiedades reprimidas". Essas criaturas sofredoras não conseguiram exprimir suas ansiedades, as quais lhes minaram a personalidade, causando muitas formas de doenças. Considere o seguinte: em inglês a palavra preocupação é "worry"; ela deriva de uma antiga palavra anglo-saxônica que significa "sufocar". Apertasse alguém com os dedos o seu pescoço, cortando assim o fluxo da força vital, teria aí uma demonstração dramática do que está fazendo consigo mesmo ao alimentar esse hábito de viver às voltas com preocupações.

Dizem-nos que a preocupação não deixa de ser um fator da artrite. Médicos que têm analisado as causas dessa moléstia afirmam que os seguintes fatores, pelo menos alguns deles, se acham presentes nos casos de artrite: desastre financeiro, frustração, tensão, apreensão, isolamento, amargura, rancor e constantes preocupações.

Membros de uma clínica médica — dizem — fizeram um estudo em cento e setenta e seis americanos, diretores de companhias, com a idade média de quarenta e quatro anos, e descobriram que a metade tinha pressão alta, sofria do coração e tinha úlceras. Notou-se que, em todos os casos desses pacientes, a preocupação era o fator principal.

A pessoa que vive preocupada, ao que parece, não tem uma vida tão longa quanto a que aprende a vencer suas preocupações. A revista *Rotarian* publicou um artigo intitulado: "Quanto Tempo Você Poderá Viver?". Diz o autor que a cintura é a medida da linha da vida. Declara também que, para se ter uma vida longa, deve observar-se as seguintes regras: (1) Manter-se calmo. (2) Ir à igreja. (3) Eliminar as preocupações.

Numa investigação que se fez, descobriu-se que os devotos vivem mais tempo que os não devotos (é melhor, pois, ser devoto se não se desejar morrer jovem). Os casados, segundo esse artigo, vivem mais que os solteiros. Talvez isso seja devido ao fato de as pessoas casadas dividirem, entre si, as preocupações. Quando se é solteiro, não se tem com quem as dividir.

Um perito cientista, estudando quatrocentos e cinquenta pessoas idosas que esperavam, com o seu modo de vida, chegar aos cem anos, descobriu que elas viviam satisfeitas e observavam o seguinte método: (1) Mantinham-se sempre ativas. (2) Eram moderadas em tudo. (3) Alimentavam-se frugalmente. (4) Encontravam grande prazer na vida. (5) Dormiam cedo e levantavam-se também cedo. (6) Viviam livres de preocupações e temores. (7) Tinham espírito sereno e fé em Deus.

O dr. George W. Crile, célebre cirurgião norte-americano, declarou o seguinte: "Sentimos temores em nosso coração, cérebro e vísceras e não apenas em nosso espírito; qualquer que seja a causa do temor e das preocupações, o fato é que se pode notar seus efeitos nas células, nos tecidos e nos órgãos do corpo".

O dr. Stanley Cobb, neurologista, diz que a preocupação está intimamente ligada aos sintomas da artrite reumática.

Um médico declarou recentemente que há uma epidemia de temores e preocupações nos Estados Unidos. — Todos os médicos — declarou ele — estão tendo casos de doenças que são causadas diretamente pelo temor e agravadas pelas preocupações e uma sensação de insegurança.

Mas não desanime. Você poderá eliminar inteiramente suas preocupações. Há um remédio que lhe dará pronto alívio. Poderá acabar de vez com esse hábito. O primeiro passo para eliminá-lo consiste simplesmente em crer que você pode de fato eliminá-lo. Tudo que você crer poderá fazer, e é certo que o fará com o auxílio de Deus.

Eis um processo prático que o ajudará a eliminar de sua experiência esse hábito anormal de cultivar as preocupações:

"Esvazie" diariamente o espírito. Deve fazê-lo preferivelmente antes de se recolher à noite, a fim de evitar que ele retenha preocupações durante o sono. É durante o sono que os pensamentos tendem a mergulhar mais profundamente no subconsciente. Os últimos cinco minutos antes de dormir são de extraordinária importância, pois é nesse breve período que o espírito se torna mais receptivo às sugestões. Ele tende a absorver as últimas ideias entretidas quando se está desperto.

Esse processo de drenagem do espírito é importante para a eliminação das preocupações, pois os pensamentos repleto de temores, a menos que sejam expurgados, poderão dominar o espírito, impedindo assim o fluxo da força mental e espiritual. Tais pensamentos podem ser esvaziados da mente e não se acumularão se forem eliminados diariamente. A fim de que os possa eliminar, utilize um processo de imaginação criadora. Conceba a ideia de que está realmente esvaziando de seu espírito todas as ansiedades e temores.

Imagine-os como se estivessem escoando natural e simplesmente. Repita a seguinte afirmação nessa ocasião: "Com o auxílio de Deus estou esvaziando meu espírito de todas as ansiedades, todos os temores e toda a sensação de insegurança". Repita-a lentamente cinco vezes, acrescentando depois: "Creio que agora não há mais ansiedades, nem temores, nem sensação de insegurança em meu espírito". Repita também essa última afirmação cinco vezes na ocasião em que idealizar o seu espírito expurgado de tais conceitos. Agradeça depois a Deus por livrá-lo dos temores e durma.

Ao principiar o processo de cura, utilize-se do método acima, pela manhã, à tarde e à hora de se recolher. Vá a um lugar tranquilo e ali fique uns cinco minutos só para esse fim; observe fielmente esse processo e logo notará os seus resultados benéficos.

Poderá fortalecer ainda mais esse processo imaginando que está penetrando em seu espírito e eliminando, uma a uma, as suas preocupações. A criança, em matéria de imaginação, supera os adultos. A criança, com um simples carinho, esquece-se de um machucado ou do medo. Esse simples processo surte efeito na criança porque, no seu espírito, ela acredita ser esse o remédio para a sua aflição. O ato dramático é um fato para ela, o carinho é o ponto final. Idealize seus temores como estando sendo drenados de seu espírito que, no devido tempo, essa idealização se materializará.

A imaginação é fonte de temores, mas pode ser também fonte de cura. Ela cria quadros mentais com resultados reais e não deixa de ser surpreendente a eficiência de seus processos. Não se entregue apenas à fantasia. Tanto pode formar imagens eivadas de temores como imagens despidas deles. Aquilo que você imaginar poderá vir a tornar-se um fato se for sustentado mentalmente com bastante fé.

Por conseguinte, mantenha uma imagem de si mesmo como estando livre de preocupações. O processo de drenagem, com o tempo, eliminará os temores de seus pensamentos. Mas não basta esvaziar o espírito, pois este não permanecerá muito tempo vazio. É preciso ocupá-lo com alguma coisa. Ele não pode continuar como se estivesse sem vida. Portanto, ao esvaziá-lo, torne a "enchê-lo". "Encha-o" de pensamentos de fé, esperança, coragem e amor. Diga em voz alta afirmativas como: "Deus está enchendo agora meu espírito de coragem, paz e serena confiança." "Deus está agora me protegendo contra todos os males." "Deus está agora protegendo todos os meus bem-amados contra todos os males." "Deus está agora me guiando para as decisões certas". "Deus me acompanhará em toda essa situação."

Concentre seu espírito nesses pensamentos algumas vezes ao dia, até que eles se tornem uma parte de si mesmo. No devido tempo, os pensamentos de fé evitarão o acesso de preocupações à sua mente. O temor é o mais forte de todos os pensamentos, exceto de um, e este é o da fé. A fé pode sempre vencê-lo. É a única força contra a qual o medo não pode resistir. Não haverá lugar para temor enquanto se estiver com o espírito imbuído de fé. É o fato potencial que não se deve esquecer. Domine a fé e dominará automaticamente o medo.

É este, pois, o processo: esvazie o espírito e cauterize-o com a graça de Deus, tornando depois a enchê-lo de pensamentos imbuídos de fé. Com isso acabará com as preocupações.

Encha seu espírito de fé e, no devido tempo, não terá mais temores. Não adiantará muito apenas ler essa sugestão, se não a puser em prática. O momento para começar a pô-la em prática é agora, agora que está pensando nela e está convencido de que o processo número um para acabar com as preocupações é o de esvaziar, diariamente, o espírito de todo e qualquer temor e apenas alimentá-lo com pensamento de fé. É tão simples! Aprenda a ser devoto da fé até que se torne um verdadeiro perito nesse terreno; nele não há lugar para temores.

Desnecessário salientar a importância que há em desembaraçar-se o espírito de todo e qualquer temor. Receie qualquer coisa durante um longo período de tempo e é quase certo de que venha realmente a acontecer o que você receava. A Bíblia contém um versículo que é uma das afirmativas mais terríveis já feitas, a qual encerra uma verdade: "Pois a coisa que eu muito temia veio a suceder comigo..." (Jó 3:25).

É claro que sucederá, pois se temer continuamente certa coisa, estará, com isso, criando, em seu espírito, condições propícias para o desenvolvimento daquilo que você receia. Estimule assim uma atmosfera na qual os seus receios e temores criam raízes e desenvolvem-se. Estará atraindo a sua materialização.

> ✡ Bíblia de Jerusalém: "Quanto a mim Iahweh, confio em Ti, e digo: Tu és o meu Deus! Meus tempos estão em tua mão" (Salmos 31:15-16). E: "Amai a Iahweh, seus fiéis todos: Iahweh preserva os leais, mas retribui com usura ao que age com soberba. Sede firmes, fortalecei vosso coração, vós todos que esperais Iahweh!" (Salmos 31:24-25).

> ☪ Alcorão: "Asseguramos-lhes: Não temas, porque tu és superior" (Ta-Ha: 68). E: "E quem quer que creia em seu Senhor, não há de temer fraude, nem desatino" (Al-Jinn: 13).

> ✞ Versão da Bíblia King James Atualizada: "No amor não existe receio; antes, o perfeito amor lança fora todo medo. Ora, o medo pressupõe punição, e aquele que teme não está aperfeiçoado no amor" (1 João 4:18).

Não se alarme, porém. A Bíblia reitera também constantemente outra grande verdade: "Seja feito segundo a vossa fé" (Mateus 9:29).

> ✡ Bíblia de Jerusalém: "Foi-te anunciado, ó homem, o que é bom, e o que Iahweh exige de ti: nada mais do que praticar a justiça, amar a bondade e te sujeitares a caminhar com teu Deus!." (Miqueias 6:8).

> ☪ Alcorão: "Opõe-te, pois, a eles e confia em Deus, porque Ele é para ti suficiente Guardião" (An-Nisa: 81). E: "Logo vos recordareis do que vos digo! Quanto a mim, confio em Deus, porque é Observador dos Seus servos" (Ghafir: 44).

> Livro do Eclesiástico: "Quando um grande te convidar, esquiva-te, e ele te convidará com maior insistência" (Eclesiástico 13:9).

Ela não usa de muitas palavras nessa afirmação. Repentinamente nos diz que, se tivermos fé, "nada nos será impossível". "De acordo com a tua fé é que receberás" (Mateus 17:20).

> ✡ Bíblia de Jerusalém: "Jó respondeu a Iahweh: Reconheço que tudo podes e que nenhum dos Teus desígnios fica frustrado" (Jó 42:1-2).

> ☪ Alcorão: "Para aqueles, Deus lhes firmou a fé nos corações e os confortou com o Seu Espírito" (Al-Mujadila: 22). E: "Ó crentes, se socorrerdes a Deus, Ele vos socorrerá e firmará os vossos passos" (Muhammad: 7)

> Livro do Eclesiástico: "Confia no Senhor, ele te ajudará, endireita teus caminhos e espera Nele. Vós que temeis ao Senhor, contai com sua misericórdia e não vos afasteis para não cairdes. Vós que temeis ao Senhor, tende confiança nele e a recompensa não vos faltará" (Eclesiástico 2:6-8).

Se, portanto, você trocar o medo pela fé em sua mente, vai parar de criar o objeto do seu medo e, ao contrário, vai manifestar o objeto da sua fé. Se envolver a mente em pensamentos saudáveis, pensamentos de fé e não de medo, produzirá resultados de fé em vez de resultados de medo.

Deve empregar-se estratégia na campanha contra esse hábito de se ter preocupações. Talvez resulte difícil vencê-lo com um ataque frontal ao seu corpo principal. Possivelmente, o melhor plano consiste em conquistar as fortificações externas uma por uma, aproximando-se aos poucos da posição principal.

Em outras palavras, seria conveniente eliminar as pequenas preocupações nos ramos extremos de seus temores. Vá avançando e, por fim, destrua o tronco principal das preocupações

Em minha chácara, tive necessidade de abater uma árvore grande e muito antiga. Isso não deixou de me causar certa tristeza, mas era preciso. Os encarregados desse serviço trouxeram consigo uma serra movida a motor. Julgava que começassem a serrar o tronco rente ao solo. Em vez disso, colocaram escadas e, tendo subido nelas, começaram a cortar os pequenos ramos, depois os maiores e finalmente a parte alta da árvore. Ficou apenas o grande tronco central que serraram num piscar de olhos. Em poucos minutos, a minha árvore jazia reduzida a um monte de lenha, como se ela não tivesse levado muitos anos para crescer.

— Se tivéssemos cortado rente ao solo antes de cortar os ramos, ela teria destruído as árvores adjacentes ao cair. Quanto mais reduzimos o tamanho de uma árvore tanto mais facilmente poderemos derrubá-la — explicou um dos homens.

Você poderá proceder da mesma maneira com essa vasta árvore de preocupações que, durante longos anos, se desenvolveu em sua personalidade. É, pois, aconselhável que comece a eliminar as pequenas preocupações e as expressões de aborrecimento. Por exemplo, reduza em suas conversações o número de coisas que possam ser aborrecidas e inquietantes. As palavras poderão talvez ser o resultado de preocupações, mas o fato é que elas as criam também. Ao assaltar-lhe o espírito uma preocupação qualquer, elimine-a imediatamente com um pensamento e uma expressão de fé. Por exemplo: "Tenho receio de que venha a perder o trem". Trate de levantar-se cedo a fim de que chegue à estação em tempo. Quanto menos preocupações tiver, tanto melhor você poderá agir, pois o espírito, quando está livre, torna-se sistemático e pode regular o tempo.

Eliminando as pequenas preocupações, você aos poucos atingirá o seu tronco principal. Depois, com sua força mais desenvolvida, poderá eliminar de sua vida as preocupações básicas, isto é, o hábito de cultivá-las.

Meu amigo, dr. Daniel A. Poling, apresenta uma valiosa sugestão. Ele diz que toda manhã, antes de levantar-se, repete três vezes as seguintes palavras: "Eu tenho fé". Assim, ao começar o dia, já ele amolda o espírito à fé, a qual nunca o abandona. Seu espírito aceita a convicção de que, pela fé, irá vencer os problemas e dificuldades durante o dia. Começa o dia com pensamentos positivos e criadores em seu espírito. Ele tem fé e é difícil conter o homem que a traz consigo.

Relatei a técnica do dr. Poling numa de minhas palestras radiofônicas. Recebi depois uma carta de uma mulher, na qual ela me contava que não tinha sido muito dedicada à sua religião, no caso a religião judaica. Declarou que, em sua casa, vivia às voltas com brigas, discussões e preocupações. Era uma vida infeliz. O marido — dizia — "bebia demasiado" e passava o dia todo sem fazer coisa alguma, queixando-se de que não achava emprego. A sogra morava com ela e "vivia lamuriando-se e queixando-se de dores o tempo todo".

Essa mulher declarou que o método do dr. Poling causara-lhe grande impressão e decidiu experimentá-lo. Na manhã seguinte, ao acordar, afirmou três vezes que tinha fé. Em sua carta, informou cheia de entusiasmo: "Faz apenas dez dias que comecei a seguir esse método. Ontem à noite, meu marido, assim que chegou em casa, me disse que tinha arranjado um emprego com um salário de oitenta dólares por semana. Disse também que vai deixar de beber. Acredito que ele o fará. O que acho ainda mais maravilhoso é que minha sogra deixou de queixar-se de suas dores. Até parece que aconteceu um milagre em casa. Parece que minhas preocupações desapareceram".

Parece mesmo quase um milagre. Mas o fato é que acontecem milagres todos os dias às pessoas que deixam de alimentar temores e pensamentos negativos.

Meu finado amigo Howard Chandler Christy, um grande artista, observava uma técnica muito sadia contra as preocupações. Poucos homens conheci que, como ele, demonstravam sentir um grande prazer e uma grande alegria pela vida. Possuía uma formidável qualidade: sua felicidade era contagiante.

Minha igreja segue uma norma: a de mandar pintar o retrato de seu pastor, numa ocasião qualquer, durante o tempo em que exerce as suas funções. O retrato fica na casa dele até à sua morte, quando volta para a igreja, onde o colocam numa galeria ao lado dos retratos dos seus predecessores. Geralmente, a política do Conselho dos Superiores e Diáconos é mandar pintar o retrato quando, em sua sábia opinião, o pastor se acha no auge de suas melhores feições (o meu foi pintado muitos anos atrás).

Quando eu estava posando para o sr. Christy, perguntei-lhe:

— Howard, você nunca teve preocupações?

— Nunca — respondeu ele. — É coisa em que não acredito — acrescentou ele, rindo-se.

— Bem, eis aí uma razão muito simples para não se ter preocupações. De fato, afigura-se-me muito simples. Você não acredita nelas e, por isso, deixa de preocupar-se — comentei. — Mas será que não teve mesmo preocupações alguma vez? — insisti.

— Na verdade, experimentei uma vez — confessou ele. — Vi que todo mundo parecia preocupar-se com alguma coisa. Achei que talvez eu estivesse perdendo algo interessante nesse sentido e resolvi também tentar uma preocupação qualquer. Escolhi um dia para isso. Disse para meus botões: "Hoje vai ser o meu dia de preocupações". Estava resolvido a investigar essa questão e ver o que realmente havia em tudo isso.

— Na véspera eu tinha ido deitar-me cedo. Dormira bem. Ficara bem descansado para poder entregar-me todo a uma preocupação qualquer. De manhã, quando acordei, fiz uma boa refeição — pois não se pode preocupar-se direito com alguma coisa quando se tem o estômago vazio — e resolvi entregar-me às preocupações. Fiz o que pude, nesse sentido, até cerca do meio-dia. Não pude compreender a coisa. Fiquei na mesma. Acabei renunciando à ideia.

Ele soltou uma gargalhada gostosa, contagiante.

— Mas você deve ter algum outro método para vencer as preocupações — falei-lhe.

De fato, tinha, e é talvez o melhor método que conheço.

— Todas as manhãs — explicou ele — fico com meu espírito, durante quinze minutos, voltado inteiramente para Deus. Não há, assim, pois, lugar para preocupações. Com Deus em meu pensamento todos os dias, encontro na vida a minha felicidade.

Howard Christy era um grande artista no pincel, mas era também um grande artista na vida, pois soube reconhecer uma grande verdade e como simplificá-la em seus fatores básicos, a saber, somente vem do espírito o fato que você nele colocar. Tenha seu espírito sempre voltado para Deus que seus pensamentos sairão sempre revestidos de fé e coragem.

A preocupação é um método destruidor que domina o espírito com pensamentos contrários ao amor e aos cuidados de Deus. Basicamente é isso o que ela representa. A cura consiste em recorrer sempre, em pensamento, à força de Deus, à Sua proteção e à Sua bondade. Passe, portanto, quinze minutos por dia alimentando o espírito com pensamentos cristãos. Alimente-o com a filosofia da fé que não deixará espaço para que nele se acomodem preocupações e descrença.

Muitas pessoas não conseguem vencer as preocupações porque agem diferentemente de Howard Christy; permitem que o problema lhes pareça complicado e não o atacam por meio de alguma técnica simples. É surpreendente como os nossos mais difíceis problemas se resolvem muitas vezes por meio de um método simplicíssimo. É isso devido ao fato de que não basta saber o que se deve fazer ante as dificuldades; é preciso saber também fazer aquilo que se deve fazer.

O segredo consiste em elaborar um método de ataque e observá-lo sempre. Compensa fazer-se algo que convença o espírito de que se acha em processo um contra-ataque eficiente. Com isso advirão forças espirituais que atacarão o problema de uma maneira compreensiva e útil.

Um dos melhores exemplos da estratégia dessa técnica contra as preocupações foi o processo a que recorreu um negociante. Era um indivíduo que vivia sempre às voltas com preocupações. De fato, já estava se tornando uma verdadeira pilha de nervos. A forma específica de suas preocupações era a seguinte: vivia sempre na dúvida se tinha ou não feito ou dito a coisa acertada. Esmiuçava sempre suas decisões e, com isso, ia ficando com os nervos abalados. Era, por assim dizer, um verdadeiro dissecador de cadáveres. No entanto, era um homem excepcionalmente inteligente; de fato, formara-se por duas universidades e, em ambas, obtivera distinções. Sugeri-lhe que elaborasse algum método simples que o auxiliasse a não pensar mais em suas tarefas ao fim do dia. Expliquei-lhe a extraordinária eficiência nas verdades simples e espirituais.

É sempre verdade que são os grandes espíritos os que têm melhor capacidade para ser simples, isto é, têm capacidade de elaborar planos simples para pôr em ação profundas verdades. Foi o que aquele homem fez com relação às suas preocupações. Observei que ele estava melhorando e comentei a respeito.

— Realmente, afinal descobri o segredo. Tem dado extraordinários resultados — confessou ele.

Declarou que, se eu passasse pelo seu escritório, num dia qualquer, à hora em que encerrava o expediente, me mostraria como acabara com aquele hábito de viver às voltas com preocupações. Telefonou-me um dia e convidou-me para jantar com ele. Fui encontrar-me com esse meu amigo em seu escritório à hora do encerramento do expediente. Explicou-me que tinha acabado com as preocupações elaborando "um pequeno ritual" que ele observava todas as tardes antes de deixar o escritório. Era um ritual *sui-generis*. Causou-me forte impressão.

Tínhamos pegado os nossos chapéus e dirigíamo-nos para a porta. Junto a esta havia um cesto e acima dele, na parede, via-se uma folhinha, uma dessas folhinhas que marcam apenas um dia cujas folhas vão sendo destacadas diariamente.

— Vou agora executar o meu ritual da tarde, o ritual que me tem auxiliado a eliminar as preocupações — disse ele, detendo-se junto ao cesto.

Arrancou a folha da folhinha e fez com ela uma bolinha. Contemplou-a, fascinado, e deixou-a cair depois no cesto. Fechou, em seguida, os olhos. Seus lábios se moveram por algum tempo. Eu sabia que ele estava fazendo uma oração e guardei um respeitoso silêncio. Ao terminá-la, ele disse em voz alta: — Amém, O.K. Está findo o dia. Vamos embora e tratar de distrair-nos.

Quando caminhávamos na rua, perguntei-lhe:

— Não há inconveniente em dizer-me quais foram as palavras que você proferiu naquela oração?

— Não creio que as palavras sejam aquelas que você usa — respondeu ele rindo.

Como eu insistisse, resolveu falar:

— Faço uma oração mais ou menos assim: "Deus, Nosso Senhor, Vós me destes este dia. Eu não vo-lo pedi, mas fiquei satisfeito de o ter tido. Esforcei-me por desempenhar minha tarefa e Vós me auxiliastes, e eu Vos agradeço. Fiz alguns erros. Isso se deu quando não segui Vosso conselho. Sinto tê-los cometido. Perdoai-me. Mas tive algumas vitórias e alguns êxitos e Vos sou grato pela orientação que me destes. Mas agora, Deus Nosso Senhor, com erros ou êxitos, com vitórias ou derrotas, o dia está terminado. Nada mais tenho para hoje e, por isso, Vos devolvo o dia. Amém".

Talvez não seja uma oração ortodoxa, mas o certo é que provou ser eficiente. Ele dramatizava o fim do dia e voltava-se para o futuro esperando uma atuação melhor no dia seguinte. Cooperava com o método de Deus. Ao fim do dia, Deus desce sobre a terra o manto da noite. Aquele meu amigo, seguindo o método que elaborara, ia vencendo gradualmente todas as suas falhas. Ia-se sentindo cada vez mais liberto das preocupações que se lhe tinham acumulado na véspera. Naquela sua técnica, estava pondo em prática uma das fórmulas mais eficientes contra preocupações, a qual é descrita nas seguintes palavras: "...mas isto eu faço, esqueço tudo que ficou para trás e, procurando alcançar o que está no futuro, esforço-me por obter a recompensa de servir a Deus, em Jesus Cristo" (Filipenses 3:13-14).

> ✡ Bíblia de Jerusalém: "Hoje tomo o céu e a terra como testemunhas contra vós: eu te propus a vida ou a morte, a bênção ou a maldição. Escolhe, pois, a vida, para que vivas tu e a tua descendência, amando a Iahweh teu Deus, obedecendo à Sua voz e apegando-te a Ele. Porque disto depende a tua vida e o prolongamento dos teus dias. E assim poderás habitar sobre este solo que Iahweh jurara dar a teus pais, Abraão, Isaac e Jacó" (Deuteronômio 30:19-20).

> ☪ Alcorão: " Deus perdoa o passado" (Al-Ma'ida: 95). E: "Dize aos incrédulos que, no caso de se arrependerem, ser-lhes-á perdoado o passado (Al-Anfal: 38).

Talvez haja outros processos para se eliminar preocupações. Gostaria de conhecer os que, após cuidadoso uso, tenham demonstrado ser eficientes. Acredito que todos nós, que estamos interessados em melhorar-nos, somos colegas no grande laboratório espiritual de Deus. Juntos, elaboramos métodos práticos para viver bem. Pessoas de todas as partes têm sido gentis em escrever-me acerca de seus métodos e os resultados que têm obtido. Procuro ser útil apresentando tais métodos às demais pessoas através de livros, sermões, artigos em jornais, rádio, televisão e outros meios. Dessa maneira, vai-se aumentando o número de pessoas que sabem como vencer suas preocupações bem como seus problemas particulares.

Para concluir este capítulo de maneira a poder auxiliá-lo a acabar *agora* com esse hábito de alimentar preocupações, dou abaixo a fórmula para isso:

1. Diga a si mesmo: "A preocupação é um péssimo hábito mental. Posso mudar qualquer hábito com a ajuda de Deus".

2. Você estará atormentando seu espírito se andar às voltas com preocupações. Tornar-se-á livre delas se puser em prática justamente o contrário e cultivar mais fortemente a fé. Comece a observar a fé com todas as suas forças e perseverança.

3. Como observar a fé? Diga em voz alta, pela manhã, antes de levantar-se, que você tem fé.

4. Ore, usando esta fórmula: "Coloco o dia de hoje, a minha vida, os meus entes queridos e meu trabalho nas mãos de Deus. Da mão de Deus só pode advir o bem. Sejam quais forem os acontecimentos e resultados, se eu estiver nas mãos de Deus, será a vontade de Deus que se imporá e dela só pode advir o bem".

5. Comece sempre a dizer coisas positivas acerca de tudo, acerca de todas as coisas em que você andou manifestando-se negativamente. Por exemplo, não diga que vai ter um dia horrível. Ao contrário, afirme que vai ter um dia maravilhoso. Não diga que não pode fazer tal coisa. Em vez disso, diga que o fará com o auxílio de Deus.

6. Não tome parte em conversações que provoquem preocupações. Dê sempre uma injeção de fé em todas elas. Um grupo de pessoas que conversem com pessimismo pode contaminar todos os demais com o negativismo. Conversando sobre coisas elevadas, você poderá afastar a atmosfera depressiva e infundir esperanças e alegria em todos os demais.

7. Uma razão de se viver sempre às voltas com preocupações é achar-se o espírito saturado de pensamentos derrotistas e desagradáveis e também de apreensões. Contra isso, assinale todas as passagens da Bíblia que falam sobre a fé, a esperança, a glória e a alegria. Decore-as. Repita-as muitas vezes até que impregne com elas o seu subconsciente. O subconsciente lhe devolverá depois o que lhe deu, isto é, otimismo e não preocupações.

8. Cultive amizade com pessoas de espírito elevado. Cerque-se de amigos que cultivem pensamentos positivos e criadores de fé e que contribuam para a formação de uma atmosfera sadia. Isso o conservará sempre animado.

9. Veja quantas pessoas você poderá curar desse hábito de viver sempre preocupado. Auxiliando-as a vencer as preocupações, você adquirirá um domínio maior sobre elas.

10. Todos os dias, conceba estar vivendo na companhia de Jesus Cristo. Se Ele estivesse caminhando a seu lado, estaria você preocupado ou receoso? Então diga a si mesmo: "Ele está a meu lado". Afirme em voz alta que está sempre com Ele, modificando depois a frase para: "Ele está agora junto de mim". Repita essa afirmativa três vezes ao dia.

10

COMO SOLVER OS PROBLEMAS PESSOAIS

Desejo contar-lhe algo sobre pessoas afortunadas que encontraram a solução certa para seus problemas.

Elas seguiram um plano muito simples, porém bem prático e, em cada caso, o resultado foi coroado de êxito. Não se trata de pessoas diferentes de você. Tiveram os mesmos problemas e dificuldades, pelos quais você talvez esteja passando, mas encontraram uma fórmula que as auxiliou a obter as respostas certas às questões que pesavam sobre elas. Essa mesma fórmula aplicada por você poderá proporcionar-lhe resultados semelhantes.

Primeiramente, permita-me que lhe conte a história de um casal, velhos amigos meus. Fazia anos que Bill, o marido, vinha trabalhando arduamente. Chegara então a uma alta posição em sua companhia e estava certo de que o iam indicar para o cargo de presidente. Aparentemente não havia razão para que não se materializasse sua ambição, pois estava qualificado para aquele cargo, dados a sua capacidade, preparo e experiência. Além disso, tudo indicava que seria ele o escolhido para o cargo.

Aconteceu que, ao realizar-se a eleição da diretoria, não o nomearam. Trouxeram de fora outro homem para exercer a posição de presidente.

Eu tinha chegado à cidade, justamente depois que se tinha verificado aquele golpe. Mary, a esposa, estava revoltadíssima. Durante o jantar, expôs com azedume tudo aquilo que "gostaria de dizer àquela gente". Todo o seu desapontamento, humilhação e frustração transpareceram nas suas palavras de revolta.

Bill, pelo contrário, mostrava-se calmo. Evidentemente sentia-se ferido em seu amor-próprio. Achava-se desapontado e confuso. Mesmo assim, recebeu corajosamente o golpe. Como era uma pessoa essencialmente amável, não era de surpreender que deixasse de mostrar-se irritado ou violento em sua reação. Mary queria que ele se demitisse imediatamente. Instou para que "dissesse àquela gente tudo que precisavam ouvir e os deixasse depois".

Ele não parecia propenso a tomar tal atitude. Disse que talvez fosse melhor continuar. Trabalharia com o novo presidente e auxiliá-lo-ia da melhor maneira que pudesse.

Essa atitude poderia parecer realmente difícil. Contudo, ele tinha trabalhado tantos anos para aquela companhia que não haveria de sentir-se feliz em outro lugar. Além disso — comentou ele — achava que, naquela posição secundária, a companhia poderia continuar a utilizar-se de seus serviços.

A mulher voltou-se então para mim e perguntou o que eu faria naquele caso. Respondi que, tanto quanto ela, haveria de sentir-me desapontado e magoado, mas procuraria evitar que o ódio se apoderasse de mim, pois a animosidade, além de corroer a alma, desorganiza os processos do pensamento.

Sugeri que precisávamos de orientação divina. Naquela situação, precisávamos de uma sabedoria que estava além de nossa capacidade. Havia tal conteúdo de ordem emotiva no problema que, sem orientação divina, não iríamos poder meditar sobre o problema de uma maneira objetiva e racional.

Sugeri, portanto, que guardássemos silêncio por alguns minutos e ficássemos sentados serenamente, numa atitude de oração, voltando nossos pensamentos para Aquele que disse: "Onde dois ou três estiverem reunidos em meu nome, ali estarei no meio deles" (Mateus 18:20).

> ✡ Bíblia de Jerusalém: "Mais vale dois que um só, porque terão proveito do seu trabalho" (Eclesiastes 4:9).

> ☪ Alcorão: "Não há confidência entre três pessoas, sem que Ele seja a Quarta delas; nem entre cinco, sem que Ele seja a sexta; nem que haja menos ou mais do que isso, sem que Ele esteja com elas, onde quer que se achem" (Al-Mujadila: 7).

Fiz ver que éramos três e que, se pudéssemos fazer com que nossos espíritos se reunissem em Seu nome, Ele estaria então também presente para tranquilizar-nos e mostrar-nos o caminho que deveríamos seguir.

Não foi fácil à esposa resignar-se àquela ideia. Mas como era uma criatura inteligente, acabou concordando com o plano.

Passados os minutos de silêncio que sugerira, propus que déssemos as mãos. Embora estivéssemos num restaurante público, faria minha oração. Na oração pedi a orientação de Deus. Pedi paz de espírito para Bill e Mary. Fui mais além, pedindo a Deus que abençoasse o novo presidente da companhia. Orei também para que Bill pudesse adaptar-se à nova administração e prestasse um serviço ainda mais eficiente do que o que havia prestado anteriormente.

Após a oração, permanecemos em silêncio durante certo tempo. A esposa rompeu-o com um suspiro e observou:

— Realmente, creio que esse é o modo acertado de agir. Quando soube que o senhor vinha jantar conosco, receei que nos aconselhasse a tomar uma atitude cristã, no caso. Francamente, não me aprazia fazê-lo. Estava possessa. Mas naturalmente compreendo que a resposta certa para o problema tem de ser obtida da maneira como o fizemos. Vou observá-la fielmente, por mais difícil que possa parecer.

Ela sorriu levemente, mas sua animosidade já havia desaparecido.

De quando em vez procurava saber como iam os meus amigos. Embora tudo não corresse inteiramente como desejavam, iam gradativamente ajustando-se àquelas novas disposições. Puderam vencer o desapontamento e a má vontade.

Bill até mesmo me confidenciou que estava gostando do novo presidente. De certo modo, tinha até prazer em trabalhar com ele, pois este o consultava sempre e parecia confiar bastante nele.

Mary mostrou-se amável para com a mulher do presidente. De fato, chegaram ao ponto de cooperarem em tudo e para tudo.

Passaram-se dois anos. Certo dia cheguei à cidade, onde moravam, e telefonei-lhes:

— Oh! É tal minha alegria que mal posso falar — disse-me Mary.

Comentei que deveria tratar-se de coisa muito importante para tê-la deixado naquele estado.

Sem dar atenção à minha observação, continuou:

— Aconteceu-nos a coisa mais maravilhosa. O sr. Fulano [ela mencionou o nome do presidente] foi chamado por outra companhia. Trata-se de uma grande promoção. Será um cargo especial que o tirará de nossa organização. Vai ter uma posição ainda melhor. E [fez uma pergunta] adivinha o que se passou? Bill acaba de ser notificado que é agora o presidente da companhia. Venha imediatamente para que nós três possamos render graças.

Horas depois, quando estávamos reunidos, Bill declarou o seguinte:

— Sabe? Comecei a compreender que a religião, afinal de contas, não é uma teoria. Solvemos um problema de conformidade com os princípios científicos espiritualmente definidos. Estremeço só de pensar nesse problema se não tivéssemos seguido a fórmula contida nos ensinamentos de Jesus.

— Quem, no mundo, é responsável por essa tola ideia de que a religião não é prática? Jamais deixarei que um problema se apresente sem que o ataque da maneira como nós três o fizemos com este.

Bem, passaram-se alguns anos. Mary e Bill tiveram outros problemas e a cada um aplicaram essa mesma técnica, sempre com bons resultados. Com o método que seguiram, qual o de colocarem-se nas mãos de Deus, aprenderam a solver acertadamente os seus problemas.

Outra técnica eficiente para solver problemas consiste simplesmente em conceber Deus como um associado. Uma das verdades básicas ensinadas pela Bíblia é que Deus está conosco. De fato, a religião começa com esse conceito, pois, quando Jesus Cristo nasceu, deram-lhe o nome de Emanuel, que significa "Deus conosco".

A religião nos ensina que, em todas as dificuldades, problemas e circunstâncias desta vida, Deus está sempre perto. Podemos falar-lhe, depender dEle, receber Seu auxílio e ter o inestimável benefício de conseguir o Seu interesse, apoio e ajuda. Praticamente todo mundo crê, de modo geral, que se trata de uma verdade e muitos têm experimentado a realidade dessa fé.

Na obtenção de soluções corretas para seus problemas, torna-se, porém, necessário ir um pouco além da fé. Deve-se pôr realmente em prática a ideia da presença de Deus. Creia sempre que Deus é tão real quanto sua esposa ou o seu sócio comercial ou o seu mais íntimo amigo. Converse sempre com Ele sobre seus problemas; creia que Ele o ouve e lhe dá a devida atenção. Suponha que Ele incute em seu espírito, por meio da consciência, as ideias e os discernimentos corretos necessários para a solução de seus casos. Creia definitivamente que, nessas soluções, não haverá erros, que você será guiado em suas ações de conformidade com a verdade que chegará ao resultado certo.

Um negociante veio falar comigo um dia, depois de uma reunião do Rotary Clube, numa cidade do oeste, durante a qual fiz um discurso. Contou-me que algo que havia lido em um de meus artigos tinha — conforme suas próprias palavras — revolucionado completamente sua atitude e salvado o seu negócio.

Naturalmente aquilo me interessou. Senti-me satisfeito de saber que o pouco que eu dissesse poderia trazer um resultado assim esplêndido.

— Estava enfrentando uma temporada difícil em meus negócios — disse-me. — De fato, a situação estava tornando-se muito séria. Não sabia como iria poder salvar-me. Uma série de circunstâncias desfavoráveis, regulamentos e deslocamentos da economia do país em geral, afetara profundamente o meu ramo de negócio. Li o artigo do senhor, no qual propugnava a ideia de se tomar Deus como associado. Creio que o senhor empregou esta frase: "faça uma fusão com Deus".

— Quando li aquilo, pareceu-me uma ideia um tanto louca. Como um homem, uma criatura humana, poderia tomar Deus como associado? Além disso, sempre pensava em Deus como um ser imenso, maior que o homem, que eu, perante Ele, deveria parecer um inseto. Mesmo assim, o senhor declarava que o devíamos tomar como associado. Afigurava-se-me uma ideia ridícula. Aconteceu que um amigo me deu um de seus livros. Nele encontrei essas mesmas ideias. O senhor narrava histórias verdadeiras acerca de pessoas que haviam seguido seus conselhos. Parecia que eram todas pessoas de grande sensibilidade. Mesmo assim não me sentia convencido. Sempre tinha a ideia de que os pastores são idealistas teóricos e nada sabem sobre negócios e assuntos práticos. Deixei então de pensar no que o senhor tinha escrito — confessou ele com um sorriso.

— Contudo aconteceu um dia uma coisa interessante. Tinha ido ao escritório e me sentia de tal modo deprimido que cheguei a pensar em dar um tiro nos miolos como a melhor coisa que tinha a fazer para ver-me livre dos problemas que me assaltavam. Foi então que me acudiu ao espírito aquela ideia de tomar Deus como sócio. Fechei a porta, sentei-me na cadeira e pus a cabeça sobre os braços, na mesa. Poderia confessar-lhe que, em muitos anos, poucas tinham sido as vezes em que orei. Mas naquele dia orei como nunca tinha orado. Falei a Deus que tinha ouvido a respeito daquela ideia de tomá-Lo como sócio, que não sabia verdadeiramente o que isso significava e como se fazia tal coisa. Contei-Lhe que estava perdido e que as ideias que me vinham ao espírito eram assustadoras. Disse-Lhe ainda que me sentia completamente confuso e muito desanimado, e falei depois o seguinte: "Ó Deus, não posso oferecer-Vos muita coisa em matéria de sociedade, mas associai-Vos comigo e ajudai-me. Não sei como Vós podereis auxiliar-me, mas desejo ser auxiliado. Por isso, coloco meus negócios, toda a minha pessoa, minha família e meu futuro em Vossas mãos. Aceitarei tudo o que Vós disserdes. Nem sei como Vós ireis dizer-me o que eu deva fazer, mas estou pronto a ouvir e a seguir Vosso conselho se o derdes de maneira clara".

— Bem, foi essa minha oração — continuou ele. — Depois que a terminei, fiquei sentado junto à mesa. Penso que estava esperando que acontecesse algum milagre, mas nada aconteceu. Mas o fato é que me senti inesperadamente sereno e descansado. Ficara verdadeiramente tranquilo. Nada fora do comum ocorreu naquele dia e à noite, mas no dia seguinte, quando fui ao escritório, sentia-me mais disposto e mais satisfeito. Comecei a nutrir certa confiança de que tudo haveria de correr bem. É difícil explicar por que me sentia assim. Nada havia de diferente. De fato, poderia até dizer que as coisas pareciam um pouco mais sombrias, mas eu me sentia diferente, pelo menos um pouco diferente.

— Aquela sensação de tranquilidade não me abandonou. Comecei a sentir-me melhor. Continuei a orar todos os dias e conversava com Deus como com um sócio. Minhas orações não eram dessas que se ouvem na igreja. Eram mais uma conversa de homem para homem. Um belo dia, quando estava no escritório, assaltou-me uma ideia. Foi uma ideia inesperada. Eu disse para os meus botões: Bem, o que você sabe sobre isso? Era algo que jamais me tinha ocorrido, mas eu soube imediatamente que era o método que devia seguir. Não sei explicar como nunca tinha pensado naquilo. Creio que isso fosse devido ao meu espírito ter estado muito carregado. Ele não tinha estado funcionando direito; talvez fosse essa a razão.

— Tratei de seguir imediatamente aquela intuição.

O negociante deteve-se um momento e prosseguiu:

— Não, não era uma ideia. Era meu sócio que estava falando comigo. Pus logo em prática a sua ideia e as coisas começaram a mudar. Novas ideias começaram a surgir-me no espírito. A despeito das condições gerais, comecei a colocar o meu negócio nos eixos. A situação melhorou. Saí de minhas dificuldades.

— Não entendo de sermões nem sei escrever sobre esses assuntos que o senhor escreve em seus livros, mas permita-me que lhe diga uma coisa: Toda vez que o senhor tiver oportunidade de conversar com negociantes, diga-lhes que tomem Deus como sócio em seus negócios. Eles terão ideias melhores que poderão empregar e transformar em verdadeiro patrimônio. Não me refiro apenas ao dinheiro — comentou ele — se bem que a maneira de se obter bons dividendos nas inversões é, creio, ter ideias orientadas por Deus. Diga-lhes que esse método de se ter uma sociedade com Deus é o que resolve acertadamente os seus problemas.

Esse incidente é apenas uma das muitas demonstrações semelhantes da lei das relações divino-humanas resolvendo questões práticas. Desnecessário salientar a extraordinária eficiência dessa técnica para a solução dos problemas. Ela tem produzido resultados assombrosos nos muitos casos que tive ocasião de observar.

Nessa questão de solver os problemas pessoais, é importante, antes de tudo, compreender que o poder para resolvê-los corretamente está dentro de nós mesmos. Segundo, é necessário elaborá-lo e praticá-lo de fato. Sem um plano espiritual definido, nada se consegue; é a razão do fracasso na solução dos problemas pessoais.

O diretor de uma companhia contou-me que se coloca sempre na dependência dos "poderes de emergência do cérebro humano". É sua teoria, e é razoável que o ser humano possui forças extras que podem ser extraídas e utilizadas em situações de emergência. Na conduta comum de cada dia, tais forças de emergência ficam em estado de repouso. Em circunstâncias extraordinárias, porém, a personalidade pode, quando solicitada, fornecer essas forças extras, se necessário.

Uma pessoa que cria uma fé verdadeira não permite que essas forças permaneçam em repouso. Na proporção da fé, traz muitas delas para as atividades normais. Isso explica por que algumas pessoas demonstram possuir maior energia que outras ao enfrentar seus problemas diários ou uma crise. Adotaram o hábito de recorrer normalmente a essas forças, as quais, não fosse isso, permaneceriam ignoradas, salvo em alguma necessidade dramática.

Quando surge uma situação difícil, você sabe como enfrentá-la? Tem qualquer método definido para solver os problemas extraordinariamente difíceis que possam aparecer? Muitas pessoas recorrem a um método sem consistência e, para desgraça delas, fracassam frequentemente. Quanto a isso, só me cabe acentuar a importância que há em recorrer às forças na solução dos problemas, mas obedecendo-se a um plano no seu uso.

Além do método de duas ou três pessoas orarem juntas nessa técnica de "se entregar a Deus" e na de estabelecer-se uma sociedade com Ele, bem como da importância de um plano para a utilização dessas forças interiores de emergência, há ainda outra técnica formidável — a de se manter sempre atitudes de fé. Li a Bíblia durante muitos anos antes que tivesse compreendido que ela procurava dizer-me que, se eu tivesse fé — mas uma fé verdadeira — poderia vencer todas as minhas dificuldades, enfrentar todas as situações, pairar acima de todas as derrotas e solver todos os problemas embaraçados que tivesse em minha vida. O dia em que compreendi isso foi o dia mais importante de minha vida. Inegavelmente, muitas pessoas, ao lerem este livro, talvez jamais venham a compreender essa ideia relativa à fé. Espero que você a compreenda agora, pois ela é, sem dúvida, uma das verdades mais poderosas do mundo, no que diz respeito ao êxito oriundo da conduta humana.

A Bíblia enfatiza sempre esta verdade: "... Se tiveres fé, que ela seja mesmo do tamanho de um grão de mostarda... nada será impossível para ti" (Mateus 17:20).

> ✡ Bíblia de Jerusalém: "Iahweh, eu me abrigo em ti: que eu nunca fique envergonhado! Salva-me por tua justiça! Liberta-me! Inclina depressa teu ouvido para mim! Sê para mim forte rochedo, casa fortificada que me salva; pois meu rochedo e muralha és Tu: guia-me por Teu nome, conduze-me!" (Salmos 31:2-4). E: "Em Tuas mãos entrego meu espírito, és Tu que me resgatas, Iahweh, Deus verdadeiro" (Salmos 31:6).

> ☪ Alcorão: "Para aqueles, Deus lhes firmou a fé nos corações e os confortou com o Seu Espírito" (Al-Mujadila: 22). E: "Mas, a quem crer em Deus, Ele lhe iluminará o coração, porque Deus é Onisciente" (At-Taghabun: 11). E: "Mas, se os moradores das cidades tivessem acreditado (em Allah) e O tivessem temido, tê-los-íamos agraciado com as bênçãos dos céus e da terra" (Al-A'raf: 96).

> Livro do Eclesiástico: "Confia no Senhor, ele te ajudará, endireita teus caminhos e espera Nele" (Eclesiástico 2:6).

A Bíblia se refere à fé de modo absoluto, real e verdadeiro. Não é uma ilusão. Não é fantasia. Não é um exemplo, nem um símbolo, nem uma metáfora, mas, sim, um fato absoluto. A fé, mesmo que seja do tamanho de um grão de mostarda, solverá seus problemas, qualquer deles, todos eles, se você a tiver e a puser sempre em prática. "De acordo com a tua fé é que receberás" (Mateus 9:29).

> ✡ Bíblia de Jerusalém: "Ouve, ó Israel: Iahweh nosso Deus é o único Iahweh! Portanto, amarás a Iahweh teu Deus com todo o teu coração, com toda a tua alma e com toda a tua força" (Deuteronômio 6:4-5).

> ☾ Alcorão: "Dizendo-lhes: Implorai o perdão do vosso Senhor, porque é Indulgentíssimo. Enviar-vos-á do céu copiosas chuvas; aumentar-vos-á os vossos bens e filhos, e vos concederá jardins e rios" (Nuh: 10-1). E: "E, a quem temer a Deus, Ele lhe apontará uma saída, e o agraciará quando menos esperar. Quanto àquele que confiar em Deus, saiba que Ele lhe será Suficiente, porque Deus cumpre o que promete" (At-Talaq: 2-3)

> Livro do Eclesiástico: "Vós que temeis ao Senhor, tende confiança Nele e a recompensa não vos faltará" (Eclesiástico 2:8).

A fé é necessária. Será em proporção à fé que você tiver que terá os resultados. Uma fé pequena lhe dará resultados pequenos; uma fé média, resultados médios; uma grande fé, grandes resultados. Mas na generosidade do Todo-Poderoso, se você tiver apenas essa fé simbolizada por um grão de mostarda, ela fará coisas assombrosas na solução de seus problemas.

Por exemplo, permita-me que lhe conte a história extraordinária de meus amigos Maurice e Mary Alice Flint. Conheci-os quando um livro que escrevi, *A Guide to Confident Living*, foi condensado e publicado na revista *Liberty*. Naquele tempo, Maurice Flint estava indo de mal a pior. Não apenas no emprego, mas como pessoa também. Vivia sempre temeroso, cheio de ressentimentos e era uma das pessoas mais negativas que se podia conceber. Era, no entanto, dotado de bela personalidade e, no íntimo, era boa pessoa, mas o fato é que parecia "estar num beco sem saída", como ele mesmo confessara.

Maurice leu a condensação do livro, no qual salientei a ideia da "fé do tamanho de um grão de mostarda". Naquele tempo ele estava residindo com a família em Filadélfia, a esposa e dois filhos. Telefonara para minha igreja em Nova York, mas por uma razão qualquer não conseguira falar com meu secretário. Menciono esse ponto tão somente para mostrar a mudança que já se operava em sua segunda chamada, pois era seu costume renunciar a tudo após um pequeno esforço. Mas naquele caso, persistiu. Fez novas chamadas até conseguir falar com meu secretário e obter informações relativas às horas dos ofícios divinos na igreja. No domingo seguinte ele veio de automóvel a Nova York, juntamente com a família, para assistir à prédica na igreja. Continuou a fazê-lo mesmo durante os tempos mais inclementes.

Numa entrevista que tivemos depois, contou-me a história de sua vida em todas as suas minúcias e perguntou-me se eu poderia fazer alguma coisa em seu favor. Os problemas de dinheiro, emprego, dívida, futuro e, primariamente, de sua própria pessoa, eram tão complicados que ele considerava a situação como sendo completamente insolúvel.

Assegurei-lhe que, se ele modificasse completamente sua atitude mental e voltasse seus pensamentos para Deus e aprendesse a utilizar-se da técnica da fé, poderia resolver todos os seus problemas.

Tanto ele como sua esposa tinham de eliminar do espírito todo e qualquer ressentimento. Ambos ressentiam-se de todo mundo e muito especialmente de determinadas pessoas. Sentiam-se infelizes. Tinham pensamentos doentios, não por causa de qualquer fracasso de sua parte, mas por causa de "certa baixeza" que outras pessoas lhes tinham feito. Costumavam trocar ideias à noite, quando deitados no leito, sobre o que deveriam dizer a outras pessoas em matéria de insultos. Naquela atmosfera doentia tentavam conciliar o sono e descansar, no que não eram naturalmente bem-sucedidos.

A ideia de fé impressionou realmente Maurice Flint. Agarrou-se a ela. Naturalmente as reações foram fracas, pois sua força de vontade estava, por assim dizer, desorganizada. A princípio não conseguia pensar com acerto, devido ao seu longo hábito de viver sempre às voltas com o negativismo. Mas apegou-se tenazmente, até mesmo desesperadamente, à ideia de que, se tivesse "fé, mesmo que fosse do tamanho do grão de mostarda, nada seria impossível" (Mateus 17:20).

> ✡ Bíblia de Jerusalém: "Iahweh te abençoe e te guarde! Iahweh faça resplandecer o seu rosto sobre ti e te seja benigno! Iahweh mostre para ti a sua face e te conceda a paz!" (Números 6:24-26).

> ☪ Alcorão: "Quanto àquele que confiar em Deus, saiba que Ele lhe será Suficiente" (At-Talaq: 3). E: "E o atendemos e o libertamos da angústia. Assim salvamos os crentes" (Al-Anbiya: 88).

> Livro do Eclesiástico: "Confia no Senhor, ele te ajudará, endireita teus caminhos e espera Nele" (Eclesiástico 2:6).

E conseguiu absorvê-la. É claro, sua capacidade de ter fé aumentou gradualmente à medida que a punha em prática.

Certa noite, ele disse na cozinha, onde a esposa estava lavando a louça:

— Essa ideia de fé é relativamente fácil aos domingos, quando se está na igreja — disse. — Acontece que não posso mantê-la sempre. Ela desaparece depois. Estava pensando que, se pudesse trazer sempre comigo um grão de mostarda, de modo a poder senti-lo toda vez que começasse a fraquejar, isso me iria ajudar a ter fé. — Pediu então à esposa: — Será que temos grão de mostarda ou será que se trata apenas de uma citação especial da Bíblia? Existe grão de mostarda hoje em dia?

Ela riu e respondeu que tinha certa quantidade num vidro de picles. Tirou um grão e o entregou ao esposo.

— Saiba, Maurice — explicou Mary Alice — que não é preciso ter um grão de mostarda. Isso é apenas o símbolo de uma ideia.

— Não sei se é símbolo ou não. A Bíblia diz grão de mostarda, e é isso o que quero. Talvez eu precise desse símbolo para ter fé.

Maurice contemplou-o na palma da mão e murmurou:

— É só isso a fé de que necessito? Apenas do tamanho de um grãozinho de mostarda?

Olhou-o ainda por algum tempo e, enfiando-o no bolso, declarou:

— Se eu puder senti-lo nos dedos durante o dia, ele me fará manter a fé.

Mas o grão era tão pequeno que ele o perdeu. Foi buscar outro no vidro e perdeu-o também. Um dia, ao perder no bolso outro grão, veio-lhe uma ideia. Por que não podia pô-lo num invólucro de plástico? Poderia carregá-lo sempre no bolso ou pendurá-lo na corrente do relógio para lembrá-lo sempre que se tivesse "fé do tamanho de um grão de mostarda, nada lhe seria impossível".

Consultou um homem que se supunha ser perito em matérias plásticas e perguntou-lhe se podia inserir um grão de mostarda num invólucro de plástico. O "perito" respondeu que não podia fazê-lo pela simples razão de que era uma coisa que jamais tinha sido feita, o que, naturalmente, não era motivo para que não o fizesse.

Já por esse tempo, Flint tinha fé suficiente para crer que se tivesse fé "mesmo que fosse do tamanho de um grão de mostarda", iria poder colocar um grão de mostarda dentro de um invólucro plástico. Pôs-se a trabalhar nesse sentido. Levou semanas trabalhando e finalmente foi coroado de êxito. Fez várias peças para adornos: colares, alfinetes de gravatas, correntes para chaves, braceletes, etc. Enviou-me algumas peças. Eram bonitas e em cada uma reluzia a translúcida esfera com o grão de mostarda dentro. Cada peça trazia um cartão em que se lia: "Lembrança do grão de mostarda". O cartão dizia também como se devia usar aquele enfeite e como o grão de mostarda lembraria à pessoa que usasse o enfeite que, "se tivesse fé, nada lhe seria impossível".

Maurice perguntou-me se eu achava que se podia mercantilizar aqueles artigos. Mostrei-me um pouco duvidoso, confesso, e mostrei-os a Grace Oussler, redator-consultor da revista *Guideposts*. Grace levou os enfeites ao nosso amigo mútuo, sr. Walter Hoving, presidente do *Bonwit Teller Department Store*, um dos maiores administradores de lojas nos Estados Unidos. Ele viu imediatamente as possibilidades daquele projeto. Imagine minha surpresa e prazer quando li, nos jornais de Nova York, uns dias depois, um anúncio que ocupava duas colunas e dizia: "Símbolo de fé — um genuíno grão de mostarda encerrado em vidro cintilante empresta ao bracelete um grande significado". O anúncio citava a passagem da Bíblia: "Se tiveres fé, que ela seja mesmo do tamanho de um grão de mostarda... nada será impossível para ti" (Mateus 17:20). Os artigos tiveram grande saída. Agora centenas de lojas em todo o país dificilmente conseguem manter um estoque de tais produtos.

O casal Flint tem uma fábrica numa cidade do Centro-Oeste que produz essas lembranças com o grão de mostarda. É curioso, não? Um fracassado vai à igreja e ouve um texto da Bíblia e cria um grande negócio. Talvez você fizesse melhor se ouvisse atentamente a leitura da Bíblia e os sermões na próxima vez que for à igreja. Talvez você também obtivesse uma ideia que reformasse não somente a sua vida, mas também o seu negócio.

A fé, nesse caso, criou um negócio para a manufatura e distribuição de um produto que tem auxiliado e auxiliará milhares e milhares de pessoas. É tão popular e eficiente que outras firmas o têm copiado, mas o fabricado por Flint é o original. A história das vidas que se têm transformado por meio desse pequeno objeto é uma das histórias mais românticas e espirituais da presente geração. Mas o efeito operado em Maurice e Mary Alice Flint — a transformação em suas vidas, a nova feição que se lhes operou no caráter, a libertação de suas personalidades — eis aí uma extraordinária demonstração do poder da fé. Eles não são mais negativos. São positivos. Não se sentem mais derrotados. Venceram. Não nutrem mais ódios.

Venceram seus ressentimentos, e seus corações transbordam de amor. São novas pessoas com novas perspectivas e novo sentido de força. São duas das mais interessantes pessoas que já conheci.

Pergunte a Maurice e Mary Alice Flint como solver acertadamente um problema e eles lhe dirão: — Tenha fé, uma fé verdadeira. — Acredite, eles conhecem realmente a força da fé!

Se ao ler esta história, você dissesse a si mesmo negativamente (e estaria agindo de fato negativamente) que os Flints não estavam em situação pior que a sua, permita-me que lhe diga: pouquíssimas foram as pessoas que vi em situação tão aflitiva como eles. Permita-me dizer ainda que, por mais desesperadora que seja a sua situação, você poderá resolvê-la, como o fizeram os Flints, bastando seguir as normas delineadas neste capítulo.

Procurei mostrar neste capítulo vários métodos para solver um problema. Desejo agora apresentar dez sugestões muito simples, como técnica concreta, para serem seguidas na solução de seus problemas:

1. Acredite que há sempre uma solução para todos os problemas.
2. Mantenha-se calmo. A tensão impede o curso da força do pensamento. Seu cérebro não pode funcionar eficientemente debaixo de tensão nervosa. Ataque serenamente seus problemas.
3. Não tente forçar uma resposta. Mantenha o espírito tranquilo para que a solução se apresente claramente.
4. Reúna os fatos imparcial, impessoal e judiciosamente.
5. Faça uma relação desses fatos numa folha de papel. Isso ilumina o pensamento e imprime certa ordem aos vários elementos. Você estará vendo e pensando ao mesmo tempo. O problema se torna objetivo e não subjetivo.
6. Faça sua prece, no tocante ao seu problema, afirmando que Deus iluminará o seu espírito.
7. Tenha fé e procure a orientação de Deus, de conformidade com a promessa do salmo 73, "Vós me guiareis com vosso conselho".

8. Confie na faculdade do discernimento e da intuição.

9. Vá à igreja e deixe que seu subconsciente atue sobre o problema ao entregar-se à prática religiosa. O pensamento espiritual e criador tem um poder extraordinário para dar as respostas "certas".

10. Se você seguir fielmente essas normas, a resposta que se formar em seu espírito ou que vier a verificar-se, será a resposta certa para o seu problema.

11

COMO EMPREGAR A FÉ NA CURA

A fé religiosa constitui um fator na cura? Provas importantes demonstram que sim. Houve um tempo, em minha própria experiência, em que não estava convencido desse ponto. Mas agora estou plenamente convicto dessa verdade. Tenho visto um sem-número de provas para que possa crer diferentemente.

Estamos aprendendo que a fé, propriamente compreendida e aplicada, constitui um fator poderoso para debelar uma doença e restaurar a saúde.

Muitos médicos compartilham de minha convicção quanto a essa importante questão. Os jornais publicaram pormenores da visita que o famoso cirurgião vienense, dr. Hans Finsterer, fez aos Estados Unidos. Cito um trecho que se publicou, sob o título: "Ilustre Cirurgião Guiado por Deus".

"O médico vienense, dr. Hans Finsterer, que crê que a mão invisível de Deus auxilia a levar a bom termo uma operação, foi escolhido pelo Colégio Internacional de Cirurgiões para receber a mais alta honra que se poderia conferir, o título de 'mestre de cirurgia'. Ele foi citado pelos seus trabalhos de cirurgia no abdômen, apenas com o uso de anestesia local.

"Finsterer, que conta setenta e dois anos de idade, é professor da Universidade de Viena; executou mais de vinte mil operações importantes, entre as quais oito mil recessões gástricas (remoção de uma parte do estômago ou de todo ele), usando apenas anestesia local. Finsterer declarou que, embora tenha havido considerável progresso na medicina e cirurgia nos últimos anos, 'tais adiantamentos não são suficientes para assegurar um resultado feliz em todas as operações'. Em muitos casos, disse ele, os pacientes morriam quando submetidos a intervenções que pareciam muito simples e, em outros, se salvavam mesmo quando os médicos julgavam as intervenções melindrosíssimas.

"Alguns de nossos colegas atribuem tais ocorrências a fatores imprevisíveis, ao passo que outros estão convencidos de que, nos casos difíceis, seu trabalho foi auxiliado pela mão invisível de Deus. Infelizmente, nos últimos anos muitos pacientes e médicos têm perdido a convicção de que todas as coisas dependem da Providência Divina.

"Quando estivermos novamente convencidos da importância do auxílio de Deus em nossas atividades, e especialmente no tratamento de nossos pacientes, teremos então alcançado verdadeiro progresso para restaurar-lhes a saúde."

Assim termina a declaração de um grande cirurgião que une a ciência à fé.

Fiz uma conferência por ocasião da convenção nacional dos principais elementos de uma importante indústria, que se notabilizou pelos seus empreendimentos, empreendimentos estes que constituem um fator na vida comercial norte-americana.

Fiquei um tanto surpreso quando um dos chefes dessa organização, na hora em que se realizava o almoço e se discutia sobre impostos, custos elevados e problemas comerciais, se virou para mim e perguntou se eu acreditava que uma pessoa pudesse se curar pela fé.

— Há muitos casos autênticos, aliás, registrados, de pessoas que se curaram pela fé — respondi. — Naturalmente não creio que devamos depender única e exclusivamente da fé para curar-nos de um mal físico. Creio na combinação de Deus e do médico. Esse ponto de vista atende à ciência médica e à ciência da fé. Ambas constituem elementos do processo de cura.

— Vou contar-lhe minha história — continuou o meu interlocutor. — Anos atrás tive uma doença que os médicos diagnosticaram como sendo osteoma do maxilar, isto é, um tumor constituído de tecido ósseo no maxilar. Disseram-me que era praticamente incurável. O senhor poderá avaliar o tormento por que passei. Sentia-me desesperado. Conquanto frequentasse regularmente a igreja, não era um homem religioso na verdadeira acepção da palavra. Quase nunca lia a Bíblia. Mas um dia, estava deitado e ocorreu-me a ideia de lê-la. Pedi à minha mulher que me trouxesse uma. Ela ficou admirada, pois nunca lhe fizera um pedido dessa natureza.

— Comecei a lê-la e encontrei consolo e conforto. Senti-me também um pouco mais esperançado. Continuei a lê-la todos os dias durante um período de tempo maior. Comecei a notar que o meu mal ia se tornando menos pronunciado. A princípio pensei que fosse imaginação, mas depois me convenci de que estava se processando uma mudança em mim.

— Um dia, quando lia a Bíblia, tive uma estranha sensação de calor e de grande felicidade. É difícil descrevê-la. Jamais pude explicá-la. Daquele tempo em diante as minhas melhoras foram se tornando mais rápidas. Procurei novamente os médicos que tinham feito o primeiro diagnóstico. Eles me examinaram minuciosamente. Mostraram-se evidentemente surpresos e concordaram que meu estado havia melhorado, mas preveniram-me de que se tratava apenas de uma trégua. Tempos depois, em novos exames, declararam que os sintomas do osteoma haviam desaparecido completamente. Mesmo assim, os médicos me advertiram de que, possivelmente, o mal poderia ressurgir. Isso não me inquietou, pois, no íntimo, eu sabia que estava curado.

— Quanto tempo faz que se sente curado? — indaguei.

— Catorze anos — respondeu ele.

Estudei aquele homem. Forte, robusto e sadio, é uma das figuras preeminentes no seu ramo de atividade. Ele me contou esse incidente com a naturalidade própria de um negociante. Não havia a mais leve indicação de que pairasse qualquer dúvida em seu espírito. Realmente, como poderia haver, pois não se vira condenado a morrer daquele mal e não se achava, no entanto, ali, vivo e vigoroso?

Que é que tinha feito aquilo? O trabalho hábil do médico e algo mais! E que foi esse algo mais? Evidentemente, a fé.

A cura descrita por esse cavalheiro é apenas um dos muitos casos semelhantes. São tantos os casos que médicos competentes têm atestado, que devemos incentivar as pessoas a fazerem uso maior desse extraordinário poder da fé. É contristador que se tenha negligenciado esse elemento na cura. Tenho certeza de que a fé pode realmente operar "milagres", os quais, na verdade, se verificam em função de leis espiritualmente científicas.

Observa-se hoje em dia, na prática religiosa, um crescente esforço no sentido de auxiliar as criaturas humanas a encontrarem a cura para as doenças do espírito, do coração, da alma e do corpo. É uma regressão às práticas que se observavam na prática original do cristianismo. Somente em tempos recentes é que se descurou do fato de que, há séculos, a religião desempenha um papel na cura. A própria palavra "pastor" deriva de um vocábulo que significa "a cura das almas". Nos tempos modernos, o homem supôs, aliás erroneamente, que é impossível harmonizar os ensinamentos da Bíblia com aquilo que se chama "ciência" e, assim, o papel de curar da religião como que ficou quase inteiramente abandonado ante a ciência materialista. Contudo, hoje em dia, está se reconhecendo cada vez mais a íntima ligação da saúde com a religião.

É significativo que a palavra "santidade" se assemelhe a "sanidade" e que a palavra "meditação", geralmente usada em sentido religioso, tenha afinidade com o vocábulo "medicação". Essa afinidade dos dois vocábulos é extraordinariamente evidente quando percebemos que uma meditação sincera e prática sobre Deus e Sua verdade atua como medicamento para a alma e o corpo.

A medicina de hoje acentua a importância dos fatores psicossomáticos na cura, reconhecendo assim a relação que há entre o estado mental e a saúde do corpo. A medicina moderna compreende e leva em consideração a íntima relação que há entre aquilo que o homem pensa e o que ele sente. Uma vez que a religião trata do pensamento, dos sentimentos e das atitudes básicas, é muito natural que a ciência da fé assuma grande importância no processo de cura.

Harold Sherman, um novelista, recebeu a incumbência de revisar uma importante peça radiofônica com a promessa de que seria contratado como novelista permanente. Após alguns meses de trabalho, despediram-no e usaram seu material sem que fizessem qualquer referência a ele. Isso lhe causou dificuldade de ordem financeira e foi para ele verdadeira humilhação. A injustiça envenenou-lhe o espírito. Começou a alimentar um ódio profundo pelo diretor da estação de rádio que faltara ao prometido. O sr. Sherman declarou que foi essa a única ocasião em sua vida em que chegou a pensar em cometer um crime. O ódio fez com que viesse a sofrer de um mal físico na forma de uma micose, uma excrescência esponjosa semelhante aos cogumelos, que lhe atacou as membranas da garganta. Recorreu às sumidades médicas. Algo mais, porém, se tornava necessário. Quando renunciou ao ódio e começou a pôr em prática o perdão e a compreensão, o mal foi sendo debelado gradualmente. Com o auxílio da ciência médica e adoção de uma nova atitude mental, curou-se.

Um meio sensível e eficiente para se conseguir saúde e felicidade é utilizar a perícia e os métodos da ciência médica o mais possível e, ao mesmo tempo, observar a sabedoria, a experiência e a técnica da ciência espiritual. Há provas extraordinárias em apoio à crença de que Deus atua por meio do profissional da ciência, o médico, e do profissional da fé, o pastor. Muitos são os médicos que endossam esse ponto de vista.

Num almoço do Rotary Club, achava-me sentado a uma mesa juntamente com nove homens, um deles um médico que havia sido dispensado recentemente do serviço militar e que voltava novamente a exercer a sua clínica civil.

— Ao começar a minha clínica civil, depois que deixei o exército — declarou ele — observei uma transformação nos males de meus clientes. Descobri que grande porcentagem deles não necessita de remédios, mas sim de uma feição melhor no modo de pensar. Não estão tão doentes de corpo quanto o estão de espírito e emoções. Vivem às voltas com o medo, sensações de inferioridade, culpas e ressentimentos. Vi que, no tratamento, precisava ser psiquiatra e clínico ao mesmo tempo. Mesmo assim, tal terapêutica não era ainda bastante para a cura. Percebi que, em muitos casos, o mal básico dos pacientes jazia no espírito. O fato é que acabei fazendo-lhes citações de trechos da Bíblia, e isso frequentemente. Adotei depois o hábito de "receitar-lhes" livros religiosos, especialmente os livros que ensinam como se deve viver.

Dirigindo-se a mim, disse:

— Já é tempo de os senhores, que são pastores, começarem a compreender que, na cura de muitas pessoas, vocês têm também uma função a desempenhar. É claro que não irão sobrepor-se aos trabalhos do médico assim como nós não iremos intervir em suas funções, mas o fato é que nós, médicos, precisamos da cooperação dos pastores para auxiliar as pessoas a encontrarem a saúde e o bem-estar.

Recebi uma carta de um médico de Nova York que dizia: "Setenta por cento das pessoas, nesta cidade, se acham doentes devido a estarem com o espírito e a alma desajustados. É difícil compreender que a alma moderna esteja doente a tal ponto de castigar os órgãos físicos. Suponho que, com o tempo, os pastores, sacerdotes e rabinos compreenderão essa relação".

Esse médico foi muito amável ao dizer que costumava receitar a leitura de meu livro, *A Guide to Confident Living*, e outras obras semelhantes a seus pacientes, tendo acrescentado que os resultados obtidos têm sido notáveis.

A gerente de uma livraria de Birminghan, no estado de Alabama, enviou-me a fórmula de uma receita dada por um médico dessa cidade para ser aviada na livraria e não numa farmácia. Esse médico costuma receitar livros específicos para determinados males.

O dr. Carl R. Farris, antigo presidente da Sociedade de Medicina do Condado de Jackson, na cidade de Kansas, estado de Missouri, com quem tive o prazer de aparecer num programa de rádio que versava sobre a saúde e a felicidade, declarou que, no tratamento de doenças, o mal físico muitas vezes se acha de tal modo entrelaçado com o mal espiritual que, quase sempre, não se pode determinar uma linha divisória definida entre ambos.

Uns anos atrás, meu amigo, o dr. Clarence W. Lieb, falou-me acerca dos efeitos dos problemas do espírito sobre a saúde. Mediante sua orientação, comecei a ver que o medo, a culpa, o ódio e o ressentimento, os problemas dos quais eu estava tratando, se achavam profundamente ligados aos problemas de saúde e de bem-estar físico. O dr. Lieb crê tão profundamente nessa terapêutica que inaugurou com o dr. Smiley Blanton a clínica religiosa-psiquiátrica, que, durante anos, tem atendido centenas de pessoas no Marble Collegiate Church, em Nova York.

O finado dr. William Seaman Bainbridge e eu trabalhamos juntos na questão do relacionamento entre religião e cirurgia. Pudemos trazer saúde e nova vida a grande número de pessoas.

Dois de meus amigos médicos, em Nova York, dr. Z. Taylor Bercovitz e dr. Howard Westcott, têm sido de inestimável auxílio em meus trabalhos pastorais mediante seus conhecimentos científicos e profunda compreensão dos males do corpo, do espírito e da alma com relação à fé.

— Descobrimos que a causa psicossomática da pressão alta de certo modo advém de sutis temores reprimidos — temores por coisas que poderiam talvez acontecer e não por coisas existentes no momento — disse a dra. Rebeca Beard. — São em grande parte temores por coisas futuras. Nesse sentido, não deixam de ser imaginários, pois talvez jamais venham a concretizar-se. No caso do diabetes, descobrimos que é a mágoa ou o desapontamento que consome mais energia que qualquer outra emoção, esgotando assim a insulina produzida pelo pâncreas.

— Encontramos aqui as emoções às voltas com o passado, fazendo-o reviver e apegando-se a ele. O mundo médico pode dar alívio a tais males. Pode dar algo que possa diminuir a pressão quando é alta ou fazê-la subir quando é baixa porém, não permanentemente. Pode dar insulina que queimará mais açúcar para a produção de energia, dando assim alívio ao diabético. São auxílios definidos, mas não proporcionam uma cura completa. Não se descobriu nenhum remédio ou vacina para nos proteger contra os nossos próprios conflitos emocionais. Uma compreensão melhor de nosso íntimo e a volta à fé religiosa parecem formar a combinação que sustenta a maior promessa de auxílio permanente a qualquer de nós.

— A resposta está nos ensinamentos salutares de Jesus — conclui a dra. Beard.

Uma eficiente médica me escreveu a respeito de seu próprio trabalho, que combina a terapêutica do remédio com a fé. Disse: "Interessei-me pela sua franca filosofia religiosa. Vinha trabalhando arduamente. Estava me tornando nervosa, vibrátil e, às vezes, me via possuída de antigos temores e de uma sensação de culpa. Realmente precisava livrar-me da tensão mórbida em que estava vivendo. Certa manhã, quando me achava deprimida, peguei o seu livro e comecei a lê-lo. Era a respeito do que eu necessitava. Ali estava Deus, o grande Médico, com a fé, como um antibiótico, para matar os germes do temor e eliminar a sensação de culpa.

"Comecei a pôr em prática os bons princípios cristãos expostos em seu livro. Aos poucos me fui libertando da tensão nervosa. Comecei a sentir-me melhor. Já conseguia dormir tranquilamente. Deixei de tomar vitaminas e pílulas estimulantes. Depois — acrescentou ela, e é justamente isso que desejo salientar — achei que devia partilhar essa nova experiência com meus pacientes, com as pessoas vítimas de neuroses que me procuravam. Fiquei surpresa ao ver como muitas já haviam lido seu livro e outros. Afigurava-se-me que os pacientes e eu pisávamos no mesmo terreno. Foi uma experiência benéfica. Tornou-se a coisa mais fácil e mais natural falar sobre a fé em Deus.

"Como médica — acrescentou ela — tenho visto sem-número de curas milagrosas graças ao auxílio divino. Nas últimas semanas tive mais uma experiência. Minha irmã teve de se submeter a uma operação muito séria. Em seguida à operação, passou a sofrer de uma obstrução intestinal. No quinto dia, encontrava-se em estado precário. Quando deixei o hospital ao meio-dia, tinha a impressão de que ela não se levantaria mais se não se resolvesse logo aquela sua situação. Eu estava bastante preocupada: guiava o carro muito devagar e, durante vinte minutos, orei para que a obstrução fosse aliviada. (Tudo que se podia fazer, em matéria de medicina, estava sendo feito.) Fazia uns dez minutos que tinha chegado em casa quando a enfermeira me telefonou, avisando que havia cessado a obstrução e que minha irmã estava então passando melhor. De fato, ela veio a restabelecer-se completamente. Não haveria eu de pensar que tinha sido a intervenção de Deus que lhe salvara a vida?"

Era o que dizia a carta dessa médica brilhante.

À luz dessa visão, baseada numa atitude científica e de estrito bom senso, podemos abordar o fenômeno da cura por meio da fé e da crença. Se eu não acreditasse sinceramente que a fé era um apreciável fator na cura, certamente não desenvolveria a visão contida neste capítulo.

Durante um período de tempo, recebi de muitos leitores e ouvintes de rádio, bem como de meus próprios paroquianos, notícias de casos de cura, nos quais o elemento fé se achava presente. Investiguei meticulosamente muitos deles para satisfazer meu próprio espírito quanto ao que havia de verdade nas informações recebidas. Também desejava poder declarar aos mais céticos que esse é um meio de se conseguir a saúde, a felicidade e o êxito na vida e se acha de tal modo apoiado pela evidência que somente a pessoa que queira permanecer doente, por causa de alguma vontade subconsciente de sucumbir, é que ignora as possibilidades de saúde que se depreendem dessa experiência.

A fórmula que esses muitos incidentes apresentam pode ser enunciada de modo sucinto: empreguem-se todos os recursos da ciência médica e psicológica combinados com os recursos da ciência do espírito. É uma combinação de terapêuticas que seguramente trará a saúde e o bem-estar se for da vontade de Deus que o paciente viva. Evidentemente, para cada um de nós, há de vir o dia em que a vida mortal chegue ao seu fim (a vida propriamente dita não termina; o que termina é somente a fase terrena).

Nós, das assim chamadas igrejas de ideias antigas, em minha humilde opinião, temos deixado de fazer uma de nossas maiores contribuições possíveis ao não indicar, de modo positivo, que há uma mensagem de saúde na religião. Devido a essa falha da igreja, criaram-se grupos, organizações e outras instituições espirituais para suprir essa insuficiência nos ensinamentos cristãos. Mas não há razão alguma para que todas as igrejas não reconheçam isso que está autenticado, isto é, que se pode curar pela fé e não devam propagar tais ensinamentos ao povo. Felizmente, hoje em dia, em todas as nossas organizações religiosas, chefes espirituais dotados de espírito científico estão dando esse novo passo no tocante à fé, baseados nos fatos (e nas Escrituras), pondo à disposição do povo, como jamais foi feito antes, as fórmulas da maravilhosa graça de Jesus Cristo para se conseguir a saúde.

Em todas as investigações que fiz nesses brilhantes casos de cura, evidenciaram-se certos fatores. Primeiro, absoluta vontade de se entregar às mãos de Deus. Segundo, completo abandono de todos os erros, tais como o pecado em qualquer de suas formas, e desejo de se ter uma alma pura. Terceiro, a crença e a fé na terapêutica combinada da ciência médica em harmonia com a força curadora de Deus. Quarto, o desejo sincero de se aceitar a vontade de Deus, seja ela qual for, e de não se mostrar qualquer irritação ou mágoa pelo que Ele determinou. Quinto, a fé substancial e inquestionável de que Deus pode curar.

Em todas essas curas parece haver certo calor, luz e sensação de certeza de que se recebeu energia. Praticamente, em todos os casos que examinei, o paciente, de um modo ou outro, fala acerca de um momento em que houve calor, beleza, paz, alegria e uma sensação de alívio. Às vezes, era uma experiência repentina; outras, o estabelecimento gradual da convicção de que a cura havia se efetuado.

Ao investigar esses casos, esperei que decorresse um lapso de tempo para ter a prova de que a cura era permanente. Os casos que relatei não se baseiam em melhoras temporárias que pudessem resultar de uma momentânea energia que tivesse ressurgido.

Permitam-me citar um caso de cura sobre o qual me escreveu uma senhora, cuja idoneidade e testemunho merecem todo o meu respeito. A documentação, nesse caso, é detalhada e interessante sob o ponto de vista científico. Disseram a essa senhora que ela tinha de ser operada imediatamente de um tumor que, segundo os diagnósticos, era maligno.

Transcrevo suas próprias palavras: "Foram feitos todos os tratamentos preventivos, mas o mal se manifestou novamente. Fiquei naturalmente apavorada; sabia que seriam inúteis novos tratamentos no hospital. Não havia esperanças; voltei-me então para Deus. Um crente muito fervoroso me auxiliou, pela oração, a compreender o conhecimento justo de Deus e a esperar também a ajuda de Jesus Cristo. Tornei-me muito receptiva aos seus ensinamentos e coloquei-me nas mãos de Deus.

"Certa manhã, como de costume, implorei esse auxílio. Passei o dia cuidando dos afazeres da casa, que eram muitos nessa ocasião. À tarde, achava-me sozinha na cozinha, preparando o jantar, quando notei uma claridade extraordinariamente forte em redor e uma pressão no lado esquerdo do corpo, como se alguém estivesse bem encostado a mim. Eu já tinha ouvido falar em casos de curas; sabia que muitas pessoas oravam por mim. Julguei então que devia ser Jesus que estava ali a meu lado e ia curar-me.

"Resolvi aguardar até a manhã seguinte para ter certeza; se os sintomas do mal tivessem desaparecido, saberia então o que se tinha passado. Pela manhã, senti-me tão melhor e tão despreocupada de espírito que não tive mais dúvidas e contei então aos meus amigos que se tinha realizado a cura.

"A lembrança dessa cura e da presença de Jesus se acham hoje tão frescas em minha memória como naquela ocasião. Faz quinze anos. Minha saúde melhorou. Sinto-me hoje perfeitamente bem."

Nos casos cardíacos, a terapêutica da fé (uma fé serena em Jesus Cristo) indubitavelmente estimula a cura. As pessoas que sofrem "um ataque cardíaco" e que imediatamente põem em prática com todo fervor a sua fé na graça de Jesus, ao mesmo tempo observando as prescrições médicas, relatam casos de cura extraordinários. Talvez obtenham ainda um grau de saúde mais elevado do que anteriormente, por terem conhecido suas limitações e, percebendo os excessos que tinham praticado, tratem então de conservar suas energias.

Mais do que isso, aprenderam uma das maiores técnicas do bem-estar humano: a de entregar-se inteiramente ao poder recuperador de Deus. Podem conseguir isso ligando-se conscienciosamente ao processo criador e concebendo mentalmente a atuação de novas forças no espírito. O paciente abre o seu consciente para os fluxos de vitalidade e energia criadora inerentes do universo, os quais haviam sido afastados de sua vida por causa da tensão, pressão alta e abandono de outras normas necessárias ao bem-estar.

Um preeminente senhor sofreu um ataque cardíaco há uns trinta e cinco anos. Disseram-lhe que não poderia mais trabalhar. As ordens que lhe deram eram para que guardasse o leito a maior parte do tempo. Seria provavelmente um inválido para o resto de sua vida, uma vida relativamente curta, segundo o informaram. É duvidoso que tais declarações lhe seriam feitas pelos médicos hoje em dia. Seja como for, ele ouviu aquelas tristes profecias acerca de seu futuro e considerou-as devidamente.

Uma bela manhã, acordara muito cedo, pegara a Bíblia e, por acaso (seria mesmo acaso?), abriu-a na página que relatava uma das curas de Jesus. Leu também esta frase: "Jesus Cristo é o mesmo, ontem e hoje; ele o será para sempre!" (Hebreus 13:8).

> ✡ Bíblia de Jerusalém: "Assim diz Iahweh, o rei de Israel, Iahweh dos Exércitos, o seu redentor: Eu sou o primeiro e o último, fora de Mim não há Deus" (Isaías 44:6).

> ☪ Alcorão: "Ele é o Primeiro e o Último, o Visível e o Invisível, e é Onisciente." (Al-Hadid: 3). E: "Porém, nada poderá desafiar Deus, nos céus ou na terra, porque é Onipotente, Sapientíssimo" (Fatir: 44).

Ocorreu-lhe ao espírito que se Jesus pôde curar e realmente curou as pessoas naqueles tempos passados e que, se Ele é o mesmo que fora, então, por que não poderia curá-lo também? Encheu-se então de fé.

Suplicou ao Todo-Poderoso, com simplicidade e cheio de confiança, que o curasse. Pareceu-lhe ouvir Jesus dizer: "Acreditas que poderei fazê-lo?". Respondeu que sim.

Fechou os olhos e "pareceu sentir Jesus tocar-lhe no coração para curá-lo". Durante todo esse dia, teve uma estranha sensação de repouso. À medida que os dias iam passando, as forças como que se lhe iam aumentando. Finalmente, um dia fez uma prece: 'Deus Todo-Poderoso, se for de Vossa vontade, amanhã cedo vou vestir-me e dar um passeio e, daqui a uns dias, voltarei a trabalhar. Entrego-me inteiramente aos Vossos cuidados. Se eu tiver de morrer amanhã como resultado do excesso de atividade, desejo agradecer-Vos pelos dias maravilhosos que tive. Com Vosso auxílio, vou sair amanhã e Vós estareis a meu lado o dia todo. Creio que terei forças suficientes, mas se tiver que morrer como resultado desse esforço, estarei perto de Vós na eternidade. Dar-me-ei por feliz em qualquer dos casos'".

Possuído de uma fé serena, aumentou suas atividades à medida que os dias foram passando. Seguiu essa fórmula diariamente, durante todo período de sua carreira ativa, a qual perfez trinta anos desde a data de seu ataque cardíaco. Aposentou-se aos setenta e cinco anos. Poucos foram os homens que conheci que foram mais vigorosos do que ele em seus empreendimentos ou que fizeram maior número de contribuições para o bem-estar humano. Tinha invariavelmente por hábito deitar-se depois do almoço para repousar. Evitava toda e qualquer excitação. Dormia cedo e levantava-se também cedo, observando sempre regras rigorosas e verdadeira disciplina em seu modo de vida.

Não havia, em todas as suas atividades, lugar para preocupações, ressentimentos e tensões nervosas. Trabalhava muito, mas sem afobamento. Os médicos tinham razão. Tivesse ele continuado com os hábitos debilitantes de seus primeiros tempos, provavelmente há muito teria morrido ou então teria ficado um inválido. O conselho dos médicos o levou ao ponto em que a obra benéfica de Jesus poderia tornar-se realidade. Sem o ataque cardíaco ele não teria estado, mental ou espiritualmente, preparado para a cura.

Outro amigo, um preeminente negociante, sofrera também de um ataque cardíaco. Ficou muitas semanas de cama, mas logo voltou a exercer suas importantes responsabilidades: faz agora tudo o que fazia anteriormente, porém com uma tensão muito menor. Parece possuir nova energia, uma energia como então jamais gozara. Restabelecera-se abordando o problema de sua saúde de uma maneira definida e espiritualmente científica. Teve médicos competentes e seguiu-lhes as instruções explicitamente, o que constitui importante fator em tais situações.

Além do programa de tratamento médico, elaborou uma fórmula de cura pelo espírito. Descreveu-a, como se segue, na carta que me enviou do hospital: "Um amigo íntimo, que tem apenas vinte e cinco anos de idade, foi trazido para este hospital. Teve um ataque semelhante ao meu e morreu dentro de vinte e quatro horas. Dois conhecidos tiveram o mesmo destino em quartos próximos ao meu. Quanto a mim, creio que tenho uma tarefa a cumprir ainda. Voltarei, pois, a dedicar-me à minha tarefa, na expectativa de que irei viver mais tempo e melhor do que teria sido possível sem essa experiência. Os médicos foram maravilhosos, as enfermeiras incansáveis e o hospital um estabelecimento ideal".

Passou depois a delinear a técnica da convalescença espiritual que empregou. A fórmula consiste de três partes: "(1) Durante as primeiras fases, quando se exigia absoluto repouso, observava a advertência do salmista: "Fica tranquilo e não ignores que Eu sou Deus" (Salmos 46:10).

> ✡ Bíblia de Jerusalém: "O Anjo disse: "Não estendas a mão contra o menino! Não lhe faças nenhum mal! Agora sei que temes a Deus: tu não me recusaste teu filho, teu único" (Gênesis 22:12).

> ☪ Alcorão: "Sou Deus. Não há divindade além de Mim! Adora-Me, pois, e observa a oração, para celebrares o Meu nome" (Ta-Ha: 14). E: "E quando lá chegou, foi chamado por uma voz, que partia do lado direito do vale, a planície bendita, junto à árvore: Ó Moisés, sou Eu, Deus, Senhor do Universo!" (Al-Qasas: 30). E: "Ó humanos, recordai-vos da graça de Deus para convosco! Porventura existe outro criador que não seja Deus, Que vos agracia, quer (com coisas) do céu quer da terra?" (Fatir: 3).

> ✞ Versão da Bíblia King James Atualizada: "Eu Sou o Caminho, a Verdade e a Vida. Ninguém vem ao Pai senão por mim" (João 14:6).

Isso quer dizer que, ele relaxava completamente os nervos e repousava nas mãos de Deus. (2) À medida que os dias se iam tornando mais brilhantes, afirmava sempre: "Serve ao Todo-Poderoso; permanece de bom ânimo que Ele fortalecerá o teu coração" (Salmos 27:14).

✡ Bíblia de Jerusalém: "Qual é o deus como Tu, que tira a falta, que perdoa o crime?" (Miqueias 7:18). E: "Mais uma vez ele terá piedade de nós, pisará aos pés nossas faltas, lançará no fundo do mar todos os nossos pecados" (Miqueias 7:19).

☪ Alcorão: "Afasta-te, pois deles, e espera, porque eles também não perdem por esperar" (As-Sajda: 30). E: "E aguardai, que nós aguardaremos. A Deus pertence o mistério dos céus e da terra, e a Ele retornarão todas as coisas. Adora-O, pois, e confia n'Ele, porque teu Senhor não está desatento de tudo quanto fazeis!" (Hud: 122-123).

✞ Versão da Bíblia King James Atualizada: "Aguardo com ansiedade e grande esperança, que em nada serei decepcionado [...]" (Filipenses 1:20). E: "Enquanto aguardamos a bendita esperança: o glorioso retorno de nosso grande Deus e Salvador, Jesus Cristo" (Tito 2:13).

O paciente colocou o coração sob os cuidados de Deus e Deus colocou Sua mão sobre ele e deu-lhe nova vida. (3) Finalmente, com a volta das energias, veio uma nova confiança que exprimiu nesta afirmação: "Poderei fazer tudo com a ajuda de Cristo; Ele me dará forças" (Filipenses 4:13).

✡ Bíblia de Jerusalém: "Deus é nosso refúgio e nossa força, socorro sempre alerta nos perigos" (Salmos 46:2).

☪ Alcorão: "Meu protetor é Deus, que (me) revelou o Livro, e é Ele Quem ampara os virtuosos" (Al-A'raf: 196).

Com isso, ele afirmou positivamente que lhe estavam sendo conferidas forças e, ao afirmá-lo, recebeu-as realmente.

Esse negociante encontrou a cura nessa fórmula de três pontos. As prescrições eficazes de seus médicos conservaram-lhe e estimularam-lhe as forças físicas. A aplicação igualmente sábia da fé completou o seu restabelecimento estimulando-lhe as forças espirituais. As duas terapêuticas, combinadas, atuam sobre as forças renovadoras da vida, as do corpo humano e as do espírito. Aquelas respondem ao tratamento médico e estas ao tratamento da fé, presidindo Deus ambas as áreas. Ele fez o corpo e o espírito e estabeleceu os processos de saúde e bem-estar que governam ambas. " ...Nele vivemos e nos movimentamos e temos a nossa razão de ser" (Atos 17:28).

> ✡ Bíblia de Jerusalém: "Eu Te exalto, Iahweh, porque me livraste, não deixaste meus inimigos rirem de mim. Iahweh, meu Deus, gritei a Ti e me curaste" (Salmos 30:2-3).

> ☪ Alcorão: "Que me criou e me ilumina; que me dá de comer e beber; que, se eu adoecer, me curará; que me dará a morte e então me ressuscitará. E que, espero perdoará as minhas faltas no Dia do Juízo" (Ash-Shu'ara: 78-82). E: "Logo vos recordareis do que vos digo! Quanto a mim, confio em Deus, porque é Observador dos Seus servos" (Ghafir: 44).

> ✝ Bíblia Ave Maria: ""Não foi uma erva nem algum unguento que os curou, mas a vossa palavra que cura todas as coisas, Senhor" (Sabedoria 16:12).

Na prevenção da doença e na cura do espírito e do corpo, não deixe de recorrer a um dos maiores recursos à sua disposição — a fé que cura.

À luz dos princípios expostos neste capítulo, o que você poderá fazer de natureza construtiva quando você ou uma pessoa amada estiverem doentes? Eis oito sugestões práticas:

1. Siga o conselho de um ilustre diretor de uma escola de medicina que disse: "Quando se está doente, deve-se chamar também um pastor e não apenas o médico". Em outras palavras, creio que as forças espirituais, assim como a técnica da medicina, são de grande importância na cura.

2. Ore pelo seu médico. Compreenda que Deus usa o homem como agente para auxiliar o Seu poder curador. Como bem o disse um médico: "Nós tratamos do paciente e o Deus cura". Faça, pois, sua prece para que o médico possa ser um canal livre para a graça de Deus.

3. Aconteça o que acontecer, não se alarme nem se deixe dominar pelo temor, pois, se assim proceder, expedirá pensamentos negativos, portanto pensamentos destruidores, em direção da pessoa bem-amada, quando ela requer pensamentos positivos e salutares que a auxiliem.

4. Lembre-se de que tudo que Deus faz é lei. Lembre-se também de que as nossas pequenas leis materialistas são apenas relações fragmentárias das grandes forças que fluem através do universo. As leis espirituais governam também as doenças. Deus arranjou dois remédios para todas as enfermidades. Um cura por meio das leis naturais aplicadas pela ciência e o outro por meio das leis espirituais aplicadas com auxílio da fé.

5. Entregue completamente o seu bem-amado às mãos de Deus. Com a sua fé poderá colocá-lo ao alcance do poder divino. Nele está a cura, mas para que ela seja eficaz, o paciente deverá ficar completamente entregue à operação da vontade de Deus. Isso é difícil de compreender e também de fazer, mas é um fato em que entram extraordinariamente em ação as forças que curarão a

pessoa amada se o desejo para que ela viva for tão grande quanto o desejo de confiá-la a Deus.

6. É também importante que prevaleça a harmonia na família, isto é, a harmonia espiritual. Lembre-se do que dizem as Escrituras (Mateus 18:19): "Se dois entre vós concordarem, na terra, que o que desejam é tudo que eles pedirão, isso lhes será dado por meu Pai que está no céu".

> ✡ Bíblia de Jerusalém: "Vede: como é bom, como é agradável habitar todos juntos, como irmãos" (Salmos 133:1). E: "Iahweh Deus disse: 'Não é bom que o homem esteja só. Vou fazer uma auxiliar que lhe corresponda'" (Gênesis 2:18).

> ☾ Alcorão: "Não há confidência entre três pessoas, sem que Ele seja a Quarta delas; nem entre cinco, sem que Ele seja a sexta; nem que haja menos ou mais do que isso, sem que Ele esteja com elas, onde quer que se achem" (Al-Mujadila: 7).

Ao que parece, a desarmonia e a doença têm relação uma com a outra.

7. Forme no espírito a ideia de que a pessoa amada está bem. Conceba-a como estando em perfeita saúde. Imagine-a radiante com o amor e a graça de Deus. O espírito consciente poderá sugerir doença, até mesmo a morte, mas nove décimos de seu espírito se acham no subconsciente. Deixe a ideia referente à saúde mergulhar no subconsciente, que essa poderosa parte de seu espírito surgirá radiante de energia. Geralmente obtemos o que cremos no subconsciente. Salvo se a sua fé dominar o subconsciente, jamais obterá coisas boas, pois o subconsciente apenas devolve o que você realmente pensou.

Se o pensamento for negativo, os resultados também o serão. Se for positivo, você obterá resultados positivos e salutares.

8. Seja perfeitamente natural. Peça a Deus que cure o seu bem-amado. É o que você deseja com todo o fervor, portanto faça a sua súplica. Depois, em sua prece, agradeça a Deus pela bondade Dele. Essa fé afirmativa auxiliará a libertar uma profunda força espiritual bem como uma doce alegria, oriundas do inefável carinho de Deus. Essa alegria o sustentará. Lembre-se de que a alegria em si tem o poder de curar.

12

QUANDO A VITALIDADE ESTIVER EM DECLÍNIO, EXPERIMENTE ESTA FÓRMULA DE SAÚDE

Constou-me que uma mulher foi a uma farmácia e pediu um frasco de remédio psicossomático.

É claro que não se encontra tal remédio nas prateleiras das farmácias, pois ele não vem em pílulas nem em frascos. Mas existe e muitas pessoas o usam. É uma receita composta de orações, de fé e de pensamentos espirituais e dinâmicos.

Tem-se calculado que cinquenta a setenta e cinco por cento das pessoas hoje em dia adoecem por causa da influência do inconveniente estado mental em sua natureza emotiva e física. Esse remédio é, por conseguinte, de grande importância. Muitas pessoas que não estiverem em condições normais verão que há uma fórmula de saúde que, além dos serviços do médico, poderá ser de grande valor para elas.

O caso do gerente de vendas que nos foi recomendado pelo diretor de uma grande companhia nos dá um exemplo da maneira pela qual o tratamento espiritual e emotivo poderá restaurar a vitalidade em declínio. Esse gerente de vendas, que antes havia sido um homem de extraordinária eficiência e energia, experimentou um sério declínio tanto na sua capacidade física quanto na intelectual. Perdera a sua habilidade criadora. Até então suas ideias para a expansão das vendas tinham sido notáveis. Logo seus subordinados começaram a notar que ele vinha decaindo muito. Aconselharam-no a consultar um médico. A companhia enviou-o para Atlantic

City para fazer ali uma estação de repouso e, depois para a Flórida, numa segunda tentativa de restabelecimento. Foram férias inúteis, pois não obteve nenhuma melhora definitiva.

Seu médico, que conhecia a nossa clínica religiosa e psiquiátrica, recomendou ao presidente da companhia que nos mandasse o seu gerente de vendas a fim de que o entrevistássemos. O presidente pediu-lhe que nos procurasse, o que ele fez. Mostrara-se, porém, um tanto indignado por mandarem-no a uma igreja.

— Até parece pilhéria mandar um homem de negócios consultar um pastor — queixou-se ele. — Suponho que o senhor vai orar por mim e ler a Bíblia — acrescentou irritado.

— Isso não seria de admirar — respondi. — Às vezes, o nosso mal se acha numa área em que a oração e a terapêutica da Bíblia poderão surtir efeito.

Mostrou-se tão impertinente e, ao mesmo tempo, com tanta má vontade em cooperar, que fui obrigado a dizer-lhe:

— Quero adverti-lo francamente de que faria melhor em cooperar conosco, caso contrário será despedido da companhia.

— Quem lhe disse isso? — perguntou.

— Seu chefe. De fato, ele disse que se não conseguirmos endireitá-lo, será despedido, não obstante ele sentir ter de tomar semelhante decisão.

Nunca vi uma expressão de assombro como a que se lhe estampou no rosto.

— O que o senhor acha que devo fazer? — conseguiu ele articular.

— Muitas vezes uma pessoa chega a esse estado em que o senhor se encontra devido a estar o espírito dominado pelo temor, ansiedade, tensão, ressentimentos, uma sensação de culpa ou uma combinação de tudo isso — expliquei. — Quando tais impedimentos emotivos se acumulam e começam a pesar no espírito, a personalidade não mais os pode suportar. Começa a fraquejar. As fontes normais da força intelectual, espiritual e emotiva ficam obstruídas. A pessoa vê-se tolhida na sua ação em virtude dos ressentimentos, do temor e da sensação de culpa que a dominam. Não sei qual é o seu mal, mas sugeriria que me julgasse um amigo que se interessa pelo senhor e com o qual pudesse desabafar com toda a confiança, contando tudo o que se passa.

Acentuei que era importante que ele não ocultasse coisa alguma e se abrisse completamente, exteriorizando todo e qualquer temor ou ressentimento ou sensação de culpa que, porventura, tivesse.

— Asseguro-lhe que nossa entrevista será estritamente confidencial — acrescentei. — Ademais, toda a companhia o quer ver de volta, como sendo a mesma pessoa eficientíssima que o senhor era.

Ele acabou desabafando. Tinha cometido uma série de pecados e estes o tinham envolvido num complicado labirinto de mentiras. Estava vivendo com medo de ser descoberto. Pouco faltava para que ficasse mentalmente prejudicado.

Foi um tanto difícil fazê-lo falar, pois era uma pessoa essencialmente decente e tinha uma forte noção de vergonha. Disse-lhe que compreendia suas reticências, mas que aquela operação tinha de ser executada, o que não poderia ser feito se ele não desabafasse completamente.

Jamais esquecerei a maneira como ele reagiu quando confessou tudo. De pé, empertigou-se completamente. Estendeu as mãos para o teto e respirou profundamente.

— Sim, senhor! Sinto-me bem — declarou.

Foi uma expressão de alívio, como se lhe tivesse saído do espírito um grande peso. Sugeri-lhe então que orasse e pedisse a Deus que o perdoasse e lhe desse paz e pureza.

— É para fazer minha oração em voz alta? — perguntou ele, em um tom de dúvida. — Nunca fiz isso em minha vida — acrescentou.

— Sim, em voz alta. Sempre convém. Isso lhe dará forças — respondi.

Foi uma prece simples. Se me lembro bem, eis o que ele disse: "Querido Deus, fui um homem impuro e sinto o mal que pratiquei. Contei tudo ao meu amigo, aqui presente. Peço-Vos agora que me perdoeis e me deis a paz. Dai-me também forças para que eu jamais venha a repetir esses atos. Ajudai-me a ser puro e a ser um homem bom na acepção da palavra".

Ele voltou para o escritório naquele dia. Não fizeram comentários a respeito. Não havia necessidade de tocar no assunto. Voltou a ser o que era. Hoje é um dos melhores gerentes de vendas de sua cidade.

Tempos depois encontrei o presidente da companhia que disse:

— Não sei o que o senhor fez com Bill, mas o nosso homem é inegavelmente uma verdadeira fonte de energias.

— Eu não fiz coisa alguma. Foi obra de Deus — respondi.

— Sim, compreendo. Seja como for, é o Bill dos velhos tempos.

Ao declinar-lhe a vitalidade, experimentou uma fórmula de saúde que o fez recuperar sua eficiência normal. "Tomou" certo remédio psicossomático que o curou de suas más condições espirituais e mentais.

O dr. Franklin Ebaugh, da Escola de Medicina da Universidade de Colorado, é de parecer que um terço de todos os casos de doenças, na generalidade dos hospitais, é evidentemente orgânico de natureza e origem, um terço a combinação de emoções e funções orgânicas e um terço simplesmente de natureza emotiva.

O dr. Flanders Dunbar, autor de *Mind and Body,* esclarece: — Não se trata de saber se a doença é de ordem física ou emotiva, mas sim, quanto de cada.

Todas as pessoas que têm considerado atentamente essa questão chegam à conclusão de que os médicos têm razão quando dizem que o ressentimento, o ódio, a ojeriza, a má vontade, a inveja e o rancor são atitudes que prejudicam a saúde. Tenha um acesso de raiva e verá o grande mal-estar que sentirá logo a seguir. Explosões emotivas provocam, no corpo, reações químicas nocivas à saúde. Sendo contínuas, quer violentas, quer lentas, mas persistentes durante um período de tempo, as condições gerais do corpo agravar-se-ão.

Um médico, falando de certo homem que ambos conhecíamos, declarou que ele tinha morrido de "rancorite". Na sua opinião, o doente fora vítima do próprio rancor que há muito vinha alimentando.

— Ele fez tanto mal ao corpo que lhe diminuiu a resistência — explicou o médico. — Ao ser atacado pela doença, faltou-lhe a força para vencê-la. Minou o organismo com o seu mau temperamento.

O dr. Charles Miner Cooper, um médico de São Francisco, num artigo intitulado "Um Conselho Franco quanto ao Mal Cardíaco", declarou o seguinte: "Deve dominar-se as reações emotivas. Quando digo que conheci um paciente cuja pressão saltou para sessenta pontos quase instantaneamente em decorrência de uma explosão de raiva, pode-se avaliar a atuação de tais reações sobre o coração". "A pessoa que é rápida no gatilho", escreveu ele, "muito provavelmente culpará alguém, impulsivamente, por uma falta ou erro, quando o mais prudente, o mais simples, seria não se inquietar pelo que está feito, pois o que está feito já não tem mais remédio." Ele citou o caso do grande cirurgião escocês, John Hunter. O dr. Hunter sofria do coração e compreendia perfeitamente qual seria o efeito de uma forte emoção que porventura tivesse. Declarou que sua vida estava à mercê de qualquer pessoa que pudesse aborrecê-lo. De fato, sua morte resultou de um ataque cardíaco causado por um acesso de raiva, quando ele deixou de dominar-se.

O dr. Cooper concluiu o seu artigo, dizendo: "Toda vez que um problema comercial começa a inquietar-nos ou toda vez que a raiva começa a dominar-nos, cumpre relaxarmos os nervos. Isso dissipará o tumulto interior que está se processando em nosso organismo. Seu coração pede para ficar permanentemente abrigado num homem e tranquilo que saiba conter suas atividades físicas, mentais e emocionais".

Por conseguinte, se a sua saúde não for normal, sugiro-lhe que faça uma escrupulosa análise de si mesmo. Pergunte sinceramente a si mesmo se não estará abrigando algum rancor, ressentimento ou má vontade para com alguém. Caso os tenha, elimine-os. Desembarace-se deles sem demora. Eles não prejudicam nenhuma outra pessoa. Não fazem mal à pessoa contra a qual você nutre esses sentimentos, mas estarão dia e noite minando-lhe o organismo. Muitas pessoas têm má saúde não por causa da alimentação, mas sim por causa desse mal psíquico que lhes corrói o organismo. Os males emocionais voltam-se contra a própria pessoa que os cultiva, minam-lhe a energia, reduzem-lhe a eficiência e destroem-lhe a saúde. Com isso, destrói-se-lhe a felicidade.

Compreendemos assim, hoje em dia, o efeito do padrão de pensamentos nos estados físicos. Compreendemos que uma pessoa pode tornar-se doente ao cultivar ressentimentos. Sabemos que uma sensação de culpa lhe poderá provocar várias espécies de sintomas fisiológicos. O temor e a ansiedade constituem também fatores de distúrbios. Sabemos que curas têm acontecido ao mudar-se o padrão de pensamentos.

Recentemente, um médico me contou que uma jovem dera entrada no hospital com febre muito alta. Era um caso de artrite reumática; as juntas estavam inchadíssimas.

A fim de estudar o mal minuciosamente, o médico não lhe deu medicamento algum, salvo um leve sedativo para aliviar-lhe a dor. Dois dias depois, a jovem perguntou-lhe quanto tempo iria ficar naquelas condições e quanto tempo iria ter de permanecer no hospital.

— Acho que terá de ficar no hospital provavelmente uns seis meses — respondeu o médico.

— Quer dizer que somente daqui a seis meses é que poderei casar-me? — indagou ela assustada.

— Sinto muito não poder prometer algo melhor.

Essa conversa se passou à noite. Na manhã seguinte, a temperatura da paciente apresentava-se normal. Tinha-lhe desaparecido a inchação nas juntas. Não encontrando uma explicação para aquela melhora, o médico manteve-a sob observação durante uns dias mais e depois deu-lhe alta.

Um mês depois, ela voltou para o hospital nas mesmas condições anteriores, febre alta e juntas inchadas. Conversando com a jovem, o médico veio a saber que o pai insistia que ela se casasse com certo homem que lhe seria muito valioso para as suas relações comerciais. A jovem tinha grande afeição ao pai. Gostaria de auxiliá-lo, mas não queria casar-se com um homem a quem não amava. Seu subconsciente viera assim a ajudá-la. De fato, provocara aquela artrite reumática e a febre.

O médico explicou então ao pai que, se forçasse aquele casamento, a filha poderia tornar-se uma inválida. Quando lhe contaram que não se faria o casamento, ela se restabeleceu rapidamente e para sempre.

O leitor que, porventura, tiver artrite, não deverá pensar que seja isso devido a ter-se casado com a pessoa não indicada! Esse incidente é um mero exemplo do efeito profundo que a dor mental pode causar ao estado físico.

Li interessante declaração de um psicólogo, segundo a qual as criancinhas podem adquirir, das pessoas que as cercam, medo e ódio mais depressa do que sarampo ou outras moléstias infecciosas. O vírus do medo poderá enraizar-se no seu subconsciente e ali permanecer toda a vida. "Mas" — acrescentou ele — "ainda bem que elas também podem adquirir amor, bondade e fé, desenvolvendo-se assim num estado normal e tornando-se sadias."

Num artigo publicado no *Ladies' Home Journal*, Constance J. Foster faz referência a uma conferência que o dr. Edward Weiss, da Escola de Medicina da Universidade de Temple, fez no Colégio Americano de Médicos, na qual ele declarou que as vítimas crônicas de dores nos músculos e juntas talvez sofram desse mal devido a alimentarem algum rancor muito forte por alguma pessoa que lhe seja muito chegada. Acrescentou que quase sempre tais pessoas não percebem essa atitude.

"A fim de se eliminar qualquer possível mal-entendido", continua o autor, "é necessário declarar enfaticamente que as emoções e os sentimentos são quase tão reais quanto os germes. As dores e os sofrimentos oriundos de emoções não são mais imaginários que os causados pelas bactérias. Em nenhum caso se deve culpar conscientemente o paciente pelo desenvolvimento da moléstia. Tais pessoas não estão sofrendo de uma doença qualquer do espírito, mas sim de um distúrbio em suas sensações, muitas vezes ligado a um problema conjugal ou a um problema com os filhos."

Esse mesmo artigo da revista conta-nos a história de certa sra. X, que foi ao consultório do médico e se queixara de uma erupção nas mãos, que havia sido diagnosticada como sendo eczema. O médico encorajou a paciente a dizer algo sobre si mesma. Constatou que ela era uma pessoa demasiado rígida. Seus lábios eram finos e quase sempre cerrados. Ela sofria também de reumatismo. O médico enviou-a a um psiquiatra, que descobriu imediatamente que havia alguma situação irritante em sua vida, a qual ela exteriorizava na forma de uma erupção cutânea, criando, assim, nela, aquele desejo de coçar, quando sua vontade era arranhar alguma coisa ou alguém.

O médico acabou perguntando-lhe francamente o que se estava passando com ela e se havia alguma coisa que a estava aborrecendo.

"Ela empertigou-se toda e saiu do consultório. Vi que tinha tocado exatamente num ponto nevrálgico. Mas dias depois ela voltou novamente. Dado o sofrimento que o eczema lhe causava, estava disposta a deixar-me auxiliá-la, mesmo que isso implicasse renunciar a algum rancor.

"Vim a saber que se tratava de uma briga de família por causa de uma herança. A senhora X achava que não tinha recebido um tratamento justo por parte de um irmão mais moço. Eliminada a hostilidade, ela sarou. De fato, tendo feito as pazes com o irmão, o eczema desapareceu vinte e quatro horas depois."

O dr. J. J. Saul, da Escola de Medicina da Universidade de Pensilvânia, salientou o fato de que há uma relação entre os distúrbios emocionais e o resfriado, tendo feito um estudo sobre essa matéria.

"Acredita-se que os distúrbios emocionais afetam a circulação do sangue nas mucosas do nariz e da garganta. Afetam também as secreções das glândulas. Tais fatores tornam as membranas da mucosa mais suscetíveis ao ataque dos resfriados e infecções."

O dr. Edmund P. Fowler J., do Colégio de Médicos e Cirurgiões da Universidade de Colúmbia, afirmou o seguinte: "Há resfriados que se desenvolvem nos estudantes de medicina por ocasião dos exames, e também em muitas pessoas antes ou depois de uma viagem. Há os que se desenvolvem em donas de casa que têm de cuidar de uma grande família. Tem-se observado muitas vezes esse mesmo fenômeno num paciente quando a sogra vem morar em sua casa, desaparecendo o resfriado quando ela vai embora". (O dr. Fowler não especifica os efeitos sobre a sogra quando o genro ou a nora vão morar com ela. Talvez ela tenha também resfriado.)

Um dos casos relatados pelo dr. Fowler diz respeito a uma vendedora de vinte e cinco anos de idade. Quando ela o visitou no consultório, estava com o nariz muito obstruído, a mucosa vermelha e congestionada; sofria de dor de cabeça e tinha um pouco de febre. Esses sintomas persistiam há quase duas semanas. Conversando com a jovem, o dr. Fowler veio a descobrir que o mal tinha surgido poucas horas depois de uma violenta briga que tivera com o noivo.

Com um tratamento local, venceu-se o resfriado. Mas umas semanas depois, a jovem tornou a voltar com novo ataque. Dessa vez, o mal surgira após uma discussão que ela tivera com o açougueiro. Novo tratamento local curou-a. Contudo, a jovem continuou a ter novos resfriados e a causa era sempre um acesso de cólera. O dr. Fowler pôde persuadir a paciente de que o seu mau temperamento é que estava ocasionando aquele sintoma de resfriado crônico. O mal acabou desaparecendo quando ela aprendeu a levar uma existência calma.

Há ainda pessoas que acreditam que é um "conselho teórico", quando a Bíblia diz que não se deve odiar nem encolerizar-se. A Bíblia não expõe teorias. É o maior livro de sabedoria que possuímos. Está repleta de conselhos práticos sobre a vida e a saúde. A cólera, os ressentimentos e as culpas nos fazem ficar doentes, segundo nos dizem os médicos modernos, o que mais uma vez prova que o mais moderno dos livros sobre o bem-estar é a Bíblia Sagrada; muitas pessoas a desprezam ou a consideram um livro puramente religioso, sem utilidade prática. No entanto, é o mais lido de todos. É isso devido ao fato de que, por meio desse livro, descobrimos os nossos erros e aprendemos a como corrigi-los.

O dr. Fowler chama a atenção para os "resfriados emocionais" sofridos por crianças que se sentem inseguras. Ele cita muitos casos de resfriados crônicos em crianças que vêm de lares desfeitos. Uma criança muitas vezes tem uma intermitente infecção respiratória, quando nasce um irmãozinho, talvez por se sentir abandonada ou por ciúmes. Um menino de nove anos tinha um pai de espírito ditatorial e uma mãe indulgente. O conflito entre a severidade de um e a indulgência de outro prejudicava a criança.

Temia sempre receber uma punição do pai. Sofreu durante muitos anos de um resfriado quase contínuo. Notou-se que o mal desaparecia quando o menino ia para o campo e ficava, assim, distante dos pais.

Uma vez que a irritação, a raiva, o ódio e o ressentimento contribuem fortemente para prejudicar a saúde, qual será o antídoto? Evidentemente, o antídoto é encher o espírito de sentimentos de boa vontade, perdão, fé, amor e calma. E como se consegue faz isso? Seguem-se algumas sugestões práticas, as quais foram empregadas com êxito por muitas pessoas, especialmente no ataque contra a raiva. Uma aplicação consciente dessas sugestões pode produzir sensações de bem-estar:

1. Lembre-se de que a raiva é uma emoção e esta é sempre ardente. Trate, pois, de arrefecê-la. Como arrefecê-la? Quando uma pessoa

se enraivece, os punhos tendem a cerrar-se, a voz altera-se e os músculos tornam-se rígidos. (Psicologicamente, ela está pronta para lutar; a adrenalina invade o corpo.) É a herança do antigo homem das cavernas a manifestar-se no sistema nervoso. Então, de maneira deliberada, contraponha-se ao calor dessa emoção com o frio – congele-a. Deliberadamente por um ato de vontade, não cerre os punhos. Estire os dedos. Abaixe o tom da voz: reduza-o a um murmúrio. Lembre-se de que é difícil discutir se se fala em voz muito baixa. Sente-se numa cadeira ou deite-se, se possível. É dificílimo ficar exaltado quando se está deitado.

2. Diga em voz alta a si mesmo: "Nada de tolices. Isso não vai me levar a nada; pare com isso". Nessa ocasião, talvez seja um pouco difícil fazer uma prece; deve-se tentar fazê-la ou, pelo menos, idealizar, no espírito, a figura de Jesus Cristo e procurar imaginá-lo também encolerizado. É uma coisa que não se consegue fazer e o esforço servirá para eliminar as emoções de raiva ainda existentes.

3. Uma das melhores técnicas para arrefecer a raiva foi sugerida pela sra. Grace Ousler. A princípio ela empregava a técnica de "contar até dez", mas depois notou que as dez primeiras palavras do Pai-Nosso surtiam melhor efeito. "Pai-Nosso que estais no céu; santificado seja o Vosso nome". Quando você estiver exaltado, repita-as dez vezes. Toda a exaltação desaparecerá.

✡ Bíblia de Jerusalém: "Eles clamavam uns para os outros e diziam: "Santo, santo, santo é Iahweh dos Exércitos, a Sua glória enche toda a terra" (Isaías 6:3).

☪ Alcorão: "Quando Satanás te incitar à discórdia, ampara-te em Deus, porque Ele é o Oniouvinte, o Sapientíssimo" (Fussilat: 36).

4. A raiva é um grande termo que expressa a veemência que um sem-número de pequenas irritações foi acumulando. Estas, cada uma um tanto pequena em si mesma, tendo adquirido forças por se irem sobrepondo, acabam explodindo com fúria, o que, muitas vezes, nos deixa envergonhados de nós mesmos. Por conseguinte, faça uma lista de todas as coisas que o irritam. Por mais insignificantes e tolas que sejam, faça uma lista delas. O objetivo é secar os canaizinhos que alimentam a grande torrente de raiva.

5. Faça de cada irritação um objetivo especial para a sua oração. Conquiste uma vitória sobre cada uma de *per si*. Em vez de tentar destruir toda a sua raiva, a qual, conforme ressaltamos, é uma força consolidada, vá eliminando cada irritação até o ponto em que imporá todo o seu domínio sobre ela.

6. Prepare-se, pois, para que, toda vez que sentir a raiva prestes a assaltá-lo, possa dizer bem alto: "Vale realmente a pena sujeitar-me a essa emoção? Com isso irei fazer um papel de tolo e perderei amigos". A fim de obter todo o efeito dessa técnica, diga a si mesmo algumas vezes ao dia: "Não vale a pena excitar-se ou encolerizar-se por coisa alguma". Afirme também: "Não compensa gastar mil dólares de emoções numa irritação de cinco centavos".

7. Quando sobrevier uma mágoa, trate de eliminá-la o mais depressa possível. Não a deixe pairar no espírito um minuto sequer. Não fique de mau humor nem se lamente. Não cultive ressentimentos. Quando se julgar ferido em seus sentimentos, faça o mesmo que quando fere o dedo. Aplique imediatamente o remédio. Se não o fizer, a situação poderá tornar-se desagradável e de consequências imprevisíveis. Recorra, pois, ao iodo espiritual para a cura. Faça uma prece de amor e de perdão.

8. Drene a mágoa de seu espírito, isto é, abra-o e deixe-a sair. Procure alguém em quem tenha confiança e desabafe até não deixar vestígio algum daquilo que o magoou. Esqueça-a depois.

9. Comece a orar pela pessoa que lhe feriu os sentimentos. Continue a fazê-lo até sentir o desaparecimento total do rancor. Às vezes, poderá ter de fazer preces por um período um tanto longo a fim de conseguir o resultado desejado. Um homem que experimentou esse método me contou que anotou o número de vezes que teve de orar até conseguir eliminar o rancor. Orou exatamente sessenta e quatro vezes. Foi literalmente por meio de orações que conseguiu restaurar a paz ao seu espírito. Esse sistema surte realmente efeito.

10. Faça esta breve oração: "Possa o amor de Cristo amainar o meu coração". Acrescente depois: "Possa o amor de Cristo por... (diga o nome da pessoa visada) transbordar em minha alma". Faça essa oração com toda sinceridade e terá o alívio que deseja.

11. Siga o conselho de Jesus e perdoe o maior número de vezes o mal que foi feito. Libertar-se-á, assim, de todo e qualquer ressentimento.

12. Para encerrar: Esse ímpeto selvagem, indisciplinado e primitivo, que há em nós e que se exterioriza tão abrasadoramente, somente poderá ser dominado com o auxílio de Jesus Cristo. Complete, pois, a lição, dirigindo-Lhe a seguinte súplica: "Assim como Vós podeis modificar a moral de uma pessoa, peco-Vos agora que modifiqueis meus nervos. Da mesma maneira que dais forças para se vencer os pecados da carne, dai-me também forças para que eu possa vencer os pecados do espírito. Colocai-o sob o Vosso domínio. Dai ao meu sistema nervoso e à minha alma a Vossa paz salutar". Se o rancor o assediar, repita essa súplica três vezes ao dia. Talvez fosse aconselhável imprimi-la num cartão e colocar esse cartão sobre a sua mesa de trabalho ou em algum lugar bem visível.

13

O INFLUXO DE NOVOS PENSAMENTOS PODERÁ FAZER DE VOCÊ UM NOVO HOMEM

Um dos fatos mais importantes e extraordinários acerca do homem se acha expresso na seguinte declaração de William James, que foi um dos homens mais ilustrados que os Estados Unidos produziram: "A maior descoberta de minha geração é a de que as criaturas humanas podem modificar as atitudes do espírito". Consoante o seu modo de pensar, assim será a sua vida. Por conseguinte, elimine todos os pensamentos velhos, gastos e fatigantes. Encha seu espírito de novos pensamentos criadores, pensamentos de fé, de amor e de bondade. Com esse processo, você poderá realmente dar nova feição à sua vida.

E onde encontrará esses pensamentos que modificarão sua personalidade?

Conheço um dirigente de uma empresa, muito modesto, mas que é o tipo do homem que jamais se dá por vencido. Não há problema, dificuldade e oposição que o possam vencer. Enfrenta cada um dos casos com otimismo e absoluta confiança e sempre se sai bem. Parece que tem uma varinha de condão para se conduzir na vida, uma varinha que não falha.

Dada essa interessante característica, esse homem sempre me despertou interesse. Eu sabia que havia uma explicação real para isso e naturalmente quis ouvir a sua história. Não foi fácil persuadi-lo a falar sobre si mesmo, pois era muito modesto e reservado.

Um dia, porém, em que ele se mostrava mais comunicativo, contou-me o seu segredo, um segredo extraordinariamente simples. Eu tinha ido visitar sua fábrica, uma estrutura moderníssima, em grande parte provida de ar condicionado. Uma maquinaria do último tipo e os métodos de produção proporcionam à fábrica a mais alta eficiência. As relações entre a gerência e os empregados são perfeitas, tanto quanto o podem ser entre criaturas humanas imperfeitas. Prevalece em toda a organização verdadeiro espírito de boa vontade.

O escritório é de decoração ultramoderna, mobiliado de belas mesas e tapetes e paredes revestidas de madeiras exóticas. A decoração é feita de cinco cores que se fundem de maneira interessante e agradam à vista. O conjunto é harmonioso.

Então, imagine minha surpresa quando vi sobre a sua mesa de mogno, finamente envernizada, um exemplar muito surrado da Bíblia. Era o único objeto antigo naquelas salas ultramodernas. Comentei aquela discordância aparentemente estranha.

— Este livro — explicou ele, apontando para a Bíblia — é a coisa mais moderna que existe nesta fábrica. O equipamento gasta-se com o uso e o estilo dos móveis está sempre se modificando, ao passo que este livro continua sempre à frente de tudo e jamais envelhece.

— Quando entrei para o colégio, minha mãe, que era uma boa cristã, deu-me esta Bíblia, aconselhando-me que a lesse e pusesse em prática seus ensinamentos. Disse-me que, se assim procedesse, teria êxito na vida. Ela era uma boa velha — ele sorriu — com a idade que eu tinha parecia velha, mas não o era na realidade. Para contentá-la, peguei a Bíblia, mas durante muitos anos não cogitei lê-la. Achava que não tinha necessidade de fazê-lo. Bem, fui um tolo, um verdadeiro tolo. O fato é que minha vida veio a ficar atrapalhada.

— Tudo corria mal, e corria mal porque eu estava errado. Pensava e agia erradamente. Fracassava em tudo. Percebi depois que o mal advinha do meu modo de pensar completamente errado. Eu era uma criatura negativa, cheia de ressentimentos, "prosa" e turrão. Não aceitava opinião de ninguém. Achava que sabia tudo. Vivia discutindo com todo mundo. Não era, pois, de admirar que ninguém gostasse de mim. Eu era certamente uma criatura impossível.

— Uma noite, mexendo nuns documentos, deparei com a Bíblia que, havia muito, jazia esquecida. Ela reavivou antigas lembranças. Abri-a, ao acaso, e comecei a lê-la. Como as coisas acontecem de um modo estranho! Como tudo se torna diferente de um momento para outro e com que rapidez! Quando estava lendo, uma frase me saltou logo à vista, uma frase que modificou minha vida. Quando digo que mudou, quero dizer que de fato mudou radicalmente minha existência. Desde o momento em que a li, tudo se tornou diferente, bem diferente.

— Qual é essa frase maravilhosa? — indaguei.

— "Deus é a força de minha vida ... e com isso sentir-me-ei confiante" (Salmos 27:1-3).

> ✡ Bíblia de Jerusalém: "Quem habita na proteção do Altíssimo pernoita à sombra de Shaddai, dizendo a Iahweh: Meu abrigo, minha fortaleza, meu Deus, em quem confio!" (Salmos 91:1-2). E: "Ele me invocará e eu responderei: 'Na angústia estarei com Ele, livrá-lo-ei e o glorificarei'; saciá-lo-ei com longos dias e lhe mostrarei a minha salvação" (Salmos 91:15-16).

> ☪ Alcorão: "E, a quem temer a Deus, Ele lhe apontará uma saída, e o agraciará quando menos esperar. Quanto àquele que confiar em Deus, saiba que Ele lhe será Suficiente, porque Deus cumpre o que promete" (At-Talaq: 2-3) E: "Ele é Quem vos encaminha na terra e no mar" (Yunus: 22).

> ✞ Versão da Bíblia King James Atualizada: "Portanto, que o Deus da esperança vos abençoe plenamente com toda a alegria e paz, à medida da vossa fé nele, para que transbordeis de esperança, pelo poder do Espírito Santo" (Romanos 15:13).

Continuou depois:

— Não sei por que ela me afetou tanto, mas o fato é que exerceu grande influência sobre mim. Sei agora que fui fraco e um fracassado porque não tinha fé, não tinha confiança em mim. Eu era por demais negativo, um derrotista. Algo acontecera em meu espírito naquela ocasião. Penso que passei por aquilo que se chama experiência espiritual. O padrão de meus pensamentos mudou completamente; de negativo passou para positivo. Resolvi depositar minha fé em Deus e esforçar-me por tornar-me melhor e procurar sempre seguir os princípios expostos na Bíblia. Vim a adquirir uma nova feição para os meus pensamentos. Com o tempo, todas aquelas ideias mórbidas foram sendo eliminadas graças àquela nova experiência espiritual. Gradativamente, o influxo de novos pensamentos fez de mim uma nova criatura.

Terminava assim a história do industrial. Ele modificou o seu modo de pensar. As novas ideias se sobrepuseram às antigas que tanto o haviam prejudicado. Sua vida tomou novo rumo.

Esse incidente ilustra um importante fato acerca da natureza humana: você, com seus pensamentos, poderá ser um fracassado e um infeliz ou um vitorioso e feliz. O mundo em que vivemos não é, essencialmente, determinado pela condição e circunstâncias exteriores, mas sim, pelos pensamentos que comumente ocupam nosso espírito. Lembre-se das sábias palavras de Marco Aurélio, um dos grandes pensadores da Antiguidade: "A vida do homem é guiada pelos seus pensamentos".

Tem-se dito que o mais douto dos homens que viveram nos Estados Unidos foi Ralph Waldo Emerson, o Sábio de Concórdia. Declarou ele: "O homem é aquilo em que ele pensa constantemente".

Um célebre psicólogo disse: "Há uma profunda tendência, na natureza humana, em tornar-se precisamente semelhante àquilo em que habitualmente se crê".

Ouve-se falar que os pensamentos têm força dinâmica. Julgados pelo poder que exercem, pode-se admitir muito bem tal afirma. Com eles, você poderá criar situações boas ou más. Eles poderão fazê-lo uma pessoa doente. Poderão fazê-lo também sentir-se bem se forem de uma feição sadia. Pense de um modo e atrairá para si determinadas condições. Pense de outro modo e criará para si condições completamente diferentes. As condições que vêm a estabelecer-se são justamente aquelas que os seus pensamentos atraírem.

Pense positivamente, por exemplo, e estará pondo em movimento forças positivas que trarão resultados positivos. Os pensamentos positivos criam em volta de si uma atmosfera que é propícia ao desenvolvimento de resultados positivos. Ao contrário, alimente pensamentos negativos e criará em volta de si uma atmosfera apropriada para o desenvolvimento de resultados negativos.

Para modificar as circunstâncias que o cercam, comece a pensar diferentemente. Não aceite passivamente circunstâncias que não são satisfatórias. Forme no espírito o quadro de como elas devem ser. Conserve-o, desenvolva-o em todos os detalhes, creia nele, ore e se esforce para que se materialize de acordo com a sua imagem mental.

É uma das leis mais importantes do mundo. Pudesse eu tê-la descoberto quando era moço! Surgiu-me muito depois na vida. Achei-a uma das maiores descobertas, se não a minha maior descoberta fora de minha relação com Deus. Num sentido mais profundo, essa lei é um fator na relação com Deus porque canaliza a força de Deus para a personalidade do homem.

Essa grande lei — enunciada de uma maneira breve e simples — é a seguinte: se você pensar em termos negativos, terá resultados negativos; se em termos positivos, terá resultados positivos. Esse é o fato simples que está na base de uma extraordinária lei de prosperidade e êxito. Bastam poucas palavras: tenha fé e haverá de vencer.

Aprendi essa lei de uma maneira bem interessante. Uns anos atrás, eu, Low Thomas, o capitão Eddie Rickenbacker, Branch Rickey, Raymond Thornburg e outros, organizamos uma revista de alcance espiritual intitulada *Guideposts*. Ela tem uma dupla função; primeiro, ao relatar histórias de pessoas que, pela fé, haviam vencido dificuldades, ensina normas para se vencer na vida, vencer o temor, as circunstâncias, os obstáculos e os ressentimentos. Ensina como dominar pela fé toda sorte de negativismo.

Segundo, como publicação sem finalidade de lucros, apartidária e visando à generalização da fé, ela ensina o grande fato de que Deus paira sobre a corrente da história e que os Estados Unidos foram fundados com a crença em Deus e em Suas leis.

A revista lembra aos seus leitores que os Estados Unidos são a primeira grande nação, na história, a se estabelecer sobre premissas definitivamente religiosas, sem as quais a sua liberdade periclitará.

O sr. Raymond Thornburg, como editor, e eu, como redator, não tínhamos nenhum suporte financeiro para garanti-la quando iniciamos as publicações. Iniciamo-las baseados na fé que nos animava. De fato, os primeiros escritórios da redação ficavam numa sala em cima de uma mercearia, na pequena vila de Pawling, Nova York. Tínhamos uma máquina de escrever que era, aliás, emprestada, e algumas cadeiras fracas; só isso. Mas possuíamos uma grande ideia e uma grande fé. Aos poucos, a lista de assinantes atingiu o número de vinte e cinco mil. O futuro parecia promissor. Aconteceu que, numa noite, irrompeu um incêndio que, numa hora, destruiu a casa e com ela a lista completa dos assinantes. O pior é que não tínhamos uma cópia da lista.

Low Thomas, leal e eficiente patrocinador da *Guideposts* desde a sua fundação, mencionou essa triste circunstância pelo rádio e, como resultado, tivemos logo trinta mil assinantes, praticamente todos os antigos e muitos novos.

A lista de assinantes subiu aproximadamente a quarenta mil, mas o custo da revista aumentou ainda mais rapidamente. Vendíamos a *Guideposts* abaixo do preço de custo a fim de espalhar as mensagens. As despesas aumentaram bastante; foram além de nossas expectativas. Vimo-nos a braços com dificuldades de ordem financeira. De fato, chegou uma ocasião em que parecia impossível prosseguirmos com a revista.

Foi então que convocamos uma reunião. Nunca presenciei uma reunião que tivesse se iniciado de maneira mais pessimista, mais negativa e mais desanimadora do que aquela. Onde íamos conseguir o dinheiro para pagar as nossas contas? Imaginávamos maneiras de despir Pedro para vestir Paulo. Um completo desânimo assoberbava-nos a todos.

Tínhamos convidado para a reunião uma senhora, a qual tínhamos em alto conceito. Uma das razões de a termos convidado foi por ter ela, numa ocasião, contribuído com dois mil dólares para a fundação da revista. Esperávamos que talvez viesse a fazer nova contribuição. Dessa vez, porém, dela recebemos algo mais valioso que o dinheiro.

Ela permaneceu muito tempo silenciosa enquanto debatíamos o problema até que, por fim, resolveu falar:

— Suponho que os senhores desejariam que eu fizesse mais uma contribuição financeira. Creio que devo tirá-los da dúvida. Não vou dar mais nenhum centavo.

Essa declaração como que nos mergulhou num abismo.

— Mas vou dar-lhes algo mais precioso que o dinheiro — acrescentou ela.

Ficamos um tanto surpresos, pois não podíamos realmente imaginar que houvesse qualquer coisa mais preciosa que o dinheiro, naquelas circunstâncias.

— Vou dar-lhes uma ideia, uma ideia criadora — continuou.

Ora, uma ideia! Como iríamos poder pagar as contas com uma ideia?, perguntamos a nós mesmos sem entusiasmo algum.

Mas é justamente uma ideia que nos auxilia a pagar as contas. Todas as realizações neste mundo foram frutos de uma ideia criadora. Primeiro a ideia, depois a fé nela e, em seguida, os meios para levá-la avante. É assim que se consegue o êxito.

— A ideia é a seguinte: quais são as dificuldades do momento? Ei-las: falta-lhes tudo. Falta-lhes dinheiro, assinantes, equipamentos, ideias, coragem. Por que faltam todas essas coisas? Simplesmente porque estão sempre pensando nessas deficiências. Com esse modo de pensar, estão criando condições que produzem esse estado de coisas. Com essa atitude mental estão tolhendo as forças criadoras que poderiam dar impulso ao desenvolvimento da *Guideposts*. Os senhores têm trabalhado arduamente para levar avante uma nobre tarefa, mas têm deixado de fazer uma coisa importantíssima que daria forças a todos os seus outros esforços: não têm pensado de um modo positivo. Ao contrário, têm sempre pensado em termos de deficiências.

— Para corrigir essa situação, procedam de modo contrário. Comecem a pensar em prosperidade, realizações e sucessos. Isso requer prática, mas pode ser feito rapidamente se demonstrarem possuir fé. O processo é encarar a questão sob esse aspecto, isto é, ver a *Guideposts* em termos de brilhante prosperidade. Imaginem a *Guideposts* como sendo uma grande revista espalhando-se por todo o país. Imaginem um considerável número de leitores lendo pressurosamente as suas crônicas inspiradoras e lucrando com elas. Criem uma imagem mental das vidas que estão se modificando, graças à brilhante filosofia que a *Guideposts* ensina mensalmente em suas edições.

— Não pensem em dificuldades e fracassos. Ao contrário, façam com que o seu espírito paire acima de tudo isso e se concentre apenas numa força criadora. Se elevarem seus pensamentos para a área das grandes realizações, irão ver os seus problemas sob outro aspecto. Encarem-nos de cima para baixo e não de baixo para cima. Terão assim sob seus olhos um aspecto mais encorajador. Considerem sempre seus problemas de cima para baixo e jamais de baixo para cima.

— Permitam-me que continue ainda — solicitou ela. — Quantos assinantes precisam atualmente para poder manter a revista?

Fizemos um rápido cálculo mental e dissemos: — Cem mil. — Tínhamos quarenta mil.

— Muito bem. Não é coisa difícil — declarou ela com confiança. — É fácil. Imaginem cem mil pessoas que estejam sendo auxiliadas espiritualmente por esta revista e haverão de consegui-las. De fato, assim que as puderem ver em seu espírito, tê-las-ão.

Ela virou-se para mim e perguntou:

— Norman, pode ver agora, neste momento, cem mil assinantes? Olhe bem além. Os olhos de seu espírito podem enxergá-los?

Suas palavras não tinham ainda me convencido. Foi um tanto duvidosamente que confessei:

— Pode ser que eu enxergue, mas eles parecem estar um tanto obscuros para mim.

Achei que a minha resposta a tinha desapontado, pois insistiu:

— Não pode conceber na imaginação cem mil assinantes?

Creio que a minha imaginação não estava funcionando muito bem, pois tudo que podia enxergar era aquele número insuficiente, porém real: quarenta mil.

Ela se voltou então para meu velho amigo Raymond Thornburg, que havia sido abençoado com uma gloriosa e vitoriosa personalidade, e perguntou-lhe, chamando-o pelo apelido:

— "Pinky", você pode conceber no espírito cem mil assinantes?

Tive minhas dúvidas que ele o pudesse. Raymond Thornburg é um fabricante de artefatos de borracha, que espontaneamente dava uma parte de seu tempo para auxiliar-nos a levar avante a nossa revista altruística. Não era de se supor que um fabricante de artefatos de borracha fosse corresponder àquela expectativa dela. Mas o fato é que ele tem a faculdade de conceber coisas criadoras. Notei na expressão iluminada de seu rosto que ela o convencera. Ele ficou, durante algum tempo, com os olhos cravados num ponto, deixando transparecer neles uma expressão de admiração.

— Você está enxergando os cem mil assinantes, "Pinky"?

— Sim, sim, estou enxergando-os — respondeu ele empolgado.

— Onde? Aponte-os — pedi-lhe admirado com o fato. Foi, então, que comecei também a idealizá-los.

— Agora vamos abaixar as cabeças e, juntos, agradecer a Deus por nos dar cem mil assinantes — propôs a nossa amiga.

Francamente, achei que era exigir muito de Deus, mas era justificável, pois bem o diz um versículo das Escrituras: "E todas as coisas que pedires na oração, tu as receberás se tiveres fé" (Mateus 21:22).

> ✡ Bíblia de Jerusalém: "Procuro Iahweh e ele me atende, e dos meus temores todos me livra" (Salmos 34:5).

> ☪ Alcorão: "E o vosso Senhor disse: Invocai-Me, que vos atenderei!" (Ghafir: 60). E: "Quando Meus servos te perguntarem por Mim, dize-lhes que estou próximo e ouvirei o rogo do suplicante quando a Mim se dirigir" (Al-Baqara: 186). E: "E o atendemos e o libertamos do mal que o afligia; restituímos-lhe a família, duplicando-a, como acréscimo, em virtude da Nossa misericórdia, e para que servisse de mensagem para os adoradores" (Al-Anbiya: 84)

Quer dizer: quando suplicar alguma coisa em sua oração, deverá imaginá-la na mesma ocasião em que fizer a sua prece. Creia que se for da vontade de Deus e se for digna, se não for um pedido egoístico, mas sim um pedido para o bem da criatura humana, aquilo que for solicitado será dado.

Se você tiver dificuldade em seguir esse raciocínio, permita-me dizer-lhe que depois daquela reunião que tivemos, até o presente momento, em que escrevo este livro, nada faltou à *Guideposts*. Encontramos excelentes amigos e tivemos um belo apoio financeiro. Pudemos sempre solver os nossos compromissos. Compramos os equipamentos de que necessitávamos e pudemos custear a revista. Ao escrever estas palavras, posso dizer que o número de assinantes está se aproximando da casa dos quinhentos mil. Estamos recebendo novos assinantes regularmente, às vezes em número de três ou quatro mil por dia.

Se narrei esse caso, não o fiz com o intuito de fazer propaganda para a *Guideposts,* se bem que recomende essa revista a todos os meus leitores. Se você quiser ser um assinante dela, basta escrever a *Guideposts,* Pawling, Nova York, pedindo informações. Conto essa história porque foi uma experiência extraordinária que tive. Percebi que me vi frente a uma lei, a uma lei formidável da vitória pessoal. Resolvi aplicá-la dali por diante a meus próprios problemas. Toda vez que a apliquei, obtive resultados maravilhosos. Quando deixava de aplicá-la, os resultados eram medíocres.

É extremamente simples. Coloque seus problemas nas mãos de Deus. Em seus pensamentos, encare-os sempre de cima para baixo e não de baixo para cima. Examine-os de conformidade com a vontade de Deus, isto é, não procure obter êxito com alguma coisa que não seja justa. Tenha certeza de que ela seja moral e espiritualmente sã. Você não poderá obter resultado certo de algo que está errado. Seus pensamentos devem sempre ser justos em toda a sua essência, sem o que os resultados serão forçosamente nulos.

Por conseguinte, assegure-se de que trata de uma causa e a mantenha em nome de Deus, concebendo, ao mesmo tempo, um bom resultado. Mantenha sempre a ideia de prosperidade e de boas realizações. São coisas que devem ficar fixadas no espírito. Não alimente jamais ideias de fracasso. Se lhe assaltar o espírito um pensamento derrotista, repila-o com uma afirmação positiva. Afirme em voz alta que Deus lhe está dando nesse momento a chave do êxito e a oportunidade para vencer. A visão mental que você criar e mantiver firmemente no consciente materializar-se-á se se esforçar diligente e eficientemente. Esse processo criador poderá enunciar-se de maneira muito simples: idealize o que deve acontecer, faça suas preces e, finalmente, materialize o seu desejo.

As pessoas, em todas as esferas da vida, que fizeram notáveis empreendimentos, conhecem o valor dessa lei em suas experiências.

Henry J. Kaiser contou-me que uma vez estava construindo uma represa à margem de um rio e aconteceu que sobreveio uma grande tempestade. Houve uma inundação, que destruiu todo o trabalho que haviam feito. Toda a maquinaria ficou enterrada na lama. Depois que as águas baixaram, ele foi ver o prejuízo causado. Encontrou os trabalhadores no local, olhando macambúzios para a lama e para a maquinaria que estava enterrada.

Aproximou-se deles e perguntou-lhes, com um sorriso, por que estavam tão macambúzios.

— Mas o senhor não está vendo o que aconteceu? Toda a maquinaria está coberta de lama — responderam.

— Que lama? — indagou ele.

— Que lama? — repetiram eles admirados. — Veja ali! É um mar de lama.

— Não estou vendo lama alguma — zombeteou Henry J. Kaiser.

— Como o senhor pode afirmar uma coisa dessas? — replicaram.

— Muito simples. Estou contemplando um céu azul, muito límpido, e não vejo lama alguma. Vejo apenas a claridade do sol. Nunca vi uma lama que pudesse resistir aos raios do sol. Logo ela ficará seca e vocês poderão retirar a maquinaria e recomeçar o trabalho.

Como ele tinha razão! Se seus olhos estiverem contemplando a lama e você sentir uma espécie de fracasso dominá-lo, você criará para si mesmo as condições para uma derrota. As ideias otimistas, combinadas com a prece e a fé, tornarão inevitáveis a vitória e o êxito.

Outro amigo, que saiu do nada, realizou obras extraordinárias. Lembro-me de seus tempos de escola. Era um menino do campo, uma criatura desajeitada, desagradável e muito acanhada. Mas tinha caráter. Tinha um espírito arguto como poucos. Hoje é um homem preeminente no seu ramo de negócios. Perguntei-lhe qual era o segredo de seu êxito.

— Devo o meu êxito às pessoas que trabalham comigo durante todos esses anos e à ilimitada oportunidade que os Estados Unidos oferecem a qualquer rapaz — respondeu ele.

— De fato, sei que isso é verdadeiro, mas tenho certeza de que você deve ter alguma técnica pessoal. Gostaria de conhecê-la — disse-lhe.

— Tudo depende da maneira de se encarar os problemas — esclareceu ele. — Costumo esmiuçá-los no espírito. Primeiro, concentro neles toda a minha força mental. Segundo, faço uma prece sincera. Terceiro, idealizo um quadro mental do êxito. Quarto, pergunto sempre a mim mesmo qual a coisa justa a fazer, pois nada sairá certo se a causa não for realmente justa. Quinto, entrego-me de corpo e alma à solução do problema. Mas desejo salientar um fato: se o senhor, por exemplo, tiver pensamentos pessimistas, trate de eliminá-los imediatamente. É preciso alimentar somente pensamentos positivos e bons. Isso é primacial e básico para se poder vencer as dificuldades e atingir os objetivos.

Justamente neste momento em que você lê este livro, ideias potenciais acham-se em seu espírito. Libertando-as e desenvolvendo-as poderá resolver seus problemas financeiros, sua situação comercial; poderá cuidar de si e de sua família e conseguir o êxito em seus empreendimentos. Um influxo constante de pensamentos criativos e o uso prático deles poderão dar-lhe vida nova, poderão fazer de você um novo homem.

Houve um tempo em que eu alimentava uma ideia tola; julgava que não havia relação entre a religião e a prosperidade, que quando se falava sobre a religião, não se devia relacioná-la com as realizações materiais e que ela se ligava apenas a questões de ordem moral e a valores sociais. Mas agora compreendo que tal ponto de vista limita o poder de Deus e o desenvolvimento do indivíduo. A religião ensina-nos que há uma tremenda força no universo, força esta que pode residir na personalidade. É uma força que tem o poder de vencer todo o derrotismo e fazer com que uma pessoa paire acima de todas as situações difíceis.

Vimos a demonstração da energia atômica. Sabemos que essa assombrosa e formidável energia existe no universo. Essa mesma força de energia reside no espírito humano. Nada na terra supera o espírito em força potencial. O indivíduo normal tem capacidade de fazer grandes realizações.

É uma verdade evidente. Quando você aprender a libertar o seu espírito, descobrirá que ele contém ideias de tal valor criador que todas as suas necessidades poderão ser atendidas. Com o uso apropriado e completo de suas forças, estimuladas pelo poder divino, você poderá ser bem-sucedido na vida.

Poderá fazer sua vida trilhar o curso que desejar; poderá conseguir aquilo que idealizar e em que acredita, tudo que for objeto de suas preces e de seus esforços. Sonde o seu espírito. Há nele coisas extraordinariamente maravilhosas.

Poderá melhorar a sua situação, seja ela qual for. Primeiramente tranquilize o espírito a fim de que as inspirações possam vir à tona. Deve crer que Deus o está auxiliando agora. Conceba no pensamento a ideia do êxito. Organize sua vida numa base espiritual a fim de que os princípios de Deus operem no seu "eu". Mantenha firmemente no espírito o quadro do êxito e não do fracasso. Faça isso e as ideias criadoras fluirão livremente. Essa é uma lei formidável, uma lei que pode modificar a vida de todas as pessoas, inclusive a sua. O influxo de novos pensamentos poderá modificá-lo para melhor, independentemente de todas as dificuldades que você esteja agora enfrentando — *todas as dificuldades.*

Em última análise: a razão básica de uma pessoa não ter uma vida criadora e bem-sucedida está no fato de ela errar para consigo mesma, de pensar erroneamente. É preciso corrigir tais erros, e pôr em prática pensamentos justos. Diz o salmo 23: "Ele me conduz pelo caminho da virtude"; isso refere-se tanto aos caminhos da bondade quanto aos caminhos puros do espírito.

> ✡ Bíblia de Jerusalém: "Felizes os íntegros em seu caminho, os que andam conforme a lei de Iahweh! Felizes os que guardam seus testemunhos, procurando-o de todo o coração" (Salmos 119-1-2). E: "Eu te celebrarei de coração reto, aprendendo Tuas justas normas. Observarei Teus estatutos, não me abandones completamente" (Salmos 119:7-8).

> ☪ Alcorão: "Pelo qual Deus conduzirá aos caminhos da salvação aqueles que procurarem a Sua complacência e, por Sua vontade, tirá-los-á das trevas e os levará para a luz, encaminhando-os para a senda reta" (Al-Ma'ida: 16). E: "Meu Senhor está comigo e me iluminará!" (Ash-Shu'ara: 62). E: "Quem Deus encaminhar estará bem encaminhado; aqueles que desencaminhar serão desventurados" (Al-A'raf: 178).

> ✝ Versão da Bíblia King James Atualizada: "Ela nos orienta a renunciar à impiedade e às paixões mundanas e a viver de maneira sensata, justa e piedosa nesta presente era" (Tito 2:12). E: "Tu me fizeste conhecer os caminhos da vida e me encherás de alegria na tua presença" (Atos 2:28).

Disse Isaías: "Abandone o mau o seu caminho e o homem injusto os seus pensamentos" (Isaías 55:7); com isso ele quer dizer que o homem deve evitar o mal e fazer o bem e, ao mesmo tempo, deve modificar o seu modo de pensar, pensar no que é justo e verdadeiro.

> ✡ Bíblia de Jerusalém: "Bendize a Iahweh, ó minha alma, e tudo o que há em mim ao Seu nome santo! Bendize a Iahweh, ó minha alma, e não esqueças nenhum dos seus benefícios. É ele quem perdoa todas as tuas faltas e cura todos os teus males" (Salmos 103:1-3). E: "Iahweh é compaixão e piedade, lento para a cólera e cheio de amor; Ele não vai disputar perpetuamente, e Seu rancor não dura para sempre" (Salmos 103:8-9).

> ☪ Alcorão: "Emulai-vos em obter a indulgência do vosso Senhor e um Paraíso cuja amplitude é igual à dos céus e da terra, preparado para os tementes" (Aal-i-Imran: 133). E: "Por que não se voltam para Deus e imploram o Seu perdão, uma vez que Ele é Indulgente, Misericordiosíssimo?" (Al-Ma'ida: 74). E: "Ó crentes, voltai, sinceramente arrependidos, a Deus; é possível que o vosso Senhor absolva as vossas faltas e vos introduza em jardins, abaixo dos quais correm os rios" (Al-Tahrim: 8). E: "Ele jamais mudará as condições que concedeu a um povo, a menos que este mude o que tem em seu íntimo" (Ar-Ra'd: 11).

> ✝ Versão da Bíblia King James Atualizada: "Arrependei-vos, portanto, e convertei-vos para que assim sejam apagados os vossos pecados" (Atos 3:19).

O grande sucesso na vida está em reduzir o número de erros e em aumentar as ideias que conduzem à verdade. O influxo de pensamentos novos, justos e sadios, no espírito, reflete-se beneficamente nas circunstâncias da vida, pois a verdade proporciona sempre uma conduta acertada e produz, portanto, resultados também acertados.

Uns anos atrás conheci um jovem que, durante certo tempo, foi a criatura mais fracassada que passou pela minha vida. Não obstante sua aparência agradável, fracassava em tudo. Arranjava um emprego e, nos primeiros tempos, despertava certo entusiasmo no patrão. Mas o entusiasmo era de curta duração. Não demorava muito, perdia o emprego. Isso se repetia sempre. Como empregado e como pessoa, era um fracassado. Tudo lhe corria mal. Não fazia uma coisa certa. Costumava perguntar a si mesmo qual a razão de tudo aquilo.

Era um tanto convencido. Prosa e presunçoso, tinha o irritante hábito de censurar todas as pessoas, menos a si mesmo. Na sua opinião, havia qualquer coisa de errado em todo escritório ou organização que o empregasse. Culpava todo mundo pelo seu fracasso. Nunca se autoanalisava. Jamais lhe ocorrera que o mal estava nele mesmo.

Uma noite, porém, quis conversar comigo. Como eu tinha de fazer uma viagem a uma cidade que ficava a cerca de cento e sessenta quilômetros distante da minha sede, onde tinha que fazer uma conferência, ofereceu-se para levar-me e trazer de carro. Na volta, paramos, cerca de meia-noite, junto a um bar, à beira da estrada, para comer um sanduíche e tomar uma xícara de café. Não sei o que havia no sanduíche, mas desde esse tempo comecei a ter certo respeito pelos sanduíches, pois, depois que ele o comeu, exclamou repentinamente:

— Já sei o que é!

— O que você sabe? — perguntei, admirado.

— Já tenho a resposta ao problema. Agora sei a razão de todas as minhas dificuldades. Tudo corria mal porque eu é que estava errado.

— Finalmente, rapaz, você ainda descobriu o mal a tempo — observei, dando-lhe uma palmadinha nas costas.

— E é claro como o cristal. Andei sempre pensando errado e, naturalmente, o resultado não podia dar certo.

Nesse momento já tínhamos saído do bar. Aproximamo-nos depois do carro e foi então que lhe falei o seguinte:

— Harry, você precisa ir mais além. Peça a Deus que o ilumine. — Citei-lhe uma passagem da Bíblia: "Tu conhecerás a verdade e a verdade libertar-te-á" (João 8:32). Não se esqueça dessa verdade. Você haverá de libertar-se de seus fracassos.

> ✡ Bíblia de Jerusalém: "Foi-te anunciado, ó homem, o que é bom, e o que Iahweh exige de ti: nada mais do que praticar a justiça, amar a bondade e te sujeitares a caminhar com teu Deus!" (Miqueias 6:8).

> ☪ Alcorão: "E Deus disse a verdade, e Ele mostra a (verdadeira) senda" (Al-Ahzab: 4). E: "E os crentes sabem que esta é a verdade emanada de seu Senhor" (Al-Baqara: 26).

Ele se transformou em um fervoroso adepto da religião cristã. Por meio de uma fé verdadeira e completa transformação em seu modo de pensar e em seus hábitos pessoais, eliminou os pensamentos e as atitudes que tanto o haviam prejudicado. Endireitou-se na vida desenvolvendo um padrão de pensamentos justos. Tudo começou depois a correr-lhe bem.

Damos abaixo sete regras para modificar suas atitudes mentais, fazendo-as passar de negativas para positivas, bem como para alimentar pensamentos novos e criadores e passar a adotar os padrões da verdade. Procure segui-las sempre. Elas surtirão efeito.

1. Durante as próximas vinte e quatro horas fale otimisticamente sobre tudo, sobre seu emprego, sobre sua saúde e sobre seu futuro. Esforce-se por fazê-lo acerca de tudo. Isso talvez lhe parecerá difícil, pois está acostumado a discorrer com pessimismo sobre tudo

que o cerca. Cumpre evitar esse hábito negativo, mesmo que isso exija grande força de vontade.

2. Depois de falar otimisticamente durante vinte e quatro horas, continue essa prática no decorrer de uma semana. Poderá depois assumir uma atitude "realista" durante um ou dois dias. Descobrirá que o sentido da atitude "realista" de uma semana atrás era na verdade pessimista, mas que agora é algo inteiramente diferente: é o começo da perspectiva positiva. Quando pessoas se dizem realistas, estão enganando a si mesmas: elas, na verdade, não passam de figuras negativas.

3. Da mesma maneira que você tem necessidade de alimentar o corpo, é preciso também que alimente o espírito. A fim de tornar o seu espírito sadio, cumpre alimentá-lo com ideias construtivas e sãs. Comece, pois, agora, a adotar pensamentos positivos. Leia o Novo Testamento e sublinhe toda frase que diga respeito à *fé*. Assinale assim todas as passagens sobre a fé que encontrar nos quatro livros de Mateus, Marcos, Lucas e João. Anote especialmente as de Marcos 11, versículos 22, 23 e 24. Eles servirão de amostras das passagens que deverá sublinhar e gravar profundamente em seu espírito.

4. Decore essas passagens. Decore uma por dia até que possa recitar de memória todas elas. Isso levará tempo. Lembre-se, porém, que você tem consumido muito mais tempo com suas atitudes negativas. São precisos esforços e tempo para eliminar tais atitudes.

5. Faça uma lista de seus amigos para determinar qual o que pensa mais positivamente, e cultive sua companhia. Não abandone os amigos de atitudes negativas: achegue-se, porém, aos que são dotados de uma visão positiva; faça-o durante algum tempo até absorver-lhes o espírito. Depois disso, poderá voltar para a companhia de seus amigos de atitudes negativas e incutir neles a nova feição de pensamentos que adquiriu, não aceitando naturalmente o negativismo deles.

6. Evite discussões. Sempre que for expressa uma ideia negativa, contraponha a ela uma opinião positiva e otimista.

7. Faça constantemente suas orações, dando-lhes sempre a força de ação de graça na suposição de que Deus lhe está dando coisas maravilhosas; pois, se assim o julgar, certamente haverá de recebê-las. Deus lhe dará apenas as bênçãos segundo a sua fé. Ele deseja dar-lhe grandes coisas, mas mesmo Ele não poderá fazê-lo receber mais do que aquilo em que você tem fé. "De acordo com a tua fé é que receberás" (Mateus 9:29).

> ☪ Alcorão: "Em verdade, Deus defende os crentes, porque Deus não aprecia nenhum traidor e ingrato" (Al-Hajj: 38). E: "Deus fortalecerá os crentes com a palavra firme na vida terrena, tão bem como na outra vida; e deixará que os injustos se desviem, porque procede como Lhe apraz" (Ibrahim: 27). E: "Os crentes que não obscurecerem a sua fé com injustiças obterão a segurança e serão iluminados" (Al-An'am: 82).

> Livro do Eclesiástico: ""Humilha-te perante Deus e espera que sua mão execute" (Eclesiástico 13:9).

O segredo de uma vida melhor, e de êxito, está em repelir os pensamentos doentios. Substitua-os por novas ideias impregnadas de fé. De uma coisa pode estar certo: o influxo de novos pensamentos fará de você novo homem, dar-lhe-á nova vida.

14

ACALME-SE PARA QUE POSSA ADQUIRIR FACILMENTE NOVAS FORÇAS

Todas as noites, nos Estados Unidos, mais de seis milhões de pílulas soporíferas são necessárias para fazer os americanos dormirem.

Essa surpreendente declaração me foi feita há vários anos por um fabricante de produtos farmacêuticos, por ocasião de uma convenção industrial, em que fiz uma conferência. Conquanto ela parecesse inacreditável, vim a saber de outros, que conheciam melhor a situação, que tal estimativa está agora muito abaixo da realidade.

De fato, ouvi de uma pessoa que é autoridade no assunto, que o povo americano está usando doze milhões de pílulas soporíferas por dia.

As estatísticas demonstraram que o consumo dessas pílulas aumentou em mil por cento nos últimos anos. Uma declaração muito recente é ainda mais alarmante. Segundo o vice-presidente de uma grande indústria farmacêutica, consomem-se aproximadamente sete bilhões de pílulas por ano, o que equivale a cerca de dezenove milhões por noite.

Que triste situação! O sono é um processo natural para a restauração das forças. Era de se pensar que qualquer pessoa, após o trabalho do dia, pudesse dormir tranquilamente. Mas ao que parece os americanos já nem sabem mais dormir. De fato, acham-se tão irritadiços que eu, um pastor com amplas oportunidades para submeter a questão a uma prova, devo confessar que os americanos estão tão nervosos e vibráteis que nem mesmo conseguem dormir ao ouvir algum sermão. Há anos que não vejo ninguém dormir na igreja. A situação não deixa de ser contristadora.

Um funcionário de Washington que gosta de jogar com os algarismos, principalmente os algarismos astronômicos, contou-me que, no ano passado, houve um total de sete e meio bilhões de dores de cabeça nos Estados Unidos. Isso equivale a aproximadamente cinquenta dores de cabeça *per capita* ao ano. Você já teve a sua quota este ano? Ele não me contou como chegou a esse número, mas, logo depois de nossa conversa, li uma notícia, segundo a qual a indústria farmacêutica, nos Estados Unidos, vendeu num ano recente onze milhões de libras de aspirina. Talvez esta Era poderia bem chamar-se "A Era da Aspirina", aliás como a denominou um escritor.

Uma autoridade na matéria declarou que metade dos leitos nos hospitais dos Estados Unidos se acha ocupada por pacientes, não por causa de alguma doença ou acidente, mas, sim, por eles não terem conseguido disciplinar as suas emoções.

Em quinhentos pacientes que foram examinados sucessivamente numa clínica, constatou-se que trezentos e oitenta e seis, ou setenta e sete por cento, sofriam de dificuldades psicossomáticas — doenças físicas causadas em grande parte por um estado mental mórbido. Outra clínica estudou grande número de casos de úlceras e relatou que quase metade dos casos não se originara de distúrbios físicos, mas do fato de os pacientes alimentarem preocupações, ódios e ressentimentos em demasia e viverem sob forte tensão nervosa.

Um médico de outra clínica externou a opinião de que, a despeito de todos os extraordinários progressos científicos, os facultativos apenas podem curar, por meio da ciência, menos da metade dos casos que lhes são confiados. Declarou que, em muitos casos, os pacientes lançam novamente em seus corpos os pensamentos doentios do espírito. Salientam-se entre esses pensamentos doentios a ansiedade e a tensão.

A situação tornou-se tão séria que nós, agora, no Marble Collegiate Church, na 5ª Avenida, esquina da rua 29, na cidade de Nova York, estamos com doze psiquiatras em nossa organização, sob a direção do dr. Smiley Blanton. Qual a razão de termos psiquiatras na organização da igreja?

A resposta está no fato de ser a psiquiatria uma ciência. Sua função é analisar, diagnosticar e tratar a natureza humana de conformidade com certas leis e processos bem comprovados.

Pode julgar-se também a religião como ciência. Ela é uma filosofia e um sistema de teologia, de metafísica e de culto. Enfeixa em si o código da moral. Tem também as características de uma ciência, dado o fato de ela basear-se num livro que encerra um sistema de técnicas e fórmulas destinadas à compreensão e tratamento da natureza humana. As leis são tão precisas e têm sido tantas vezes demonstradas, quando são aplicadas condições apropriadas de compreensão, fé e observância, que se poderá dizer que a religião forma uma ciência exata.

Quando uma pessoa vem à nossa clínica, o primeiro conselheiro é, talvez, o psiquiatra, o qual, numa maneira afável e cuidadosa, estuda o problema do paciente e lhe explica a razão de seus atos e atitudes. É importante fato que se deve conhecer. Por exemplo, por que você tem tido um complexo de inferioridade durante toda a sua vida? Por que vive sempre perseguido pelo medo? Por que nutre ressentimentos? Por que tem sido sempre tímido e calado? Por que faz tolices e diz coisas incoerentes? Esses fenômenos de sua natureza humana não surgem sem uma causa. Há uma razão para esse seu modo de agir, e é um dia importante em sua vida quando finalmente a descobre. Conhecer a si mesmo é o começo de sua própria transformação.

Em seguida a esse processo de conhecer-se a si mesmo, o psiquiatra entrega o paciente ao pastor que lhe diz então como deve proceder. Esse último aplica ao caso, em forma científica e sistemática, a terapêutica da oração, da fé e do amor. O psiquiatra e o pastor amalgamam seus conhecimentos e combinam sua terapêutica; o resultado está no fato de que muitas pessoas encontram a felicidade e uma nova vida. O pastor não procura ser um psiquiatra, nem este um pastor. Cada um executa sua própria função, mas sempre cooperando um com o outro.

O cristianismo utilizado nesse processo é o dos ensinamentos originais de Jesus Cristo, nosso Senhor e Salvador de nossa vida. Cremos na absoluta praticabilidade dos ensinamentos de Jesus. "Tudo posso naquele que me fortalece" (Filipenses 4:13).

> ✡ Bíblia de Jerusalém: "Ele disse: Iahweh é minha rocha, minha fortaleza, meu libertador: meu Deus, meu rochedo, nele me abrigo; meu escudo, minha arma de salvação, minha fortaleza, meu refúgio, meu salvador, Tu me salvas da violência" (2 Samuel 22:2-3).

> ☪ Alcorão: "E, a quem temer a Deus, Ele lhe apontará uma saída, e o agraciará quando menos esperar. Quanto àquele que confiar em Deus, saiba que Ele lhe será Suficiente, porque Deus cumpre o que promete" (At-Talaq: 2-3). E: "Porventura, não repararam em que Deus, Que os criou, é mais poderoso do que eles?" (Fussilat: 15).

O evangelho, como é empregado, prova ser a execução literal dessa extraordinária promessa: "Os olhos não viram, nem os ouvidos ouviram, nem entraram no entendimento dos homens as coisas que Deus preparou para aqueles que O amam" (1 Coríntios 2:9).

> ✡ Bíblia de Jerusalém: "Desde os tempos antigos nunca se ouviu, nunca se havia sabido, o olho não tinha visto um Deus que agisse em prol dos que esperam nele, exceto a Ti" (Isaías 64:3).

> ☪ Alcorão: "Aí, as almas lograrão tudo quanto lhes apetecer, bem como tudo que deleitar os olhos; aí morareis eternamente" (Az-Zukhruf: 71). E: "Nenhuma alma caridosa sabe que deleite para os olhos lhe está reservado, em recompensa pelo que fez" (As-Sajda: 17).

Tenha fé em Cristo; tenha fé em Seu sistema de pensamentos e ponha-o em prática; tenha fé e sobrepujará todo temor, ódio, complexo de inferioridade, ressentimentos e toda forma de derrotismo. Em outras palavras, tenha fé e adquirirá um grande bem. Você jamais viu, jamais ouviu e jamais imaginou o que Deus dará àqueles que O amam.

Um problema muito frequente nos trabalhos de nossa clínica é o da tensão nervosa. É em grande grau o que se poderá chamar a doença predominante no povo americano. Mas não é apenas o povo americano que a sofre. Há tempos, o Banco Real do Canadá dedicou sua carta mensal a esse problema sob o título: "Acalmemo-nos". Diz em parte: "Não visamos, nesta carta mensal, doutrinar sobre questões de saúde mental e física; estamos tentando vencer um problema que atormenta toda pessoa adulta no Canadá", e eu poderia acrescentar: nos Estados Unidos também.

A carta do banco prossegue, dizendo: "Somos vítimas de uma tensão que cada vez mais se vai estendendo; temos dificuldades em acalmar-nos. O nosso sistema nervoso vive sob forte tensão. Levando uma vida azafamada, cheia de agitações, às vezes à noite, não estamos vivendo como devíamos. Devemos lembrar-nos de uma citação de Carlyle, ou seja, 'a calma, supremacia do espírito, sobre as circunstâncias'."

Quando uma ilustre instituição bancária chama a atenção de seus clientes para o fato de deixarem de receber da vida aquilo que dela realmente desejam, é porque eles se tornaram vítimas da tensão, e é certamente tempo de se fazer alguma coisa quanto a essa situação.

Vi em St. Petersburg, Flórida, uma máquina na rua equipada com o seguinte dístico: "Qual a sua pressão?". Podia colocar-se nela urma moeda e receber a má notícia. Quando se pode comprar a informação sobre a pressão arterial em uma máquina da mesma maneira que se compra gomas de mascar, isso indica que muita gente está às voltas com tal problema.

Um dos métodos mais simples para se reduzir a pressão é adotar uma atitude calma. Faça tudo mais vagarosamente, sem se agitar. Meu amigo Brach Rickey, um famoso técnico de beisebol, declarou-me que não usa um jogador que esteja presa de excitação, mesmo que seja um esplêndido elemento. Para ser um jogador brilhante num campeonato, torna-se necessário completo domínio sobre os nervos e o espírito. Nada de precipitações. Esse é o método mais eficiente. Os músculos devem estar flexíveis e funcionar harmoniosamente. A precipitação no jogo apenas servirá para desfazer todas as combinações que se formam para o seu desenvolvimento. Isso se aplica tanto ao golfe como ao beisebol; aliás, a todos os esportes.

De 1907 a 1919, com exceção do ano de 1916, Ty Cobb foi o maior rebatedor da Liga Americana de Beisebol, um recorde que não foi superado até agora, que eu saiba. Ty Cobb deu de presente a um amigo meu o bastão com o qual realizou essa extraordinária proeza. Tive ocasião de segurar o bastão, o que fiz com grande respeito. Seguindo o espírito do jogo, assumi a pose de quem ia desferir uma "bastonada". Inegavelmente a minha atitude não lembrava de modo algum a do célebre jogador. De fato, o meu amigo, que havia sido em outros tempos um jogador de beisebol em uma pequena liga, sorriu e disse: "Ty Cobb jamais procederia dessa maneira. Você está rígido demais, muito tenso. Evidentemente, está exagerando. Provavelmente haveria de falhar na sua jogada".

Era interessante observar Ty Cobb. O bastão como que se integrava ao homem. Era um estudo que se fazia sobre o ritmo. Era admirável a naturalidade de seus movimentos. Ty Cobb era um mestre em matéria de serenidade. A mesma coisa se observa em tudo que se prende aos sucessos. Analise as pessoas que são realmente eficientes. Elas sempre parecem fazer as coisas com facilidade, sem o mínimo esforço. Ao procederem assim, estão dando vazão à máxima energia.

Um de meus amigos, um famoso negociante que lida com importantes questões e tem vários interesses, dá sempre a impressão de se achar sereno. Atende a tudo com eficiência e rapidez, porém sem excitação. Jamais se vê no rosto dele essa expressão de ansiedade e cansaço que se nota nas pessoas que não sabem como atender a tempo e a hora às suas obrigações. Perguntei-lhe em que consistia o segredo da sua calma.

Ele sorriu e explicou:

— Oh, não é um grande segredo. Apenas procuro manter-me em harmonia com Deus. Só isso. Todas as manhãs, depois do café, eu e minha mulher vamos para a sala de estar e ali ficamos durante certo tempo entregues a uma doce tranquilidade. Lemos em voz alta algum trecho inspirador que nos conduz à meditação. Tanto pode ser um poema como alguns parágrafos de um livro. Depois disso, ficamos sentados muito tranquilamente.

Fazemos nossa prece ou meditamos, cada um a seu modo, e, em seguida, afirmamos o pensamento de que Deus nos está dando forças e serena energia. Trata-se realmente de um ritual que observamos durante quinze minutos todos os dias. Não poderíamos passar sem ele. Não fosse isso, eu estaria completamente vencido pelos nervos. Como resultado, sinto que adquiro mais energia do que necessito.

Foi o que declarou esse homem eficiente, que demonstra possuir uma grande calma.

Conheço inúmeras pessoas, homens e mulheres, que põem em prática essa técnica ou outras semelhantes para reduzir a tensão em suas vidas. É um processo que está se generalizando e tornando-se popular hoje em dia.

Numa manhã fria de fevereiro, eu atravessava apressado a varanda de um hotel, na Flórida, sobraçando a correspondência que acabara de receber de meu escritório de Nova York. Eu tinha ido passar ali as férias de verão. Parecia que não podia prescindir daquela rotina de atender à minha correspondência logo pela manhã. Ia passando, pois, apressado pela varanda, a fim de dedicar duas horas de trabalho à correspondência, quando um amigo, que viera do estado da Geórgia, que estava sentado numa cadeira de balanço, com o chapéu um pouco caído para a frente, deteve-me, perguntando-me com aquele tom de voz arrastado, muito peculiar e agradável dos homens do sul:

— Aonde vai com tanta pressa, doutor? — Acrescentou depois: — Isso não é maneira de se conduzir aqui nestas manhãs de sol. Venha sentar-se a meu lado numa dessas cadeiras de balanço e ajudar-me a praticar uma das maiores artes que temos.

— Ajudá-lo a praticar uma das maiores artes? Que arte? — perguntei intrigado.

— Uma arte que já está desaparecendo — respondeu ele. — Poucas são as pessoas que sabem como executá-la — acrescentou.

— Queira dizer-me que arte é essa. Não o vejo praticar arte alguma — observei.

— Se estou! Estou praticando a arte de espairecer aqui ao sol. Sente-se aqui e tome sol. Sentirá um doce calor e um ar agradabilíssimo. Faz um grande bem isso para a gente. Por acaso já pensou alguma vez no sol? — indagou. — Ele nunca tem pressa, não se excita; faz o seu trabalho vagarosamente, sem ruído. Não toca campainha, não atende ao telefone: vai prosseguindo no seu curso, derramando sua luz brilhante. Ele faz mais trabalhos na fração de um minuto do que você e eu poderíamos fazer em toda a existência. Pense no que ele faz. Faz as flores florescerem, dá desenvolvimento às árvores, aquece a terra, desenvolve as frutas e os legumes, torna propícias as colheitas, absorve a água para enviá-la novamente à terra e nos fazer sentir doce tranquilidade.

— Quando estou sentado ao sol e o deixo banhar-me com seus raios, sinto que estou recebendo dele uma soma de energias; isto é, quando tenho tempo de ficar sentado durante um bom bocado de tempo.

— Deixe, pois, a correspondência aí num canto e venha sentar-se aqui a meu lado — propôs.

Acedi ao convite. Quando finalmente fui para o quarto, tal era minha disposição que atendi à minha tarefa num curto espaço de tempo. Sobrou-me ainda boa parte do dia para as atividades próprias das férias e também para mais alguns espairecimentos ao sol.

Naturalmente, conheço muitas pessoas preguiçosas que vivem sempre sentadas ao sol a vida toda e que não chegam a ser coisa alguma. Há uma diferença entre espairecer e ficar apenas sentado. Se se sentar, relaxar os nervos e pensar em Deus, pondo-se em harmonia com Ele e entregar-se ao fluxo da Sua força, nesse caso não é uma atitude de preguiça; de fato, é, por assim dizer, a melhor maneira de renovar as forças. Ela produz a energia impulsionadora, a energia que você impulsiona e não a que impulsiona você.

O segredo está em manter o espírito sereno, evitando todas essas horríveis reações ligadas à pressa e entregando-se a doces pensamentos. A essência dessa arte está em não deixar acelerar o ritmo de suas atividades e em exercê-las numa base eficiente para que possa manter sempre a energia. É aconselhável adotar um ou dois planos exequíveis, pelos quais você possa tornar-se perito em usufruir uma força serena e producente.

Um dos melhores planos dessa natureza me foi sugerido pelo capitão Eddie Rickenbacker. Ele é um homem ocupadíssimo e consegue atender às suas tarefas de um modo que indica possuir reservas de energias. Descobri, quase por acidente, um elemento do seu segredo.

Foi por ocasião da filmagem de um programa de televisão em que ele também participava. Tinham-nos garantido que o trabalho poderia ser feito rapidamente, deixando o nosso amigo livre para atender depois às muitas outras tarefas que constavam de sua agenda diária.

Contudo, a filmagem estava sendo protelada, mais do que pensara. Notei, porém, que o capitão não demonstrava sinal algum de excitação. Não ficou nervoso nem impertinente. Não andou de um lado para outro nem cuidou de dar recados ao seu escritório. Havia duas velhas cadeiras de balanço no estúdio, aparentemente para serem usadas em alguma cena de outra peça. Ele se sentou numa delas e ali ficou muito tranquilamente.

Fui sempre um grande admirador de Eddie Rickenbacker e comentei aquela sua tranquilidade.

— Sei o quanto você é ocupado — observei — e admira-me a maneira como você se conduz. Vejo-o aí tão calmo, tão sossegado ...

Quanto a mim, sentia-me um pouco inquieto, em grande parte por tomar tanto o tempo do capitão Rickenbacker.

— Como você consegue ficar assim tão imperturbável? — perguntei. Ele sorriu e respondeu:

— Oh! Costumo apenas praticar o que você prega em seus sermões. Tem-se de ter calma. Venha sentar-se aqui a meu lado. — Puxei a cadeira e sentei-me também para relaxar os nervos.

— Eddie, sei que você tem certa técnica para conseguir essa serenidade extraordinária. Diga-me, qual é ela?

Ele é um homem modesto, mas, como eu insistisse, deu-me a fórmula que diz usar frequentemente. Eu mesmo costumo agora empregá-la. É muito eficiente. Pode ser descrita como se segue:

Primeiro, relaxe os músculos. Faça-o várias vezes ao dia. Não os deixe ficar tensos. Conceba a ideia de um completo abandono do corpo. Idealize um enorme saco de batatas. Corte-o depois, deixando as batatas rolarem livremente. Mire-se na mesma situação desse saco esvaziado. Quer situação mais cômoda?

O segundo elemento na fórmula é o "esvaziamento" do espírito. Todos os dias elimine do espírito todas as irritações, ressentimentos, desapontamentos, frustrações e aborrecimentos. A não ser que o faça frequente e regularmente, esses pensamentos doentios acumular-se-ão até sobrevir uma explosão. Mantenha o espírito completamente livre de todos os fatores que impeçam o fluxo de uma doce calma.

Terceiro elemento: faça suas meditações. Isso quer dizer que deverá voltar, em intervalos regulares, o seu espírito para Deus. Pelo menos três vezes ao dia "erga os olhos para as alturas". Isso o manterá em harmonia com Deus, proporcionando-lhe doce paz.

Esse programa me impressionou grandemente. Há meses que o venho adotando. É um método excelente para se acalmar e viver serenamente.

De meu amigo, o dr. Z. Taylor Bercovitz, da cidade de Nova York, aprendi muito sobre essa arte de trabalhar descansadamente. Muitas vezes, quando às voltas com suas tarefas, o escritório cheio de pacientes e com muitos chamados telefônicos, ele cessa suas atividades, apoia-se na mesa de trabalho e faz sua prece a Deus em uma maneira natural e respeitosa. Gosto do estilo em que a faz. Diz-me ele que é mais ou menos neste teor: "Deus Todo-Poderoso, estou me excedendo no trabalho. Estou ficando um pouco agitado. Aqui estou aconselhando aos meus pacientes para que se mantenham sempre calmos e serenos. Eu também preciso pôr em prática esse conselho. Dai-me Vossa doce paz. Dai-me serenidade, forças, e conservai minhas energias a fim de que possa auxiliar aqueles que me procuram".

Ele permanece tranquilo durante uns minutos e depois agradece a Deus. Continua em seguida com sua tarefa sem se azafamar.

Muitas vezes, ao ter de visitar um cliente doente na cidade, vê-se em meio ao congestionamento do tráfego. Tem um método interessantíssimo, que é o de se servir dessas demoras irritantes para relaxar os nervos. Costuma desligar o motor do carro, derrear-se no assento, apoiar a cabeça no encosto do banco e cerrar os olhos. Chega, às vezes, a dormir. Diz que não há razão para se preocupar se dormir, pois as buzinadas estridentes dos outros carros o acordam quando o trânsito fica livre.

Esses intervalos de completo relaxamento dos nervos, por ocasião do congestionamento do tráfego, são de curta duração mas servem para renovar as energias. É surpreendente o quanto de minutos, durante o dia, poderá você empregar para repouso. Se nesses pequenos períodos você puder conseguir esse poder de Deus, irá poder manter dentro de si uma doce serenidade. Não é a extensão do tempo para repouso que produz a energia, mas sim a qualidade dessa experiência.

Contaram-me que Roger Babson, o célebre homem das estatísticas, costuma sempre ir a uma igreja vazia para gozar uns momentos de tranquilidade. Ele lê talvez um ou dois hinos. Encontra nisso um verdadeiro descanso e um manancial de energias. Dale Carnegie, quando sob alguma tensão tem por hábito ir a uma igreja que fica próxima de seu escritório, em Nova York, onde passa um quarto de hora em meditação, após fazer suas preces. Diz ele que, quando as suas atividades apertam, costuma deixar o escritório e ir à igreja justamente para esse fim. Isso demonstra que tem domínio sobre o tempo. Não se deixa dominar por ele. Indica também absoluto zelo para que a tensão não se desenvolva a ponto de se tornar incontrolável.

Uma noite, numa viagem que fiz de trem de Washington a Nova York, encontrei um amigo, membro do Congresso. Contou-me que ia ao seu distrito falar num comício de seus constituintes. Explicou-me que havia lá também um grupo que lhe era hostil e que provavelmente tais elementos iriam causar-lhe certas dificuldades. Se bem que representassem uma minoria em seu distrito, teria de enfrentá-los.

— São cidadãos americanos e eu sou o representante deles. Têm o direito de se encontrar comigo se o desejarem.

— Você não parece estar lá muito preocupado com isso — comentei.

— De fato, não estou. Se fosse preocupar-me, ficaria impossibilitado de sair-me bem.

— Você tem algum método especial para enfrentar uma situação assim tensa? — perguntei-lhe.

— Oh, tenho. Aquela gente gosta de barulho, mas eu tenho cá a minha maneira de enfrentar tais situações sem tensão nervosa. Respirarei profundamente, falarei muito pausadamente e com sinceridade. Serei amável e respeitoso, dominar-me-ei e confiarei em Deus até o fim.

— Aprendi um fato importante — continuou o congressista — que é o seguinte: seja qual for a situação, é preciso relaxar os nervos, manter-se calmo, assumir uma atitude amiga, ter fé e dar de si o que tiver de melhor. Procedendo assim, geralmente as coisas haverão de correr bem.

Não tenho dúvida quanto à capacidade desse congressista em viver e trabalhar sem tensão nervosa e, mais ainda, de atingir de maneira brilhante os seus objetivos.

Quando estávamos fazendo uma construção em minha chácara em Pawling, Nova York, eu observava um trabalhador que manejava uma pá. Ele estava removendo um monte de areia. Era um quadro interessante. Nu até a cintura, seu corpo magro e musculoso movia-se com precisão e absoluta coordenação. A pá erguia-se e caía num ritmo perfeito. Ele a enfiava na areia, apoiava o corpo sobre o cabo e empurrava-o. Depois, num movimento natural, erguia a pá e depositava a areia num carro ao lado. Fazia-o ininterruptamente; os movimentos eram sempre os mesmos. Tinha-se quase a impressão de que se podia cantar uma canção acompanhando o ritmo dos movimentos daquele trabalhador. E, na verdade, ele cantava ao fazer aquele trabalho.

Não me admirei quando o capataz me contou ser ele um de seus melhores operários. O capataz, falando-me sobre ele, disse também que era uma criatura de bom humor, feliz e agradável. Realmente, ali estava um homem tranquilo, que vivia satisfeito, mestre na arte de trabalhar sem dispersar energias inutilmente.

Essa disposição serena resulta da recreação e o processo da recreação deve ser contínuo. A criatura humana foi feita para receber sempre um contínuo fluxo de energias que procede de Deus. Quando se vive em harmonia com esse processo de recreação constante, adquire-se essa qualidade indispensável para se ter uma boa disposição e trabalhar com facilidade.

Como dominar essa arte? Seguem-se dez regras para eliminar as dificuldades e aplainar o seu caminho. Experimente tais métodos para trabalhar com facilidade, métodos esses que se acham comprovados pela experiência. Nada de esforços exagerados. Essas regras auxiliá-lo-ão a manter-se sereno e cheio de energia.

1. Não se tenha na conta de um Atlas a carregar o mundo sobre os ombros. Não exagere em seus esforços. Procure manter-se sereno.

2. Faça por gostar de seu trabalho. Ele acabará tornando-se uma coisa agradável e não um aborrecimento. Talvez não precise mudar de ocupação. Mude de temperamento e seu trabalho lhe parecerá diferente.

3. Trace um plano para fazer o seu trabalho. Uma falta de sistema pode acarretar situações difíceis.

4. Não procure fazer tudo ao mesmo tempo. Há tempo para tudo. Tenha em mente este sábio conselho da Bíblia: "Isto eu faço" (Filipenses 3:13).

> ✡ Bíblia de Jerusalém: "Qual é o deus como Tu, que tira a falta, que perdoa o crime? Em favor do resto de suas heranças, ele não exaspera sempre sua cólera, mas tem prazer em conceder graça. Mais uma vez ele terá piedade de nós, pisará aos pés nossas faltas, lançará no fundo do mar todos os nossos pecados" (Miqueias 7:18-19).

> ☪ Alcorão: "Dize-lhes: Agi, pois Deus terá ciência da vossa ação; o mesmo farão o Seu Mensageiro e os crentes" (At-Tawba: 105). E: "Deus não pôs no peito do homem dois corações" (Al-Ahzab: 4).

> ✞ Versão da Bíblia King James Atualizada: "Sem mais, irmãos, despeço-me de vós! Procurai agir com maturidade, tende bom ânimo, encorajai-vos mutuamente, tende um só pensamento principal e vivei em harmonia. E o Deus de amor e paz estará convosco" (2 Coríntios 13:11).

5. Obtenha uma atitude mental correta, lembrando-se de que a facilidade ou a dificuldade em seu trabalho dependerá da maneira que pensar sobre ele. Se pensar que é difícil, torná-lo-á difícil. Se pensar que é fácil, ele tenderá a tornar-se fácil.

6. Torne-se eficiente em seu trabalho. "Saber é poder" (isso se refere também ao seu trabalho). É sempre mais fácil fazer uma coisa direito.

7. Relaxe sempre os nervos. A calma é tudo. Nada de pressa. Devagar se vai longe.

8. Seja metódico e não deixe para amanhã o que pode fazer hoje. A acumulação de trabalhos por fazer torna a tarefa mais pesada. Mantenha o trabalho em dia.

9. Faça uma prece pelo seu trabalho. Você adquirirá boa eficiência assim procedendo.

10. Admita o "sócio invisível". É surpreendente a carga que Ele tirará de seus ombros. Deus se acha à vontade tanto nos escritórios, fábricas, lojas e cozinhas como nas igrejas. Ele conhece o seu trabalho mais do que você. Seu auxílio tornará fácil a sua tarefa.

15

COMO FAZER AS PESSOAS GOSTAREM DE VOCÊ

Devemos admitir que desejamos que as pessoas gostem de nós. Você talvez tenha ouvido alguém dizer: "Pouco me importa se gostam ou não de mim". Toda vez que ouvir uma pessoa fazer semelhante afirmativa você pode estar certo de que ela não está absolutamente dizendo a verdade.

O psicólogo William James declarou que um dos mais profundos desejos da criatura humana é o de ser apreciada. Esse desejo de ser amado, estimado e procurado é fundamental em nós.

Fez-se um escrutínio entre alguns estudantes universitários, sobre o seguinte quesito: "O que é que você mais deseja?". A maioria esmagadora dos estudantes, em resposta, declararam que desejavam ser populares. Esse mesmo anseio se vê também nos velhos. Realmente, é duvidoso que alguém possa sobreviver ao desejo de ser bem lembrado, muito considerado ou de ter a afeição de seus companheiros.

Para ser um mestre da arte de ser popular, basta ser natural. Esforce-se de modo exagerado para conseguir a popularidade e as possibilidades serão que você jamais a terá. Mas torne-se uma dessas raras personalidades a respeito das quais as pessoas costumam dizer: "Inegavelmente ele é uma criatura que se impõe", e poderá estar certo de que estará abrindo o caminho para as pessoas gostarem de você.

Porém, devo preveni-lo de que, a despeito da popularidade que possa alcançar, jamais irá poder fazer com que todo mundo goste de você. Há uma curiosa artimanha na natureza humana, a qual inibe que algumas pessoas venham a gostar de outrem. Uma quadrinha escrita num muro em Oxford diz:

> Eu não gosto do senhor, dr. Fell,
> O porquê não sei dizer,
> Mas uma coisa eu
> sei muito bem,
> Eu não gosto do senhor, dr. Fell.

Essa quadrinha é muito sutil. O seu autor não apreciava o dr. Fell. Não sabia explicar a razão, apenas sabia que não o apreciava. Era provavelmente uma ojeriza desarrazoada, pois o dr. Fell era indubitavelmente uma excelente pessoa. Talvez, se o autor dos versos o tivesse conhecido melhor, tê-lo-ia apreciado, mas o fato é que o pobre dr. Fell jamais veio a ser estimado pelo autor dessa quadrinha. Possivelmente isso fosse devido a uma falta de *rapprochement*, esse mecanismo mistificador, pelo qual uma pessoa cai ou não nas graças de alguém.

Até mesmo a Bíblia reconhece esse fato desagradável sobre a natureza humana, pois diz o seguinte: "Vive em paz com todos os homens se for possível e tanto quanto puderes fazê-lo" (Romanos 12:18).

> ✡ Bíblia de Jerusalém: "Farei brotar o louvor dos seus lábios: "Paz! Paz ao que está longe e ao que está perto, diz Iahweh, eu o curarei" (Isaías 57:19).

> ☪ Alcorão: "Ó crentes, abraçai o Islam na sua totalidade e não sigais os passos de Satanás, porque é vosso inimigo declarado" (Al-Baqara: 208). E: "E os servos do Clemente são aqueles que andam pacificamente pela terra e, e quando os ignorantes lhes falam, dizem: Paz!" (Al-Furqan: 63).

A Bíblia é um livro muito realista e conhece os homens, suas infinitas possibilidades e também suas imperfeições. Ela aconselhou aos discípulos o seguinte: se eles fossem a uma aldeia e não pudessem viver bem com seus habitantes, não obstante todos os seus esforços, deveriam sacudir dos pés o pó da aldeia. "Quando saíres da cidade daquele que não te quis receber, sacode dos pés o próprio pó como testemunho contra ele" (Lucas 9:5).

> ✡ Bíblia de Jerusalém: "Tu lhes dirás todas estas palavras, mas eles não te escutarão. Tu os chamarás, e eles não te responderão. Tu lhes dirás: Esta é a nação que não escutou a voz de Iahweh seu Deus, e não aceitou o ensinamento. A fidelidade pereceu: foi eliminada de sua boca" (Jeremias 7:27-28). E: "Ide-vos! Ide-vos! Saí daqui! Não toqueis nada do que seja impuro, saí do meio dela, purificai-vos, vós os que levais os utensílios de Iahweh" (Isaías 52:11).

> ☪ Alcorão: "Aqueles que desmentiram Xu'aib foram despojados das suas habitações, como se nunca nelas houvessem habitado" (Al-A'raf: 92). E: "Proclama, pois, o que te tem sido ordenado e afasta-te dos idólatras" (Al-Hijr: 94)

Isso quer dizer que você não deve magoar-se pelo fato de não conseguir uma perfeita popularidade junto a todas as pessoas.

No entretanto, há certas fórmulas e processos que, se forem observados fielmente, poderão fazer de você uma pessoa benquista. Poderá gozar de relações pessoais satisfatórias, mesmo que você seja uma pessoa "difícil", ou, por natureza, acanhada e retraída e até mesmo insociável. Poderá fazer de si mesmo uma pessoa que goza de relações normais, naturais e agradáveis.

Cumpre aconselhá-lo a considerar a importância dessa questão e a dispensar-lhe tempo e atenção, sem o que jamais seria feliz e coroado de êxito. A negligência, nesse particular, afetá-lo-á psicologicamente. Ser estimado é de profunda importância; é mais profundo que a simples satisfação do "eu". As relações pessoais são ainda mais importantes e não deixam de ser necessárias para o seu êxito na vida.

O conhecimento que se tem de que não se é desejado ou necessário provoca uma das reações humanas mais devastadoras. Torne-se, pois, uma criatura expansiva. O "lobo solitário", o indivíduo isolado e retirado, eis criaturas cujos sofrimentos dificilmente poderíamos descrever; para se defender, elas se recolhem ainda mais para dentro de si mesmas. Sua natureza introvertida não recebe esse desenvolvimento normal que as pessoas expansivas experimentam. A personalidade poderá fenecer e desaparecer se não se exteriorizar e for útil a alguém. A sensação que se tem de não ser desejado ou necessário produz frustração, envelhecimento e males físicos. Se você tem a sensação de que é uma criatura desnecessária, trate de remediar a situação, pois esse modo de viver não somente é horrível como também é psicologicamente prejudicial. As pessoas que tratam dos problemas da natureza humana constantemente deparam com essa questão e com seus infelizes resultados.

Por exemplo: no almoço realizado pelo Rotary Clube, em certa cidade, dois médicos achavam-se sentados à minha mesa; um era um senhor idoso, que havia se aposentado fazia alguns anos, e o outro o mais jovem e o mais popular dos médicos na cidade. Este último chegara tarde ao almoço, a fisionomia cansada. Deixara-se cair na cadeira com um profundo suspiro.

— Pudessem esses telefones deixar de tocar — queixou-se ele. — Não posso ir a parte alguma, pois estão sempre me chamando. Às vezes, tenho vontade de travar a campainha do telefone — acrescentou.

— Compreendo perfeitamente esse seu modo de sentir — observou o médico idoso em voz tranquila. — Eu também sentia a mesma coisa. Dê, porém, graças aos céus por essas chamadas telefônicas. Fique satisfeito de saber que é procurado. Ninguém me chama hoje em dia. Como gostaria de ouvir o telefone tocar novamente! Ninguém me quer; ninguém precisa de mim. Sou uma figura do passado.

Nós todos que estávamos ali à mesa e que, às vezes, nos sentíamos um pouco fatigados devido às nossas inúmeras atividades, meditamos nas palavras do velho médico.

Uma senhora de meia-idade queixou-se de que não se sentia bem. Julgava-se infeliz: — Meu marido morreu; os filhos já são homens feitos; não há mais lugar para mim. Todo mundo me trata bondosamente, mas acontece que as pessoas são indiferentes. Todos têm seus próprios interesses. Ninguém precisa de mim. Às vezes pergunto a mim mesma se não é essa a razão de eu não me sentir bem. Na verdade, poderia muito bem ser essa a razão.

Num escritório comercial, o fundador de uma firma, que já tinha passado dos setenta anos, andava de um lado para outro na sala em que exercera, durante anos, suas atividades. Estava um tanto inquieto. Veio conversar comigo quando o filho, o atual chefe da firma a quem eu fora visitar, se achava falando ao telefone. Disse-me com certo laivo de tristeza: — Por que o senhor não escreve um livro sobre a arte de se aposentar? É do que preciso agora. Pensei que ia ser muito agradável passar sem esses encargos do negócio, mas agora vejo que ninguém está mais interessado no que digo. Sempre pensei que fosse uma criatura popular. Agora, quando apareço por aqui e me sento no escritório, todo mundo apenas me diz "alô" e me esquece depois. Eu poderia ficar em casa, que eles pouco estariam se incomodando com a minha vida. Meu filho está dirigindo os negócios da firma e está indo muito bem, mas — concluiu ele tristemente — eu gostaria de pensar que eles precisam ainda um pouco de mim.

Essas pessoas estão sofrendo uma das mais tristes e infelizes experiências desta vida. Seu desejo básico é serem procuradas, e esse desejo não está sendo satisfeito. Elas querem ser apreciadas. O homem gosta de ser estimado. Entretanto, essa situação não se dá apenas com as pessoas aposentadas.

Uma jovem de vinte e um anos me contou que era uma criatura desprezada desde o nascimento. Alguém lhe tinha infundido a ideia de que era uma criança indesejada. Essa infeliz ideia mergulhara em seu subconsciente, dando-lhe uma profunda sensação de inferioridade e de menosprezo para consigo mesma. Tornou-se acanhada e arredia. Ela veio a ser uma criatura solitária e infeliz e, de fato, veio a prejudicar-se com isso. A cura para essa condição estava em dar-lhe nova vida espiritual, modificando-lhe o seu modo de pensar. Esse processo, com o tempo, transformou-a em uma pessoa benquista, pois libertou-a de si mesma.

Inúmeras outras pessoas que não são, por assim dizer, vítimas de profundos conflitos psicológicos, jamais conseguiram dominar essa ânsia de querer ser benquistas. Fazem tudo para consegui-lo. Chegam a ir aos extremos, muitas vezes agindo de maneira contrária ao seu modo de pensar, porém, de que lançam mão para satisfazer esse desejo intenso, o de serem benquistas. Vemos, hoje em dia, em toda parte, pessoas que recorrem a artifícios de toda natureza para conquistar a popularidade, mas a popularidade nesse sentido superficial em que essa palavra é muitas vezes empregada na sociedade moderna.

O fato é que a popularidade pode ser conquistada, bastando para isso observar-se umas normas simples, naturais, normais e fáceis. Se forem seguidas diligentemente, poderão fazer com que a pessoa se torne benquista.

Primeiro, seja uma pessoa agradável, isto é, uma pessoa a quem as demais possam associar-se sem constrangimento. Tem-se dito de certas criaturas: "É uma criatura com quem a gente nunca pode estar bem". Há sempre uma barreira nessas pessoas, que é intransponível. Uma pessoa agradável é natural em todas as suas manifestações. Mostra-se sempre alegre e cordial. Sente-se realmente prazer em sua companhia. O indivíduo rígido, reservado e arredio, jamais é absorvido num grupo. Vive quase sempre à parte. Nunca se sabe como lidar com ele ou como reagirá. É difícil de se tratar com ele.

Uns rapazes, comentando sobre um jovem de dezessete anos, de quem gostavam muito, diziam: "Ele é um bom companheiro; é muito alegre e muito 'dado'". É importantíssimo cultivar essa qualidade de ser natural. Geralmente essa espécie de criatura é possuidora de uma alma grande. As pessoas mesquinhas, que só pensam na maneira em que são tratadas e têm ciúmes de sua posição e meticulosamente se firmam em suas prerrogativas, são rígidas e se ofendem "por dá cá essa palha".

Um homem que é um belo exemplo dessas verdades é James A. Farley, antigo diretor-geral dos Correios dos Estados Unidos.

Encontrei-me com o sr. Farley, pela primeira vez, uns anos atrás. Meses depois o encontrei num grande grupo de pessoas e ele me chamou pelo nome. Sendo uma criatura humana, jamais pude esquecer este fato; é a razão por que sempre gostei dele.

Um interessante incidente ilustra o segredo desse cavalheiro, que é perito na arte de fazer as pessoas gostarem dele. Eu tinha de fazer uma conferência, em Filadélfia, juntamente com o sr. Farley e dois escritores, num almoço de editores e escritores. Na verdade, não presenciei o fato que vou descrever, pois tinha chegado atrasado, porém o meu editor o presenciou. Os conferencistas desse almoço iam atravessando o corredor do hotel quando passaram por uma criada de cor que se achava parada junto a um carrinho cheio de lençóis, toalhas e outros equipamentos. Ela não deu atenção ao pequeno grupo de pessoas quando todos se desviaram do carrinho. O dr. Farley, no entanto, voltou-se para ela, estendeu-lhe a mão, dizendo: — Olá! Como vai a senhora? Eu sou Jim Farley. Como se chama? Prazer em conhecê-la.

O meu editor olhou para trás quando o grupo chegou ao vestíbulo. A criada tinha ficado boquiaberta; um belo sorriso viera depois a iluminar-lhe as feições. Foi um belo exemplo de como uma pessoa expansiva, agradável e natural se coroa de êxito nas relações com as demais.

O departamento de psicologia de uma universidade levou a efeito uma análise dos traços da personalidade pelos quais as pessoas são estimadas ou detestadas. Analisaram-se cientificamente cem traços. Relataram que uma pessoa, para ser apreciada, deve ter quarenta e seis traços favoráveis. É um tanto desencorajador saber que se deve ter um número assim tão grande de características para atingir tal objetivo.

Contudo, a religião ensina que uma característica básica contribuirá bastante para fazer as pessoas gostarem de nós. Essa característica é a afeição e o interesse sincero e imediato pelas pessoas. Talvez se você a cultivar, outras características se desenvolverão naturalmente.

Se você não for esse tipo de pessoa agradável, aconselho a fazer um estudo de si mesmo com o objetivo de eliminar os elementos nocivos que possam existir. Não suponha que a razão de outras pessoas não gostarem de você advenha de algo injustificável por parte delas. Em vez disso, suponha que o mal está em você mesmo. Procure descobri-lo e trate depois de eliminá-lo. Isso requer absoluta sinceridade e poderá exigir o auxílio de peritos em questões psicológicas. Esses elementos nocivos talvez já venham vindo há anos. Talvez tenham sido tomados como defesa ou resultado de atitudes que se desenvolveram em sua juventude. Independentemente da origem, podem ser limitados por meio de um estudo científico que fizer de si mesmo e se reconhecer a necessidade que tem de seguir um processo de reabilitação.

Um homem veio à nossa clínica, na igreja; desejava nosso auxílio nesse problema de relações pessoais. Aparentava ter uns trinta e cinco anos de idade; era o tipo de homem que chamava a atenção. Era bem proporcionado de corpo. Causava mesmo boa impressão. Considerando-o assim superficialmente, era de se admirar que as pessoas não gostassem dele. Expôs toda uma série de circunstâncias e casos infelizes para demonstrar o seu fracasso nas relações humanas.

— No entanto, faço tudo que é possível. Procurei pôr em prática as regras que me ensinaram para viver bem com as outras pessoas. Todos os meus esforços têm sido inúteis. Ninguém gosta de mim e, o que é mais ainda, é coisa que percebo.

Depois de conversar com ele, não me foi difícil descobrir o mal. Havia no seu modo de falar um quê de crítica persistente, uma crítica muito velada, mas nem por isso deixava de transparecer. Tinha um hábito muito desagradável de cerrar os lábios, o que indicava certa afetação ou censura para com todo mundo, como se ele se sentisse um pouco superior às demais criaturas e as desprezasse. De fato, notava-se-lhe na atitude o espírito de quem se julga superior. Era muito rígido, inflexível.

— Não há um meio de modificar-me de maneira que as outras pessoas venham a gostar de mim? — indagou. — Não há um meio de eu poder acabar com essa irritação que inconscientemente provoco em todo mundo?

O jovem era realmente egoísta e ególatra. Toda frase, bem como toda a atitude, era inconscientemente medida em termos de como reagia sobre si mesmo. Tivemos de o ensinar a amar outras pessoas e a esquecer-se de si, o que era, naturalmente, uma completa inversão de seu desenvolvimento. Foi, porém, vital para a solução de seu problema. Descobri que se irritava com as pessoas e as criticava mentalmente, se bem que não exteriorizasse os conflitos a que se entregava. Intimamente procurava transformar as pessoas de maneira a ajustá-las à sua própria vontade. Inconscientemente elas percebiam isso sem que pudessem, no entanto, definir o mal. Erigiram, assim, em seus espíritos, verdadeiras barreiras contra ele.

Como seus pensamentos eram desagradáveis, suas atitudes se ressentiam de certo calor. Ele se mostrava bastante delicado e se esforçava por não ser importuno, mas acontecia que as pessoas com as quais tratava percebiam nele frieza e o evitavam quase sempre, daí as suas queixas. Se elas o evitavam era porque ele também, em seu espírito, procedia da mesma maneira. Era demasiado ególatra e, com isso, menosprezava os demais. Sofria de verdadeiro narcisismo. A cura de seu mal se efetuaria com a afeição que viesse a testemunhar pelos semelhantes.

Ele se sentiu confuso e espantado quando expusemos suas dificuldades. Mostrou-se, porém, sincero e disposto a corrigir-se. Pôs em prática as normas que sugerimos para criar afeição pelos outros, em vez de alimentar a egolatria. Seria necessário modificar-se fundamentalmente para atingir esse objetivo, e foi o que conseguiu fazer.

Um método que sugerimos foi o seguinte: à noite, antes de deitar-se, devia fazer uma lista das pessoas que tinha encontrado durante o dia, como, por exemplo, o chofer do ônibus ou o jornaleiro. Tinha de rever no espírito cada pessoa, cujo nome constava da lista, e ter para com ela um pensamento agradável. Devia depois fazer uma prece para cada uma. Tinha de orar pelo seu pequeno mundo. Nós todos temos o nosso próprio mundo; ele é formado das pessoas com as quais temos negócios ou com as quais estamos relacionados de um modo ou outro.

Por exemplo, a primeira pessoa fora da família com quem esse jovem se encontrava, pela manhã, era o ascensorista do prédio de apartamentos onde morava. Ele não tinha costume de trocar palavras com esse empregado. Dizia-lhe apenas um "bom-dia" como se fosse uma obrigação. Começou então a dispensar-lhe um pouco de atenção. Perguntava pela família e mostrava-se interessado pelos seus negócios. Descobriu que o ascensorista tinha um interessante ponto de vista e certos conhecimentos que não deixavam de ser também interessantes. Foi assim percebendo novo valor num empregado que, até então, para ele, não passava de uma mera figura mecânica que manejava o elevador. Começou realmente a apreciá-lo. Por sua vez, o ascensorista, que tinha formado uma opinião bastante exata do jovem, começou a modificar o conceito em que o tinha. Estabeleceu-se entre ambos uma boa amizade. Esse processo foi seguido no trato com todas as demais pessoas.

Observou-me ele certo dia: — Descobri que o mundo está cheio de pessoas interessantes, uma coisa que jamais tinha percebido.

Ao fazer essa observação, provou que se tinha modificado completamente. Como bem judiciosamente o diz a Bíblia: ele descobrira a si mesmo. Com isso descobrira novos amigos. As pessoas aprenderam a apreciá-lo.

Aprendeu a fazer preces pelas outras pessoas, o que foi importante para a sua reabilitação, pois conseguiu assim modificar-lhes a atitude para com ele. Quando assim procedemos, as relações erguem-se para um nível mais alto. Flui para nós o que há de melhor na natureza das outras criaturas e é uma operação recíproca. Na junção dessas boas qualidades, cria-se uma unidade de compreensão mais elevada.

Para fazermos as pessoas gostarem de nós, precisamos também gostar delas. Um dos homens mais populares que viveram nos Estados Unidos em nossa geração foi o finado Will Rogers. Uma de suas frases mais características foi a seguinte: "Nunca encontrei um homem de que não gostasse". Talvez tivesse exagerado um pouco, mas estou certo de que Will Rogers não exagerara. Era esse o seu modo de sentir para com todos. Era essa a razão por que as pessoas se abriam com ele como as flores ao sol.

Faz-se, às vezes, a objeção de que é difícil gostar de certas pessoas. Realmente, há pessoas que, por natureza, são menos simpáticas do que outras. Contudo, se procurarmos conhecê-las profundamente, veremos que elas demonstram possuir qualidades admiráveis.

Certo homem pôde vencer as irritações que sentia pelas pessoas com as quais tinha ligações. Entre elas havia algumas que lhe despertavam profunda ojeriza. Irritavam-no intensamente. Soube, no entanto, vencer tais sentimentos, fazendo simplesmente uma lista de tudo que pudesse admirar em cada pessoa que o aborrecia. Diariamente procurava aumentar a sua lista. Surpreendeu-se ao constatar que as pessoas de quem não gostava demonstravam possuir muitas qualidades agradáveis. De fato, depois que veio a conhecer as suas boas qualidades causou-lhe estranheza o fato de não as ter apreciado. Naturalmente, ao tempo em que fazia tais descobertas sobre elas, aquelas mesmas pessoas estavam também descobrindo suas boas qualidades.

Se até esse ponto você tem atravessado a vida, sem que tenha estabelecido relações satisfatórias, não julgue que não possa modificar essa situação. Cumpre-lhe apenas dar os passos definitivos para a solução do problema. Você poderá transformar-se em uma pessoa popular, muito apreciada e estimada, se estiver disposto a fazer os esforços necessários. Permita-me lembrar-lhe que uma das maiores tragédias na média das pessoas é a tendência que têm em passar suas vidas aperfeiçoando seus defeitos. Criamos um defeito e logo tratamos de cultivá-lo e alimentá-lo sem jamais procurar eliminá-lo. Qual uma agulha de vitrola que cai na ranhura de um disco! Ela fica repetindo sempre a mesma frase musical. É preciso tirá-la da ranhura; com isso cessa a desarmonia. Não passe mais a vida aperfeiçoando seus defeitos nas relações humanas. Passe o resto de sua existência aperfeiçoando a grande capacidade que você tem para manter sempre, ao redor de si, esse espírito de amizade nas relações humanas, pois estas são vitalmente importantes para o êxito na vida.

Outro fator também importante para atrair a afeição das pessoas está em enaltecer-lhes a personalidade. Esta, que é a essência de nós mesmos, nos é sagrada. Há em toda pessoa um desejo, aliás normal, de se sentir importante. Se depreciarmos o valor de uma pessoa, estaremos, com isso, ofendendo-a profundamente, muito embora ela se mostre indiferente a esse nosso gesto. De fato, com tal atitude demonstramos desrespeito. Mesmo que a pessoa ofendida possa mostrar-se caridosa para conosco, é muito pouco provável que venha a gostar de nós, salvo se ela for dotada de espírito superior.

Por outro lado, se lhe enaltecermos o amor-próprio e contribuirmos para que se torne cônscia de seu valor pessoal, estaremos demonstrando todo o apreço que temos por ela. Seremos apreciados por isso. A pessoa se nos mostrará grata e nos terá amizade.

Talvez a depreciação seja apenas de leve; mesmo assim não se pode avaliar até onde ela poderá atingir. Uma simples observação ou atitude poderá ferir profundamente alguém, embora não fosse esse o intento da pessoa da qual partiu a observação ou a atitude.

Se você estiver numa roda de pessoas e alguém contar uma anedota que provoca uma boa risada de todos, menos de você, e se você disser com ares doutrinais, depois que os outros acabaram de rir, que já a conhecia por tê-la lido em determinada revista, tal asserção fá-lo-á julgar-se importante por dar a conhecer aos demais o seu conhecimento, mas como se sentirá a pessoa que contou a anedota? Você lhe tirou a satisfação de ter contado uma boa piada. Arrancou-lhe um pequeno momento de prazer para atrair a atenção para si. Realmente desapontou-a. Arrebatou-lhe aquela momentânea situaçãozinha de preeminência. Ninguém, naquela roda, irá apreciá-lo pelo que fez, muito menos o homem que contou a anedota. Goste ou não da anedota, deixe que a contem e que os outros sintam o prazer de ouvi-la. Lembre-se de que a pessoa que a contou pode ficar um pouco embaraçada. Ter-lhe-ia feito bem se você risse também com os outros. Não deprecie pessoa alguma. Ao contrário, enalteça a todos e será aquinhoado com a amizade de todos.

Ao tempo em que escrevia este capítulo, senti grande prazer numa visita que fiz a meu velho e caro amigo, o dr. John W. Hoffman, que foi presidente da Universidade de Wesley, Ohio. Nessa visita que lhe fiz em Pasadena, percebi mais uma vez o quanto essa grande personagem significava para mim. Muitos anos atrás, na véspera de minha formatura no colégio, tivemos um banquete na sede de nossa associação, em que ele esteve presente e fez um discurso. Após o banquete, ele me convidou para acompanhá-lo até a casa do presidente.

Era uma bela noite de luar, no mês de junho. Durante todo o trajeto, falou-me sobre a vida e suas oportunidades e sobre as emoções que me aguardavam no mundo em que ia entrar. Ao chegarmos defronte à casa pousou a mão sobre o meu ombro e disse: — Norman, sempre gostei de você. Tenho fé em você e em suas grandes possibilidades. Haverei sempre de me orgulhar de você, pois tem tudo para ser coroado de êxito na vida. — Naturalmente, estava exagerando, mas isso era infinitamente melhor do que se me depreciasse.

Como era o mês de junho e véspera de minha formatura, sentia-me naturalmente excitado. Fiquei comovido. Despedi-me dele com os olhos turbados por lágrimas que eu procurava ocultar. Passaram-se muitos anos, mas nunca me esqueci do que ele disse nem da maneira como o fez naquela noite de junho. Tenho-lhe dedicado toda a minha afeição no decorrer de todos esses anos.

Descobri que fez declarações semelhantes a muitos outros rapazes e moças que são agora homens e mulheres feitos e eles, também, lhe têm grande amizade porque ele os respeitava e constantemente os enaltecia. Durante anos tem me escrito e também aos outros felicitando-nos por pequenas coisas que temos feito, e uma palavra sua de aprovação tem um grande valor. Não é, pois, de admirar-se que esse benemérito guia da mocidade goze da afeição e devoção de milhares de pessoas, cujas vidas sentiram sua influência.

Você terá uma devoção imorredoura de todo aquele a quem ajudar a tornar-se melhor e mais perfeito. Ajude o maior número de pessoas que puder. Faça-o altruisticamente. Faça-o porque as aprecia e vê nelas grandes possibilidades. Jamais lhe faltarão amigos se assim proceder. Você será sempre bem lembrado. Enalteça as pessoas e aprecie-as verdadeiramente. Faça-lhes o bem, que terá delas toda a estima e afeição.

Os princípios básicos para conquistar a afeição das pessoas não precisam ser estudados, pois são muito simples e facilmente demonstram a sua própria verdade. Contudo, dou, abaixo, dez regras práticas para atingir esse objetivo. A solidez desses princípios tem sido provada inúmeras vezes. Ponha-os em prática até se tornar um perito neles e terá a afeição de todos.

1. Aprenda a lembrar-se dos nomes das pessoas. Ineficiência nesse ponto poderá indicar que seu interesse não seja suficientemente real. O nome de uma pessoa é muito importante para ela.

2. Seja atencioso para que ninguém sinta constrangimento a seu lado. Seja expansivo. Seja uma pessoa acolhedora.

3. Adquira a qualidade de ser calmo a fim de evitar que qualquer coisa o irrite.

4. Não seja egoísta. Procure não dar a impressão de ser "sabichão". Seja natural e normalmente simples.

5. Cultive a qualidade de ser interessante de modo a terem as pessoas prazer em estar em sua companhia e poderem elas assim tirar proveito do estímulo que irradiará de você.

6. Procure estudar quais os elementos nocivos de sua personalidade e trate de eliminá-los.

7. Procure remediar, com verdadeiro espírito cristão, todo e qualquer desentendimento que, porventura, teve ou tenha.

8. Comece a gostar das pessoas até aprender a fazê-lo verdadeiramente. Lembre-se do que disse Will Rogers: "Nunca encontrei um homem de quem não gostasse". Procure ser assim também.

9. Nunca perca uma oportunidade de felicitar alguém pelos seus êxitos e realizações ou de exprimir-lhe seus sentimentos na hora de amargura.

10. Adquira uma profunda experiência espiritual de maneira a ter algo que possa dar às pessoas, algo que as ajude a serem mais fortes e a enfrentar a vida com mais ânimo. Anime as pessoas e receberá delas toda a afeição.

16

RECEITA CONTRA A AMARGURA

"Dê-me uma receita contra a amargura."

Esse pedido estranho e um tanto comovedor foi feito por um homem que tinha sido informado pelo médico de que sua sensação de incapacidade, de que ele se queixava, não era de natureza física. Seu mal estava em não poder sobrepor-se ao sofrimento. Ele estava sofrendo de "uma dor em sua personalidade" como resultado de uma amargura.

O médico o aconselhou a que fizesse uma consulta e um tratamento de ordem espiritual. Continuando a empregar a terminologia da medicina, ele perguntou se havia uma receita de ordem espiritual que reduzisse os seus padecimentos íntimos. Declarou que sabia que todo mundo tinha os seus sofrimentos e desejava também poder enfrentá-los. Tinha tentado o possível para vencê-los, sem que o tivesse conseguido. Repetiu novamente o pedido em meio a um triste sorriso: "Dê-me uma receita contra a amargura".

Há realmente uma "receita" contra a amargura. Um elemento dessa receita é a atividade física. A pessoa amargurada deve evitar a tentação de ficar sentada num canto cultivando ideias tristes. Um programa sensível que substitua essa disposição inútil reduz a tensão na área do espírito onde refletimos, filosofamos e sofremos dor mental. A atividade dos músculos utiliza a outra parte do cérebro e, portanto, desloca a tensão, proporcionando assim um alívio.

Um velho advogado do interior, que tinha uma boa filosofia e bom senso, disse a uma senhora amargurada que o melhor remédio para a amargura era "pegar um escovão ajoelhar-se e limpar a casa toda". Para o homem, disse, o melhor remédio era pegar um machado e rachar lenha até ficar cansado. Conquanto não seja garantida uma cura completa, isso não deixa, porém, de mitigar tal sofrimento.

Seja qual for o caráter de sua amargura, um dos primeiros passos a dar é fugir de qualquer situação derrotista que se possa ter criado à sua volta, mesmo que isso lhe apresente dificuldades, e continuar novamente o seu curso normal de vida. Volte a dedicar-se às suas atividades. Torne a procurar o convívio de seus velhos amigos. Trave novas relações. Passeie, ande a cavalo, nade, divirta-se, fazendo assim o sangue ativar-se em seu sistema. Dedique-se a algum projeto compensador. Encha os dias com uma atividade criadora, realçando-lhe o aspecto físico. Ocupe-se com alguma coisa sadia que lhe alivie o espírito, mas assegure-se de ser ela conveniente e de natureza construtiva. Um escape artificial medianta uma atividade febril apenas amortece a dor temporariamente e não a cura. Nisso estão também, por exemplo, as reuniões em que haja libações alcoólicas.

O desabafo constitui um remédio excelente para o sofrimento. É uma visão tola hoje em dia a de que não se deve pôr à mostra o sofrimento e de que não fica bem chorar ou manifestar-se mediante esse mecanismo natural: as lágrimas. É fugir às leis da natureza. É muito natural chorar quando sobrevêm a dor ou um sofrimento. É um mecanismo aliviador que o Todo-Poderoso nos dá para o corpo, e devemos usá-lo.

Conter a dor, inibi-la, sufocá-la, é deixar de usar um dos meios que Deus nos deu para eliminar a pressão do sofrimento. Como qualquer outra função do corpo humano e do sistema nervoso, ela deve ser controlada, porém não inibida de todo. Umas boas lágrimas constituem um bom alívio para a amargura, tanto para o homem como para a mulher. Devo, no entanto, prevenir que não se deve usá-lo indevidamente nem permitir que se transforme num processo habitual. Se isso acontecer, ficará fazendo parte da natureza do sofrimento anormal e poderá transformar-se numa psicose. Não se deve permitir excessos de qualquer espécie.

Tenho recebido muitas cartas de pessoas que perderam seus entes queridos. Contam-me que lhes é muito difícil frequentar os mesmos lugares em que costumavam ir em companhia deles ou estar com as mesmas pessoas com as quais se achavam relacionadas. Por essa razão, evitam os antigos lugares e amigos.

Considero essa atitude um grave erro. O segredo para se curar a amargura está em ser normal e natural tanto quanto possível. Isso não implica deslealdade ou indiferença. Essa norma é importante para se evitar um estado de sofrimento anormal. O sofrimento normal é um processo natural, e sua normalidade evidencia-se pela capacidade do indivíduo de voltar às suas ocupações e responsabilidades habituais.

Naturalmente, o remédio mais acertado contra a amargura é o conforto salutar que advém da fé em Deus. Inegavelmente, a receita básica para ela é entregar-se confiantemente a Deus e desabafar o que lhe vai pelo espírito e pelo coração. A perseverança nesse ato de desabafo espiritual trará finalmente a cura para o coração amargurado. Esta geração que tem sofrido tanto, talvez mais que as de outras eras, precisa aprender novamente aquilo que os homens mais sábios de todos os tempos sabiam, ou seja: não há cura para a dor sofrida pela humanidade a não ser mediante uma verdadeira observância da fé.

Uma das maiores almas de todos os tempos foi o Irmão Lawrence, e ele disse o seguinte: "Se desejarmos conhecer a doce paz do Paraíso, devemos aprender a conversar, íntima, humilde e ternamente com Deus". Não é aconselhável procurar carregar o fardo do sofrimento e da dor mental sem o auxílio divino, pois o seu peso está acima de nossas forças. A mais simples e a mais eficiente de todas as receitas contra a amargura é, então, cultivar sempre a ideia da presença de Deus. Amenizaremos assim a dor em nosso coração e acabamos curando-o. Homens e mulheres que passaram por grandes tragédias nos relataram que essa receita é eficiente.

Outro elemento salutar para a amargura é adquirir uma filosofia sã e agradável da vida, da morte e da imortalidade. Foi quando adquiri a crença inabalável de que não há morte, que toda a vida é indivisível e que o aqui e o além estão unidos, que o tempo e a eternidade são inseparáveis e estamos num universo livre, é que descobri a mais agradável e a mais convincente filosofia de toda a minha vida.

Essas convicções se baseiam em fundamentos sólidos; a Bíblia constitui um deles. Creio que ela nos dá uma série científica de conhecimentos muito sutis, como será por fim provado, para esta grande questão: O que acontece quando o homem deixa este mundo? Diz-nos também muito sabiamente que conhecemos tais verdades pela fé. Henri Bergson, o filósofo, declara que o caminho mais certo para a verdade é pela percepção, raciocínio até certo ponto e, depois, por um salto mortal, por intuição. Chega-se a um momento glorioso em que se adquire o "conhecimento" de um modo realmente simples. Foi o que aconteceu comigo.

Tenho absoluta convicção da verdade disso que escrevo. A esse respeito não tenho a menor dúvida. Cheguei a essa fé positiva gradualmente. Realmente chegou um momento em que adquiri esse conhecimento.

Essa filosofia não evita o sofrimento que advém quando morre um ente querido e se produz a separação terrena. Mas ela nos anima e contribui para dissipar a dor. Encher-nos-á o espírito de uma profunda compreensão do verdadeiro significado dessa inevitável circunstância. Dar-nos-á uma profunda certeza de que não perdemos os entes amados. Vivamos com esta fé que encontraremos a paz e o bálsamo para a nossa dor.

Guarde no íntimo de seu coração um dos mais maravilhosos textos da Bíblia Sagrada: "Os olhos não viram, nem os ouvidos ouviram, nem entraram no entendimento dos homens as coisas que Deus preparou para aqueles que O amam" (1 Coríntios 2:9).

> ✡ Bíblia de Jerusalém: "Desde os tempos antigos nunca se ouviu, nunca se havia sabido, o olho não tinha visto um Deus que agisse em prol dos que esperam nele, exceto a Ti" (Isaías 64:3).

> ☪ Alcorão: "Aí, as almas lograrão tudo quanto lhes apetecer, bem como tudo que deleitar os olhos; aí morareis eternamente" (Az-Zukhruf: 71). E: "Para estes a recompensa será uma indulgência

> do seu Senhor; terão jardins, abaixo dos quais correm os rios, onde morarão eternamente. Quão excelente é a recompensa dos diligentes!" (Aal-i-Imran: 136).

Isso significa que você jamais viu, mesmo dentre as coisas belas que tenha presenciado, o que quer que seja que se possa comparar às maravilhas que Deus preparou para aqueles que O amam e confiam nEle. Essa passagem bíblica diz também que jamais se ouviu algo que se possa comparar aos extraordinários encantos que Deus reservou para aqueles que seguem Seus ensinamentos e vivem de acordo com o Seu espírito. Você jamais contemplou ou ouviu ou chegou a imaginar sequer o que Ele vai fazer por você. Essa passagem promete o conforto, a imortalidade e a reunião de tudo que é bom para aqueles que centram suas vidas em Deus.

Tendo lido a Bíblia durante muitos anos e, estando intimamente ligado a todas as fases da vida de centenas de pessoas, desejo declarar inequivocamente que achei ser essa promessa que ela encerra absolutamente verdadeira. Ela se aplica até mesmo a este mundo. Às pessoas que realmente seguem uma norma de vida cristã têm acontecido fatos inacreditáveis.

Essa passagem também se refere à existência daqueles que vivem no outro mundo e às nossas relações, enquanto vivemos, com as pessoas que nos precederam na travessia dessa barreira que chamamos morte. Uso a palavra "barreira" um tanto constrangidamente. Sempre julgamos a morte como sendo uma barreira com um conceito de natureza separativa.

Cientistas que trabalham hoje em dia no campo da parapsicologia e percepção extrassensorial e fazem experimentos em matéria de precognição, telepatia e clarividência (o que antigamente era considerado elemento de pessoas desequilibradas, mas que hoje se emprega de maneira científica nos laboratórios) manifestam-se crentes de que a alma sobrevive à barreira do tempo e do espaço. De fato, estamos quase no limiar das maiores descobertas científicas da história, que provarão, na base das pesquisas de laboratórios, a existência da alma e a sua imortalidade.

Há anos venho acumulando uma série de incidentes, cuja veracidade admito e que fortalece a convicção de que vivemos num universo dinâmico, no qual a vida, e não a morte, constitui o princípio básico. Tenho confiança nas pessoas que me descreveram as experiências que vou contar e estou convicto de que elas indicam a existência de um mundo que se acha entrelaçado com o nosso, em cujos meandros, espíritos humanos, em ambos os lados, vivem em ininterrupta comunhão. As condições de vida, no outro lado, como as conhecemos na mortalidade, estão modificadas. Sem dúvida, as pessoas que fizeram a travessia habitam um meio superior ao nosso e sua compreensão ultrapassa a nossa; contudo, todos os fatos indicam que os nossos entes amados continuam a existir e não se encontram muito distantes e, mais ainda, o que não deixa de ser real, haveremos de nos reunir a eles. Entrementes, continuamos em comunhão com aqueles que vivem no mundo dos espíritos.

William James, um dos maiores eruditos dos Estados Unidos, após uma vida de estudos, chegou à conclusão de que o cérebro humano é apenas um meio para a existência da alma e que, como é agora constituído, será trocado finalmente por outro que permitirá ao seu possuidor penetrar nas áreas misteriosas do entendimento. À medida que o nosso ser espiritual se expande aqui na terra e crescemos em idade e experiência, vamos nos tornando mais conscientes desse incomensurável mundo que nos cerca. Quando morremos, é apenas para ingressarmos numa vida mais completa e mais ampla.

Eurípides, um dos maiores pensadores da Antiguidade, estava convencido de que a outra vida seria de uma magnitude infinitamente maior. Sócrates partilhava da mesma opinião. Uma das observações mais confortadoras que ele fez foi a seguinte: "Nenhum mal poderá advir a um homem bom nesta vida ou na outra".

Natalie Kalmus, grande perita em "tecnicolor", contou-nos a história da morte de sua irmã. O relato que se segue, feito por essa senhora de grande preparo científico, apareceu na revista *Guideposts*.

Natalie Kalmus declarou que a irmã moribunda lhe dissera: "Natalie, prometa-me que não deixará que me deem qualquer sedativo. Sei que procuram aliviar minha dor, mas eu desejo passar por todas as sensações da morte. Estou convencida de que a morte será uma bela experiência".

— Prometi cumprir-lhe o desejo. A sós, mais tarde, chorei, pensando em sua coragem. Depois, no decorrer da noite, deitada, sem poder conciliar o sono, vim a perceber que aquilo que eu julgava ser uma desgraça para minha irmã, destinava-se a ser um triunfo.

— Dez dias depois aproximou-se a hora fatal. Fazia horas que eu estava a seu lado no leito. Tínhamos conversado sobre muitas coisas. Admirara-me de sua serena e sincera confiança na vida eterna. A tortura física não lhe dominou sequer uma vez a resistência espiritual. Foi uma coisa que os médicos não levaram em consideração.

— Durante aqueles últimos dias ela pediu ao bom Deus, repetidas vezes, que lhe deixasse lúcido o espírito e lhe desse a paz.

— Tínhamos conversado durante muito tempo e notara depois que ela desejava dormir. Deixei-a tranquila com a enfermeira, com a ideia de descansar um pouco. Uns minutos depois ouvi a sua voz chamando-me. Voltei depressa para o quarto. Ela estava morrendo.

— Sentei-me na beira da cama e peguei-lhe a mão. Ardia em febre. Pareceu-me depois que se erguia da cama, chegando quase a ficar sentada.

— "Natalie", disse-me ela, "estou vendo muitos deles. Ali está Fred... e Ruth... o que está ela fazendo aqui? Ah, já sei!"

— Senti um verdadeiro calafrio. Ela tinha mencionado o nome de Ruth. Ruth era uma prima que tinha morrido subitamente, uma semana antes. Não tínhamos comunicado a Leonor a notícia daquela morte súbita.

— Os calafrios continuaram a percorrer-me a espinha. Tive a impressão de que estava prestes a ter conhecimento de algo extraordinário, inaudito. Minha irmã tinha murmurado o nome de Ruth.

— Sua voz era clara, o que não deixava de ser surpreendente.

— "É tão confuso! Eles são tantos!", murmurou ela. Subitamente estendeu os braços com a mesma expressão de felicidade estampada no rosto quando da minha chegada.

— "Vou subir", disse.

— Seus braços tombaram em volta de meu pescoço. A vontade que predominava em seu espírito transformara a agonia final em êxtase.

— Ao colocar novamente a sua cabeça sobre o travesseiro, vi que pairava um doce sorriso em seu rosto. Seus cabelos dourados se espalhavam sobre o travesseiro. Peguei uma flor branca de um vaso e a coloquei neles. Com aquela sua pequena figura, os cabelos ondulados, a flor branca e o doce sorriso, ela, mais uma vez, e para sempre, parecia uma menina de escola.

A menção que a moribunda fez de sua prima Ruth e o fato evidente de que a viu claramente são um fenômeno que tem acontecido inúmeras vezes nos incidentes que chegaram ao meu conhecimento. Esse fenômeno tem-se repetido tanto e as características dessa experiência, conforme as descrições feitas, são tão semelhantes, que chegamos à conclusão de que se trata de uma prova substancial de que as pessoas cujos nomes são pronunciados e cujas feições são vistas, se acham realmente presentes.

Onde elas estão? Qual a sua condição? Que espécie de corpo têm? São questões difíceis de responder. A ideia de uma dimensão diferente é provavelmente a mais admissível, ou talvez seja mais exato crer que elas vivem num ciclo de frequência diferente.

É impossível ver alguma coisa através das lâminas de um ventilador elétrico quando este está parado. Em alta velocidade, porém, elas parecem ser transparentes. Na frequência ou no estado mais elevado, em que os nossos entes queridos vivem, as qualidades impenetráveis do universo poderão, talvez, vir a ser reveladas aos moribundos. Nos momentos profundos de nossa própria vida, é muito bem possível que entremos, até certo ponto, pelo menos, nessa frequência mais alta. Num dos mais belos versos da literatura inglesa, Robert Ingersoll sugere esta grande verdade: "Na noite da morte, a esperança vê uma estrela e aquele que quer bem poderá ouvir o doce ruído de uma asa".

Um célebre neurologista falou-nos sobre um homem que se achava às portas da morte. O moribundo fitara o médico que estava sentado à sua cabeceira e começou a mencionar certos nomes. O facultativo, que não sabia a quem os nomes se referiam, foi anotando-os numa folha de papel.

Perguntou mais tarde à filha quem eram aquelas pessoas, dizendo que o pai falara sobre elas como se as tivesse visto.

— São todos parentes que morreram há muito tempo — explicou ela. O médico diz que acredita que o paciente as tenha realmente visto.

Meus amigos, sr. e sra. William Sage, viveram em Nova Jersey. Visitei-os muitas vezes. O sr. Sage, a quem a esposa chamava de Will, morreu primeiro que ela. Uns anos depois, chegou a vez da sra. Sage. Nos seus últimos momentos uma expressão de assombro lhe cobriu o rosto, o qual se iluminou depois com um belo sorriso ao dizer ela: — Veja só, é Will.

Não há dúvida alguma de que o viu e essa foi a opinião de todos aqueles que rodeavam o leito.

Arthur Godfrey, um célebre radialista, contou-nos que, durante a Primeira Guerra Mundial, se achava dormindo em seu compartimento num destróier, quando, de repente, o pai apareceu a seu lado. O pai estendera-lhe a mão e, sorrindo, dissera-lhe: — Adeus, meu filho — a que ele respondeu: — Adeus, meu pai.

Mais tarde o acordaram para lhe entregar um telegrama comunicando a morte do pai. A hora do trespasse foi mencionada e coincidia justamente com o momento em que Godfrey, em seu sono, "vira" o progenitor.

Mary Margaret McBride, também uma célebre radialista, ficara esmagada pela dor com a morte da mãe. Ambas tinham sido inseparáveis na vida. Uma noite ela acordou e sentou-se na beira da cama. Teve subitamente a sensação de que, para usar suas próprias palavras, "mamãe estava a meu lado". Não a viu nem a ouviu falar, mas daquele momento em diante "eu sabia que mamãe não havia morrido; ela está perto de mim".

O finado Rufus Jones, um dos mais famosos líderes espirituais de nosso tempo, conta-nos a respeito de seu filho Lowell, que morreu aos doze anos de idade. Era a menina de seus olhos. Lowell tinha adoecido quando o dr. Jones se achava em pleno oceano a caminho da Europa. Na noite anterior à sua chegada a Liverpool, o dr. Jones achava-se deitado em sua cabine e foi tomado de uma inexplicável tristeza. Declarou que, depois, parecia sentir-se envolvido nos braços de Deus. Descera sobre ele uma sensação de paz. Sentiu uma profunda saudade do filho.

Ao desembarcar em Liverpool, foi informado de que o filho tinha morrido. A morte ocorrera justamente à mesma hora em que o dr. Jones tivera a sensação da presença de Deus e sentira grande saudade do filho.

Um membro de minha igreja, a sra. Bryson Kalt, conta-nos o que se passou com uma tia, cujo marido e três filhos morreram queimados num incêndio que lhes destruíra a casa. A tia sofreu graves queimaduras, porém viveu mais três anos. Por ocasião de seus últimos momentos, seu rosto se iluminou de repente e ela murmurou: — É tudo tão lindo! Eles estão vindo ao meu encontro. Afofe o travesseiro e deixe-me dormir.

O sr. H. B. Clarke, um velho amigo meu, foi durante muitos anos engenheiro-construtor, cujo trabalho o levou para todas as partes do mundo. Tinha um espírito científico. Era bastante comedido, realista e frio. Uma noite fui chamado pelo seu médico, o qual me disse que talvez ele vivesse apenas poucas horas. A pulsação do coração estava lenta e a pressão extraordinariamente baixa. Não havia ação reflexa alguma. Não havia esperanças de que sobrevivesse, segundo o médico.

Comecei a orar por ele, como os demais amigos. No dia seguinte, seus olhos se abriram e uns dias depois recobrou a fala. As pulsações do coração e a pressão tornaram-se normais. Depois que recuperou as forças, disse o seguinte:

— Num momento qualquer, durante a minha doença, aconteceu-me algo estranho. Não sei explicar o que foi. Tinha a impressão de que me achava muito longe. Encontrava-me no lugar mais belo e mais agradável que já vi. Havia luzes ao redor, luzes maravilhosas. Vi rostos, aliás percebia-os meio velados, muito amáveis. Sentia-me tranquilo e feliz. De fato, nunca me sentira tão feliz em minha vida. Foi então que me veio a ideia de que talvez eu estivesse morrendo. Achava que tinha morrido. Ri depois, quase em tom alto, e perguntei a mim mesmo por que vivia sempre receoso da morte, quando não há coisa alguma para temer?

— Como você se sentiu? — perguntei-lhe. — Quis voltar novamente para a vida? Quis viver, pois você não estava morto, se bem que o médico julgasse que estivesse nas últimas. Quis viver?

Ele sorriu ao dizer:

— Seria indiferente. Mas pensando bem, teria preferido ficar naquele belo lugar.

Teria sido alucinação, sonho ou visão? Não o creio. Durante muitos anos, tive ensejo de conversar com pessoas cujo desenlace parecia inevitável; elas viram "algumas coisas" e foram unânimes em dizer que havia beleza, luz e paz naquilo que viram. Não posso, portanto, nutrir em meu espírito qualquer dúvida a respeito.

O Novo Testamento ensina de modo interessantíssimo e simples que a vida é indestrutível; descreve Jesus, após a crucificação, numa série de aparições, desaparições e novas manifestações. Alguns O viram, tendo Ele depois desaparecido de suas vistas. Como se quisesse dizer: "Apareço e desapareço". Isso indica que Ele quer dizer-nos que, se não O vemos, não significa que não esteja presente. Longe dos olhos não quer dizer longe da vida.

Uma ou outra aparição mística que sucede a algumas pessoas indica essa mesma verdade: que Ele está perto. Não disse Ele: "...porque eu vivo, tu também viverás"? (João 14:19).

> ✡ Bíblia de Jerusalém: "Bendito seja Iahweh, o Deus de Israel, desde agora e para sempre! Amém! Amém!" (Salmos 41:14).

> ☪ Alcorão: "Os olhares não podem percebê-Lo, não obstante Ele Se aperceber de todos os olhares, porque Ele é o Onisciente, o Sutilíssimo" (Al-An'am: 103). E: "Os crentes, que praticam o bem, serão os diletos do Paraíso, onde morarão eternamente" (Al-Baqara: 82).

Em outras palavras, os nossos entes queridos que morreram com essa fé também se acham ao nosso lado e ocasionalmente procuram nos confortar.

Um jovem que servia na Coreia escreveu à mãe, dizendo: "Passam-se comigo as coisas mais estranhas. Às vezes, à noite, quando sinto invadir-me o medo, tenho a impressão de que papai fica a meu lado". O pai tinha morrido fazia dez anos. O jovem perguntou ansiosamente à mãe se julgava que o pai estivera realmente a seu lado na Coreia, naqueles campos de batalha. A resposta é a seguinte: "Por que não?". Como podemos ser cidadãos de uma geração científica e não acreditar que isso possa realmente acontecer? Inúmeras são as provas que se apresentam de que este é um universo dinâmico, sobrecarregado de forças místicas, elétricas, eletrônicas e atômicas, todas elas maravilhosas, sem que nós, no entanto, as tenhamos ainda compreendido. Esse universo é uma grande casa de sondagens espirituais vivas e vitais.

Albert E. Cliff, um escritor canadense de grande renome, conta-nos o que se passou por ocasião da morte do pai. Este entrara em estado de coma. Julgara-se que já tivesse morrido. Sobreviera-lhe depois uma reação momentânea. Seus olhos tremularam. Na parede havia um daqueles dísticos antigos que dizia: "Sei que meu Redentor vive". O moribundo abriu os olhos, fitou o dístico e murmurou: — *Sei realmente* que meu Redentor vive, pois eles todos estão aqui ao redor de mim ... mamãe, papai, meus irmãos e minhas irmãs. — Havia muito que eles tinham deixado este mundo mas evidentemente ele os vira. Quem poderá contestá-lo?

A finada sra. Thomas A. Edison contou-me que seu esposo, por ocasião de sua morte, murmurara ao médico: — É muito belo o outro mundo. — Edison foi o maior cientista do mundo. Durante toda a sua vida, esteve às voltas com trabalhos fenomenais. Era de espírito realista. Não relatava as suas pesquisas enquanto não as visse positivadas. Jamais teria dito que "é muito belo o outro mundo" se, tendo-o visto, não soubesse tratar-se de uma verdade.

Há muitos anos, um missionário partiu para as ilhas do Mar do Sul a fim de desempenhar seu trabalho junto a uma tribo de canibais. Após alguns meses, conseguiu converter o chefe ao cristianismo. Certo dia esse velho chefe perguntou ao missionário:

— O senhor se lembra do dia em que nos procurou pela primeira vez?

— Se me lembro! — respondeu o missionário. — Ao atravessar a floresta, tive a sensação de que forças hostis me cercavam por todos os lados.

— De fato elas o cercavam, pois nós o estávamos seguindo para matá-lo, mas qualquer coisa nos impediu de fazê-lo — confessou o chefe.

— E o que foi? — indagou o missionário.

— Agora que somos amigos, diga-me: quem eram aquelas duas figuras brilhantes que caminhavam a seu lado?

Meu amigo Geoffrey O'Hara, um célebre poeta, autor de um sem-número de poesias que lindas canções têm popularizado, conta-nos o que se passou com um coronel, durante a Primeira Guerra Mundial, cujo regimento havia sido esmagado num encontro sangrento. Andando de um lado para outro na trincheira, disse o coronel que podia sentir as mãos de seus companheiros e comandados. Tinha a impressão de que todos estavam ali a seu lado. Declarou Geoffrey 0'Hara: — Uma coisa lhe digo, não existe morte. — O sr. O'Hara escreveu uma de suas melhores poesias para uma canção, a qual intitulou: "Não existe morte".

Pessoalmente não tenho dúvida alguma quanto a essas questões profundas e misteriosas. Acredito firmemente na continuação da vida depois daquilo que denominamos morte. Creio que há dois lados para esse fenômeno conhecido como sendo a morte — este lado onde agora vivemos e o outro lado onde continuaremos a viver. A eternidade não começa com a morte. Estamos agora na eternidade. Somos cidadãos da eternidade. Apenas mudamos a forma dessa experiência chamada vida, e essa mudança, estou persuadido, é para melhor.

Minha mãe era uma grande alma e sua influência sobre mim pairará sempre em minha vida como uma experiência inigualável. Tinha uma prosa agradabilíssima, um espírito lúcido e alerta. Viajou por todas as partes do mundo e travou inúmeras relações como líder cristã e missionária. Tinha uma vida bastante ativa e maravilhoso senso de humor. Era uma boa companheira e eu sentia sempre grande prazer em estar a seu lado. Todos os que a conheciam consideravam-na uma criatura fascinante e animadora.

Durante meus anos adultos, sempre que eu tinha uma oportunidade, ia visitá-la. Isso constituía para mim grande alegria, pois, quando estávamos reunidos à mesa do almoço, falávamos todos quase ao mesmo tempo. Eram reuniões felizes, maravilhosas. Quando ela morreu transportamos o corpo para o belo e pequenino cemitério de Lynchburg, no sul de Ohio, a cidade em que ela tinha vivido quando moça. Fiquei muito triste quando a deixamos ali. Foi com dor no coração que deixei a cidade. Estávamos em pleno verão quando a levamos para a sua última morada.

Veio o outono e veio-me um grande desejo de estar novamente a seu lado. Sentia-me solitário sem ela. Resolvi, pois, ir a Lynchburg. Durante toda a viagem que fiz de trem, à noite, pensei com tristeza naqueles dias felizes que tinham ficado para trás e na mudança que se tinha operado em nossa vida. As coisas não seriam as mesmas.

Cheguei assim à pequena cidade. Fazia muito frio. O céu estava carregado, quando me detive diante dos velhos portões de ferro do cemitério. Abri-o e entrei. Senti sob meus pés as folhas que atapetavam o chão. Fui até à sua sepultura e sentei-me ali. Invadiu-me uma grande tristeza e solidão. De súbito, as nuvens abriram-se e o sol rompeu glorioso. Iluminou as colinas de Ohio, pintando-as com as cores do outono, aquelas mesmas colinas que me viram crescer e que sempre amei, onde ela mesma brincara quando menina.

Foi então que, inesperadamente, pareceu-me ouvir-lhe a voz. Não a ouvi realmente, mas tive essa impressão. Tenho certeza de que a ouvi dentro de mim. A mensagem era clara e distinta. Foi dita naquele seu doce tom e eis o que ela me disse: — Por que você procura os vivos entre os mortos? Eu não estou aqui. Julga que eu estaria neste lugar sombrio e triste? Estou sempre a seu lado, ao lado de meus entes queridos. — Uma luz interior como que me iluminou. Senti-me extraordinariamente feliz. Sabia que o que tinha ouvido era verdade. A mensagem me chegara com toda a força da realidade. Tive vontade de gritar. Ergui-me e pousei a mão sobre o seu túmulo e o contemplei. Era apenas um lugar onde jazem os restos mortais. Certamente o corpo de minha mãe estava ali, mas era apenas um manto, cuja dona o tinha tirado porque não precisava mais dele. Mas minha mãe, esse espírito glorioso e amantíssimo, não se encontra mais ali.

Deixei o cemitério. Desde então mui raramente tenho voltado a visitá-lo. Gosto de ir até lá meditar um pouco sobre minha mãe e sobre aqueles dias de minha infância e juventude. Mas o cemitério já não é mais um lugar de tristeza. É apenas um símbolo, pois ela não está mais lá. Está conosco, com seus entes queridos. "Por que procurais entre os mortos aquele que vive?" (Lucas 24:5).

Leia a Bíblia e acredite no que ela diz sobre a bondade de Deus e sobre a imortalidade da alma. Faça sinceramente suas preces. Faça-as com fé. Faça de suas preces e de sua fé um hábito de vida. Aprenda a ter comunhão real com Deus e com Jesus Cristo.

Ao fazê-lo, sentirá uma profunda convicção a desenvolver-se-lhe no espírito, a convicção de que essas coisas maravilhosas são realmente verdadeiras.

"... se não fosse assim, eu vos teria dito" (João 14:2).

> ✡ Bíblia de Jerusalém: "Pois foste Tu, meu Deus, que revelaste a Teu servo que Lhe havias de construir uma casa. Eis por que Teu servo se acha diante de ti a rezar" (1 Crônicas 17:25).

> ☪ Alcorão: "Deus prometeu aos crentes e às crentes jardins, abaixo dos quais correm os rios, onde morarão eternamente, bem como abrigos encantadores, nos jardins do Éden; e a complacência de Deus é ainda maior do que isso. Tal é o magnífico benefício" (At-Tawba: 72).

Você pode depender da confiabilidade de Cristo. Ele não permitiria que você acreditasse e se sentisse convicto de tais fatos se eles não fossem absolutamente verdadeiros.

Então, nessa fé, que é uma visão fundamentada, substancial e racional da vida e da eternidade, você tem a receita contra a amargura.

17

COMO RECORRER AO PODER SUPREMO

Quatro homens se achavam sentados no vestiário de um clube de campo após uma partida de golfe. Conversavam sobre a partida que tinham jogado. A conversa passou depois a girar sobre as dificuldades e problemas de ordem pessoal. Um dos homens se mostrava sobremodo deprimido. Os outros, seus amigos, que sabiam de seu estado de espírito, tinham arranjado aquela partida de golfe justamente para distraí-lo. Esperavam que umas horas de jogo pudessem proporcionar-lhe certo alívio.

Sentados ali, depois da partida de golfe, apresentaram-lhe várias sugestões para o seu caso. Finalmente, um dos presentes se levantou para ir embora; conhecia as dificuldades da vida, pois ele mesmo as tivera bastantes. Soubera, no entanto, encontrar algumas respostas vitais para os seus problemas. Antes de sair, deteve-se junto do amigo e pousou a mão sobre o seu ombro.

— George — disse-lhe —, espero que não pense que eu lhe queira pregar um sermão. Longe de mim tal coisa, mas gostaria de sugerir-lhe algo. Foi a maneira como resolvi minhas dificuldades. Surte efeito se você se esforçar realmente. É o seguinte: por que não recorrer ao Poder Supremo?

Deu-lhe afetuosamente uma palmadinha nas costas e saiu. Os outros homens começaram a meditar no que ele tinha falado. Finalmente, o homem que se achava deprimido disse em voz arrastada:

— Eu sei o que ele quis dizer e sei onde encontrar o Poder Supremo. Só que gostaria de saber como poderia recorrer a Ele. Não há dúvida de que é isso justamente do que preciso.

Bem, ele acabou descobrindo como recorrer ao Poder Supremo. Sofreu uma transformação radical. É agora um homem cheio de saúde e feliz.

O conselho dado naquele clube de campo é realmente muito judicioso. Há muitas pessoas hoje em dia que se sentem infelizes, deprimidas, sem iniciativa. No entanto, não têm necessidade de ser o que são. Realmente, não têm necessidade de viver dessa maneira. O segredo está em recorrer ao Poder Supremo. E como se faz isso?

Permita-lhe que lhe fale sobre uma experiência que tive. Eu era ainda muito moço quando me chamaram para servir numa grande igreja, numa universidade da comunidade. Muitos membros da congregação eram professores na universidade e cidadãos preeminentes na cidade. Quis justificar a confiança que me dispensaram ao darem-me aquela excelente oportunidade, trabalhando arduamente. O resultado foi que comecei a sentir certa depressão. Deve-se trabalhar com afinco, mas não há virtude alguma em exceder-se a ponto de prejudicar a eficiência. Comecei a ficar realmente cansado e nervoso. As forças como que fraquejavam.

Um dia, resolvi visitar um dos professores, o finado Hugh M. Tilroe, um grande amigo meu. Ele era um excelente professor e também um grande pescador e caçador, dotado de uma extraordinária personalidade. Eu sabia que, se não o encontrasse na universidade, iria encontrá-lo pescando. De fato, encontrei-o entregue à pescaria. Veio até à margem assim que lhe acenei com a mão.

— Os peixes estão mordendo a isca. Suba — convidou.

Subi no barco e, durante algum tempo, pescamos em silêncio.

Perguntou-me depois o que eu tinha. Contei-lhe o quanto estava trabalhando e que já estava sentindo o sistema nervoso abalado.

— As forças começam a faltar-me — concluí.

— Talvez você esteja realmente excedendo-se — observou ele rindo.

Tocou depois o barco para a margem e convidou-me para ir até à sua casa de campo.

Ao entrarmos na casa, disse:

— Deite-se naquele sofá. Vou ler uma coisa para você. Feche os olhos e relaxe os nervos enquanto procuro o trecho que interessa.

Obedeci. Pensei que ele fosse ler algum trecho de filosofia ou talvez alguma coisa divertida. Tratava-se, porém, de matéria bem diferente.

— Aqui está — disse ele. — E escute calmamente, enquanto o leio para você. Grave bem as palavras no espírito. "Não o sabes? Não ouvistes dizer? Iahweh é Deus eterno, criador das extremidades da terra. Ele não se cansa nem se fatiga, sua inteligência é insondável. Ele dá força ao cansado; que prodigaliza vigor ao enfraquecido. Mesmo aos jovens se cansam e se esgotam; até os moços vivem a tropeçar, mas os que põem a sua esperança em Iahweh renovam as suas forças, abrem as asas como as águias, correm e não se esgotam, caminham e não se cansam" (Isaías 40:28-31). Sabe o que estou lendo? — indagou.

— Sei, sim. O quadragésimo capítulo de Isaías — respondi.

> ☪ Alcorão: "Sou Deus. Não há divindade além de Mim! Adora-Me, pois, e observa a oração, para celebrares o Meu nome" (Ta-Ha: 14). E: "Ó povo meu, implorai o perdão de vosso Senhor e voltai-vos arrependidos para Ele, Que vos enviará do céu copiosa chuva e adicionará força à vossa força" (Hud: 52).

> ✝ Versão da Bíblia King James Atualizada: "Sendo fortalecidos com todo o poder, segundo a maravilhosa força da sua glória, para que, com alegria tenhais absoluta constância e firmeza de ânimo" (Colossenses 1:11). E: "Ora, o Deus de toda a graça, que vos convocou à sua eterna glória em Cristo Jesus, logo depois de terdes sofrido por um período curto de tempo, vos restaurará, confirmará, concederá forças e vos estabelecerá sobre firmes alicerces" (1 Pedro 5:10).

— Folgo em saber que você conhece a sua Bíblia — comentou o professor.— Por que não põe em prática os seus ensinamentos? Relaxe agora os nervos. Respire três vezes bem devagar. Faça sempre esses exercícios, confiando sempre em Deus, em Seu auxílio e Poder. Tenha fé de que Ele lhe está dando esse auxílio agora e não afaste do espírito a ideia de que está recebendo a força de que precisa. Entregue-se inteiramente a esse pensamento; deixe-o enraizar-se em você.

— Dê ao seu trabalho o melhor de seus esforços. É natural que o faça. Mas faça-o tranquilamente, sem precipitações, com a mesma facilidade de um jogador de críquete, numa grande competição esportiva, ao manobrar o bastão. Ele o movimenta calmamente e não procura rechaçar a bola a ponto de atirá-la para fora do campo. Age como deve e tem confiança em si porque sabe que dispõe de uma grande força como reserva.

O professor repetiu novamente a passagem da Bíblia: "Aqueles que põem a sua esperança em Iahweh [o senhor] renovam as suas forças".

> ✡ Bíblia de Jerusalém: "Meu filho, escuta e recebe minhas palavras, e serão longos os anos da tua vida. Eu te instruo no caminho da sabedoria, encaminho-te pelas sendas da retidão. Ao caminhar, não serão torpes os teus passos, e ao correr, tu não tropeçarás. Agarra-te à disciplina, e não a soltes, conserva-a, porque é a tua vida" (Provérbio 4:10-13).

> ☪ Alcorão: "Ó crentes, amparai-vos na perseverança e na oração, porque Deus está com os perseverantes" (Al-Baqara: 153). E: "Deus fortalecerá os crentes com a palavra firme na vida terrena, tão bem como na outra vida; e deixará que os injustos se desviem, porque procede como Lhe apraz" (Ibrahim: 27).

Isso se passou há muitos anos, mas não me esqueci da lição. Ele me ensinou como recorrer ao Poder Supremo, e acredite-me, seus conselhos foram de grande valia. Continuo a segui-los e só tenho tido bons resultados até agora e já faz vinte anos. Minha vida é cheia de atividades, mas essa fórmula mágica me dá toda a força de que necessito.

Um segundo método para recorrer a esse Poder é aprender a assumir uma atitude positiva e otimista para com todos os problemas. Você receberá a força para enfrentar as suas situações em proporção direta à intensidade da fé que tiver. "De acordo com a tua fé é que receberás" (Mateus 9:29), é a lei básica para uma vida feliz.

> ✡ Bíblia de Jerusalém: "Iahweh está perto dos corações contritos, ele salva os espíritos abatidos. Os males do justo são muitos, mas de todos eles Iahweh o liberta" (Salmos 34:19-20). E: "Foi-te anunciado, ó homem, o que é bom, e o que Iahweh exige de ti: nada mais do que praticar a justiça, amar a bondade e te sujeitares a caminhar com teu Deus!" (Miqueias 6:8).

> ☪ Alcorão: "Deus é o Protetor dos crentes; é Quem os retira das trevas e os transporta para a luz" (Al-Baqara: 257). E: "Meu protetor é Deus, que (me) revelou o Livro, e é Ele Quem ampara os virtuosos (Al-A'raf: 196).

> Livro do Eclesiástico: "Humilha-te perante Deus e espera que sua mão execute." (Eclesiástico 13:9). E: "Os seus castigos igualam sua misericórdia; ele julga o homem conforme as suas obras" (Eclesiástico 16:13).

Há um Poder Supremo e esse Poder pode fazer tudo por você. Recorra a Ele e usufrua do Seu auxílio. Por que se sentir derrotado se pode recorrer a Ele? Mencione seu problema. Peça uma resposta específica. Creia que está recebendo a resposta. Creia agora que, com o auxílio de Deus, está adquirindo essa força para vencer suas dificuldades.

Um casal, que se achava em situação realmente difícil, procurou-me. O marido, um antigo redator de revista, era uma distinta figura nos círculos musicais e artísticos. Todo mundo o apreciava pelo seu espírito cordial e amigo. A esposa gozava também da mesma estima. Ela se achava em precário estado de saúde e, por essa razão, o casal foi morar no interior. Levavam uma vida muito retirada.

O marido me contou que tinha sofrido dois ataques cardíacos, um dos quais havia sido muito forte. A saúde da esposa estava declinando e isso o estava preocupando profundamente. A pergunta que me fez foi a seguinte: — Poderei conseguir alguma força que nos auxilie fisicamente e nos dê novas esperanças, coragem e resistência? — A situação, pelo que me descrevera, era uma série de infortúnios.

Francamente, eu achava que ele era um tanto sofisticado para realmente querer adotar e seguir a simples verdade que seria necessária se quisesse ser reabilitado pela fé. Falei-lhe que duvidava um pouco de que ele tivesse capacidade para observar suficientemente aquela fé tão simples que abre as fontes da força e energia, segundo as normas de religião.

Ele me assegurou, porém, que seguiria à risca as minhas instruções. Vi que falava com sinceridade. Percebi a verdadeira qualidade de sua alma. Tenho-o em grande estima desde esse tempo. Dei-lhe um conselho simples. Ele teria de ler o Novo Testamento e o Livro dos Salmos até que saturasse com eles o espírito. Sugeri-lhe, como de costume, que decorasse alguns trechos. Insisti também que adotasse a seguinte norma: devia colocar sua vida nas mãos de Deus e nunca duvidar que Deus lhe daria sempre, a ele e à esposa, forças e energias; ambos deviam crer realmente que estavam sendo guiados pela Divina Providência até mesmo nos detalhes mais comuns de suas vidas.

Deviam também crer que, em cooperação com o médico, o qual me era conhecido e a quem dedico grande admiração, estariam recebendo a graça misericordiosa de Jesus Cristo.

Raramente encontrei um casal que, como eles, tivesse um entusiasmo quase infantil pela sua fé e uma confiança mais completa. Realmente, apegaram-se com grande entusiasmo à Bíblia e muitas vezes me telefonaram para dizer algo sobre "alguma passagem admirável", que nela tinham encontrado. Deram-me novas concepções sobre as verdades da Bíblia. Era um processo verdadeiramente criador que estava se verificando naquele casal.

Na primavera seguinte, Helen (assim se chamava a esposa), conversando comigo, disse: — Nunca presenciei uma primavera tão maravilhosa quanto esta. As flores, este ano, são as mais belas que já vi. Vi a beleza do céu com as suas extraordinárias formações de nuvens e o seu delicado colorido tanto ao alvorecer do dia quanto ao cair da tarde! As folhas parecem mais verdes, este ano, e nunca ouvi os pássaros cantarem com tal êxtase e melodia. — Quando ela disse essas palavras, seu rosto como que se iluminou. Eu sabia que um novo espírito a dominava agora. Ela começou a melhorar fisicamente e a readquirir uma grande parte de sua antiga resistência. A sua natural força criadora começara a emergir novamente, trazendo consigo novo significado para a sua vida.

Horácio, o esposo, não sofreu mais ataques cardíacos. O vigor físico, mental e espiritual tornou-o um novo homem. O casal mudou-se para uma nova comunidade e sua morada veio a ser ali o ponto de reunião de figuras preeminentes. A todo lugar que vão, despertam nas pessoas uma estranha força criadora.

Qual o segredo que descobriram? Simplesmente este: aprenderam a recorrer ao Poder Supremo.

Esse Poder Supremo é uma verdadeira realidade na existência humana. As transformações radicais que opera para sempre na vida das pessoas deixam-me assombrado, não obstante eu ter visto inúmeras vezes esse fenômeno. Pessoalmente, sinto-me tão entusiasmado por tudo que o Poder Supremo pode fazer pelas criaturas humanas, que gostaria de estender-me ainda mais neste livro. Eu poderia contar fatos e incidentes, uns após outros, que se passaram e que transformaram completamente a vida de um sem-número de pessoas que recorreram a esse Poder.

Ele está constantemente à disposição de todos. Se você se abrir a Ele, Ele afluirá para você qual uma gigantesca avalanche. É acessível a todo mundo em quaisquer circunstâncias e condições. Esse extraordinário fluxo é de tal força que, na sua penetração, vence todas as barreiras; elimina o temor, o ódio, a doença, a fraqueza e a derrota moral como se tais males jamais o tivessem tido à sua mercê e o fortalece com uma nova vida cheia de saúde, felicidade e bondade.

Há anos que me venho interessando pelo problema do alcoolismo e por uma organização denominada "Alcoólicos Anônimos". Um dos princípios básicos dessa organização é que uma pessoa, antes que possa ser auxiliada, deve reconhecer-se como sendo alcoólatra e, como tal, não pode chegar a ser coisa alguma; não encerra em si nenhuma força; é um derrotado. Quando a pessoa aceita este ponto de vista, ela se acha então em posição de receber o auxílio de outros alcoólatras e do Poder Supremo — Deus.

Outro princípio consiste na disposição de depender do Poder Supremo, do qual recebe uma força que ela mesma não tem. A atuação dessa força na vida do homem constitui um dos fatos mais tocantes e mais extraordinários deste mundo. Nenhuma outra manifestação de poder, seja ele qual for, poderá igualar-se à do Poder Supremo. As realizações do poder material constituem uma história romântica. Os homens descobrem fórmulas e leis e lhes imprimem certo poder para realizar coisas notáveis. O poder espiritual também observa leis. O domínio destas últimas opera maravilhas numa área mais complicada que qualquer forma de mecânica, ou seja, a natureza humana. Fazer uma máquina trabalhar direito é uma coisa; fazer a natureza humana trabalhar direito é outra. Para esta última exige-se uma habilidade maior, o que, aliás, pode conseguir-se.

Um dia eu estava sentado debaixo de frondosas palmeiras, na Flórida, ouvindo a história de uma demonstração da atividade do Poder Supremo na vida de um homem que tinha começado a beber aos dezesseis anos de idade, "porque era uma coisa elegante fazê-lo". Depois de vinte e três anos, ele, que principiara a beber por ser um costume "chic", chegou ao fim da estrada aos 24 de abril de 1947. O ódio e rancor que nutria pela esposa que o havia abandonado e pela sogra e cunhada chegaram a um ponto culminante. Resolveu matar as três mulheres. Relato a história conforme me contou, empregando as suas próprias palavras:

— A fim de me animar para aquela tétrica tarefa, entrei num bar. Umas doses a mais de bebida dar-me-iam a coragem para cometer aquele triplo assassinato. Ao entrar no bar, vi um jovem de nome Carl bebendo café. Conquanto o detestasse desde o tempo de menino, fiquei admirado de ver a sua bela aparência e mais ainda de vê-lo beber café num bar, onde, só em bebida, chegara a gastar quatrocentos dólares por mês. Intrigou-me também a estranha luz que me pareceu vislumbrar em sua fisionomia. Não pude conter-me e perguntei-lhe o que havia acontecido para ele estar ali bebendo café. Respondeu que fazia um ano que não punha uma gota de álcool na boca.

— Aquilo me deixou completamente surpreso, pois tínhamos tido muitas bebedeiras juntos. O fato estranho nessa questão é que, embora eu detestasse Carl, fiquei realmente impressionado. Perguntou-me se eu alguma vez desejara abandonar a bebida. Respondi que sim, umas cem vezes. Sorriu e disse que, se realmente quisesse resolver o problema, deveria assistir a uma reunião na Igreja Presbiteriana, às nove horas da noite, sábado. Explicou que haveria lá uma reunião dos Alcoólicos Anônimos.

— Respondi que não tinha interesse algum em matéria de religião mas que talvez fosse assistir à reunião. Conquanto me mostrasse indiferente, não podia afastar de meu espírito a luz que brilhava em seus olhos.

— Carl não insistiu para que eu fosse à reunião, mas tornou a dizer que, se eu quisesse uma solução para o meu caso, ele e seus companheiros me poderiam dar. Dizendo isso, deixou-me. Fiquei no bar. Queria pedir uma dose de uísque, mas, não sei como, perdi completamente a vontade. Foi então que resolvi ir para casa de minha mãe, a única casa para a qual podia ir.

— Devo explicar que estive casado, durante dezessete anos, com uma excelente mulher. Porém, ela tornou-se impaciente e perdeu a confiança em mim, por causa daquele meu hábito de beber; acabou pedindo o divórcio. Perdi o meu emprego e todos os meus bens materiais e fiquei também sem lar.

— Em casa de minha mãe ainda lutei para não beber até às seis horas da manhã. Não me saía da cabeça a figura de Carl. Assim, na manhã de sábado, fui procurá-lo. Perguntei-lhe como podia passar sem beber até à hora da reunião.

— Aconselhou-me que, toda vez que me aproximasse de um bar, fizesse apenas uma pequena súplica a Deus para que reprimisse o meu desejo de entrar. Depois disso, acrescentou, devia tratar de correr, fugindo assim de todo e qualquer bar como o diabo foge da cruz. Estaria, com isso, cooperando com Deus, pois Ele ouviria minha súplica.

— Fiz exatamente o que Carl me aconselhou. Durante muitas horas, presa de ansiedade, os nervos abalados, perambulei pelas ruas da cidade, acompanhado de minha irmã. Finalmente, às oito horas, ela me disse: "Ed, existem muitos bares daqui até o lugar em que você vai assistir à reunião. Agora vá sozinho. Se não chegar até lá e voltar bêbado para casa, nem por isso vamos deixar de querer-lhe bem. Espero, porém, pelo melhor. Qualquer coisa me diz que essa reunião será diferente de todas as que, por acaso, tenha assistido."

— Com o auxílio de Deus, venci todo o trajeto. Detive-me à entrada da igreja, e lancei um olhar para a praça. Feriu-me a vista a tabuleta luminosa de um de meus bares favoritos. Jamais poderei esquecer a luta que travei comigo mesmo, se devia ir ao bar ou à reunião dos Alcoólicos Anônimos. Mas uma força superior à minha vontade me empurrou para a reunião.

— Ao entrar na sala onde ela se realizava, fiquei surpreso ao receber um caloroso aperto de mão de Carl, o qual agora já considerava um amigo. Meu ressentimento para com ele havia desaparecido. Apresentou-me a muitos homens. Viam-se ali figuras de todas as profissões: médicos, advogados, pedreiros, construtores de moinhos, mineiros, empreiteiros, operários, etc. Havia alguns que durante os últimos quinze anos tinham sido meus companheiros de bebida, e ali estavam eles, muito sóbrios, numa noite de sábado e, o que era mais interessante, muito satisfeitos.

— O que se passou na reunião é um tanto vago. Tudo que sei é que sofri uma transformação. Senti-me diferente por dentro.

— Deixei a sala da reunião à meia-noite, com uma sensação de felicidade. Fui para casa com o coração satisfeito e dormi tranquilamente pela primeira vez em mais de cinco anos. Ao despertar na manhã seguinte, lembro-me perfeitamente de ter dito a mim mesmo: "Há um poder que está acima de nós. Se entregarmos a nossa vontade e a nossa vida aos cuidados de Deus, conforme O compreendemos, Ele nos dará forças para vencer".

— Naquela manhã de domingo resolvi ir à igreja. Assisti a um ofício divino, no qual o pregador era um homem que eu odiava desde minha infância. (Desejo ressaltar aqui o quanto o ódio se achava inevitavelmente ligado ao mal emocional e espiritual. Quando o espírito se desembaraça do ódio, abrevia-se muito o caminho para a cura. O amor constitui uma extraordinária força salutar.) Esse pregador era um desses ministros presbiterianos muito serenos que costumam usar fraque. Eu nada valia para ele, mas o culpado era eu mesmo. Ele era um homem muito digno. Embora me sentisse nervoso, acompanhei os cânticos. Ao findar a coleta, o pregador leu uma passagem das Escrituras. Seu sermão se baseou sobre o seguinte tema: "Jamais menospreze a experiência de quem quer que seja, pois ela foi vivida". Nunca me esquecerei desse sermão enquanto viver. Ensinou-me uma lição valiosa, ou seja: "Nunca se deve menosprezar a experiência vivida por alguém, pois somente a pessoa que passa por ela e Deus sabem da sua profundidade".

— Tempos depois vim a ter grande afeição por esse ministro, um dos mais sinceros homens que já encontrei.

— É difícil determinar quando começou minha nova vida. Não sei se foi quando encontrei Carl no bar ou quando lutava comigo mesmo para não entrar nos botequins ou se foi durante a reunião dos Alcoólicos Anônimos ou se foi na igreja. O fato é que tinha sido um alcoólatra contumaz e isso durante vinte e cinco anos e tornei-me depois, repentinamente, um homem sóbrio. Não poderia ter-me regenerado sem um auxílio qualquer, pois tentei fazê-lo centenas de vezes e sempre fracassava. Recorri ao Poder Supremo e esse Poder, que é Deus, foi o que me regenerou.

Conheci a pessoa que narrou essa história. Já faz anos. Depois que se tornou abstêmio, passou por algumas situações difíceis, mas não fraquejou uma vez sequer. Ao conversar com ele, fiquei um tanto impressionado. Não foi por causa do que disse ou da maneira que falou. Eu tinha a impressão de que emanava dele uma força estranha. Ele não é uma figura de renome. É apenas um simples vendedor, muito trabalhador, mas encerra em si uma força sublime, a qual transparece em sua atitude, atua sobre ele e contamina as demais pessoas. Eu mesmo me senti bafejado por ela.

Não é minha intenção, neste capítulo, fazer uma dissertação sobre o alcoolismo, se bem que farei outra referência com relação a esse problema. Cito tais casos para demonstrar realmente que, se há uma força capaz de livrar uma pessoa do álcool, essa mesma força pode auxiliar as demais a vencer qualquer outro tipo de reveses que elas possam estar enfrentando. Nada é mais difícil do que vencer o problema do alcoolismo. A força que pode realizar essa difícil tarefa, asseguro-lhe, irá auxiliá-lo a sobrepujar suas dificuldades sejam elas quais forem.

Permita-me contar-lhe mais um caso. Conto-o para o mesmo fim, isto é, para ressaltar o fato de que há uma força que pode ser aplicada, à qual se pode recorrer e da qual se pode servir. Misteriosamente ela dá às pessoas que demonstram possuir fé as mais extraordinárias vitórias. Disso não há dúvida alguma.

Certa noite, no hotel Roanoke, em Roanoke, Virgínia, um homem, que mais tarde veio a ser um bom amigo meu, contou-me a seguinte história: ele tinha lido, há dois anos, o meu livro, intitulado *A Guide to Confident Living*. Naquele tempo, ele mesmo se considerava um alcoólatra inveterado. Era essa também a opinião que dele formavam as pessoas que o conheciam. Esse senhor é negociante numa cidade da Virgínia e é de tal capacidade que, a despeito da bebida, pôde conduzir seus negócios com relativo êxito. Não conseguia dominar o vício e já se manifestava forte declínio em seu físico.

Ao ler o livro acima mencionado, ocorreu-lhe a ideia de que, se pudesse chegar até Nova York, talvez viesse a vencer seu mal. Chegou à grande cidade mais embriagado do que nunca. Um amigo o levou até um hotel, onde o deixou. Recuperou lucidez suficiente para chamar o empregado que o servia e pedir-lhe que o levasse ao hospital Townes, uma célebre instituição para alcoólatras, dirigida pelo dr. Silkworth, um dos maiores facultativos no tratamento do alcoolismo, já falecido mas de saudosa memória.

O empregado, depois de lhe furtar uns cem dólares que tinha no bolso, levou-o ao hospital. Após vários dias de tratamento, o dr. Silkworth fez-lhe uma visita e disse: — Charles, creio que fizemos tudo que podíamos fazer. Tenho a impressão de que já está bom.

Aquela não era a prática comum do dr. Silkworth e o fato de ele ter tratado o caso daquela maneira nos leva a crer que se guiara pela mão de uma força superior.

Ainda meio abalado, Charles desceu até à cidade. Quando deu por si, viu-se diante da porta do escritório do Marble Collegiate Church, à rua 29, Oeste 1 (em Nova York). Aconteceu que era feriado nacional e a igreja estava fechada. (Exceto nos dias feriados, a igreja fica sempre aberta.) Ele permaneceu ali algum tempo, meio indeciso. Esperava poder achar um meio de entrar no templo a fim de fazer uma prece. Não o tendo conseguido, fez então uma coisa curiosa.

Tirou da carteira um cartão de visita e lançou-o na caixa de correspondência.

No momento em que o fez sentiu uma grande paz de espírito. Aquilo lhe produziu uma sensação de alívio. Encostou a cabeça junto à porta e chorou como se fosse uma criança. Mas ele sabia que estava livre, que uma extraordinária transformação se havia operado nele. Sabia que, daquele minuto em diante, não mais voltaria a ser o que tinha sido até então. Tornou-se completamente abstêmio a partir daquele momento.

Há várias particularidades acerca desses incidentes que não deixam de ser bem interessantes. Uma delas é a seguinte: pareceu que o dr. Silkworth lhe deu alta no hospital justamente no momento psicológico, espiritual e, diremos também, sobrenatural, indicando que o próprio médico se achava sob a orientação divina.

Quando Charles me contou essa história, no hotel Roanoke, dois anos depois desse acontecimento, tive a impressão, na ocasião em que a ouvia, de que já a conhecia em seus menores detalhes. No entanto, era a primeira vez que a ouvia. De fato, era a primeira vez que conversávamos. Ocorreu-me ao espírito que talvez ele tivesse escrito contando aquele caso e eu o tivesse lido, mas ele me assegurou que nunca me tinha escrito. Perguntei-lhe então se não o tinha contado a um de meus secretários, companheiros ou a qualquer pessoa que mo pudesse ter relatado. Respondeu que contara somente à esposa, e eu fora apresentado a sua esposa somente naquela noite. Ao que parece, o incidente foi transmitido ao meu subconsciente na ocasião em que se verificara, pois eu "me lembrava" dele nesse momento.

Por que ele colocara o cartão de visita na caixa de correspondência? Talvez estivesse comunicando-se simbolicamente, por meio da sua casa espiritual, com Deus. Foi uma reparação dramática e simbólica do mal que o ia destruindo. Voltara-se para o Poder Supremo que imediatamente o acolhera, salvando-o.

Esse incidente indica que, se a pessoa recorrer sincera e intensamente a esse Poder, será atendida.

Relatei neste capítulo as vitórias que se conseguiram na experiência humana, cada uma, em seu próprio modo, indicando a contínua presença de uma força que está sempre pronta para renovar a vida, uma força indizível que se acha dentro de nós mesmos. Seu problema talvez não seja o do alcoolismo, mas o fato de o Poder Supremo poder curar uma pessoa da mais difícil das doenças demonstra a grande verdade mencionada neste capítulo e em todo este livro: não há problema, dificuldade ou mal que você não possa resolver ou vencer pela fé, pelo pensamento positivo e pela oração a Deus. As normas são simples e práticas. Deus o auxiliará sempre, como o fez ao autor da seguinte carta:

"Caro dr. Peale:

"Quando pensamos em todas as belas coisas que nos têm acontecido desde o dia em que o conhecemos e passamos a frequentar a igreja do Marble Collegiate, temos a impressão de que tudo foi um milagre. Saiba que seis anos atrás eu estava completamente arruinado — de fato, minhas dívidas montavam a milhares de dólares, sentia-me fisicamente aniquilado, via-me quase sem um amigo devido à bebida — e poderá assim compreender por que julgamos viver um sonho, tal a felicidade que nos cerca.

"Como o senhor sabe, o álcool não foi o único problema que tive seis anos atrás. Dizia-se que eu era uma das pessoas mais negativistas que se tinha visto até então. Essa era apenas parte da verdade, pois eu era uma criatura cheia de tormentos, irritadiça e, ainda, a mais difícil, mais impaciente e a mais petulante das criaturas que o senhor provavelmente tenha encontrado até mesmo em todas as suas viagens.

"Porém, não pense que eu tenha vencido todas essas obsessões. Não as venci ainda. Sou uma dessas pessoas que têm de estudar a si mesmas dia a dia. Mas, gradualmente, procurando sempre seguir seus ensinamentos, vou aprendendo a controlar-me e a ser menos exigente para com meus semelhantes. A impressão que tenho é de que me estou libertando de uma prisão. Jamais pensei que a vida pudesse ser tão bela e tão maravilhosa. Sinceramente,

(assinado) Dick".

Por que não recorrer a esse Poder Supremo?

EPÍLOGO

Você terminou a leitura deste livro. O que leu? Simplesmente uma série de normas práticas de fácil execução para se viver bem. Leu a fórmula relativa à fé e à sua observância, a qual o auxiliará a vencer todos os reveses.

Foram dados exemplos de pessoas que têm fé e que têm aplicado as normas que sugerimos. Ao contar os diversos casos, fizemo-lo para demonstrar que, por meio desses mesmos métodos, você poderá conseguir os mesmos resultados que essas pessoas conseguiram. Não basta apenas ler. Trate de pôr realmente em prática cada uma das normas que foram dadas neste livro e seja persistente. Observe-as até obter os resultados desejados.

Escrevi este livro movido pelo desejo sincero de auxiliá-lo. Será para mim grande felicidade saber que este livro lhe foi útil. Tenho absoluta confiança e fé nos princípios e métodos expostos neste volume. Eles foram submetidos a uma prova no laboratório da experiência espiritual e das demonstrações práticas. Dão resultado quando seguidos à risca.

Talvez jamais venhamos a nos conhecer pessoalmente, mas neste livro ficamos nos conhecendo. Somos amigos espirituais. Oro por você. Deus o auxiliará. Tenha, pois, fé, e viverá feliz.

— Norman Vincent Peale

CONCLUSÃO

Apesar de ficarmos felizes quando realizamos algo sozinhos e essa realização é registrada como obra nossa e só nossa, atingimos um nível superior quando associamos nossos esforços aos de outras pessoas e também aos daquelas que nos precederam, sobretudo quando o projeto se baseia em ideias imortais e valores que transcendem o tempo e o espaço. Foi essa, em resumo, a experiência que tive ao adaptar *O Poder do Pensamento Positivo*, de Norman Vincent Peale, de modo a incluir nele as doutrinas e a sabedoria das três religiões abraâmicas.

O que me motivou a reviver as ideias contidas neste livro sete décadas depois de ser publicado, em 1952, é que seu efeito positivo sobre a minha vida não diminuiu desde que o li pela primeira vez, na juventude. O fato de retomá-lo de tempos em tempos contribuiu para consolidar e fortalecer seus poderosos efeitos até que o pensamento positivo se tornou, para mim, uma ferramenta inata, que me ajudou a vencer obstáculos e situações difíceis.

O livro também fala da mais importante manifestação do anseio da alma pela imortalidade: nossa crença em Deus. Por meio de sua seleção de versículos da Bíblia cristã, o reverendo Peale ofereceu exemplos simples, profundos e práticos do que significa termos a fé como uma força positiva em nossa vida. Isso me estimulou a encontrar versículos do Alcorão e da Bíblia de hebraica, bem como outros versículos evangélicos, que confirmem os mesmos significados e ideias. E assim começou minha jornada sistemática de descoberta dos três livros sagrados.

Não afirmo ser um especialista em estudos bíblicos e evangélicos, mas com a ajuda de amigos e especialistas na ciência das religiões comparadas, fui capaz de compreender melhor a universalidade das palavras e dos versículos contidos nos livros sagrados de Abraão, Profeta de Deus – que a paz esteja com ele.

Ao revisitar as ideias inspiradoras apresentadas pelo reverendo Peale e encontrar o eco de sua sabedoria no Alcorão e na Bíblia hebraica, senti uma paz e uma estabilidade que nunca antes conhecera. Apesar das dificuldades e da exaustão, não queria que minha jornada na companhia do pensamento positivo terminasse. Talvez ela continue num novo livro em que eu apresente um resumo daquilo em que as três religiões concordam, não somente em matéria de fé, mas também em múltiplos aspectos relacionados à adoração e aos valores, como a filosofia da existência do ponto de vista da revelação divina ou a unidade das crenças por trás da pluralidade das leis e mandamentos.

Até então, querido leitor e irmão, filho de Abraão como eu sou, minha esperança é que você esteja muito mais forte do que estava antes de ler este livro; que seu sentimento de tranquilidade seja maior e seu medo, menor. Como dizem os três livros sagrados:

> ✡ Bíblia de Jerusalém: "Eu sou o Deus de teu pai Abraão. Nada temas, pois estou contigo" (Gênesis 26:24).

> ☪ Alcorão: "Ó Moisés, aproxima-te e não temas, porque és um dos que estão a salvo" (Al-Qasas: 31).

> ✝ Versão da Bíblia King James Atualizada: "Ao ouvir tais notícias, Jesus declarou a Jairo: "Não temas, tão somente crê, e ela será salva!" (Lucas 8:50).

Agora que nós, povo do século XXI, chegamos a um estágio qualitativo sem precedentes no desenvolvimento do pensamento teórico abstrato, minha esperança e minha prece é que esta edição ecumênica ajude a inspirar e motivar os seguidores das três religiões abraâmicas, bem como seus líderes espirituais, a sentar-se figurativamente em torno da mesma mesa e reconhecer para si mesmos e uns para os outros que suas religiões são uma só, embora os cânones sejam diferentes. Todos nós somos representantes de Deus na Terra. Que esse reconhecimento seja um ponto de partida para a intensificação dos esforços de todas as partes envolvidas, em todos os níveis, de todas as religiões, no sentido de trabalharem para que a paz, o amor e a fraternidade prevaleçam entre os povos da Terra.

Por fim, gostaria de dizer que, em *O Poder do Pensamento Positivo: Edição Comentada para o Século XXI*, dei o melhor de mim para exprimir o que nossas religiões têm em comum. Se não alcancei meu objetivo ou cometi erros aqui e ali, peço perdão ao leitor e peço a Deus que me recompense pela diligência. Caso meus esforços colaborem para dar vida à minha meta de fortalecer os elos entre cristãos, muçulmanos e judeus, espero em Deus que eu possa ganhar a recompensa de ter servido Seus filhos de Abraão.

— Hasan Abdullah Ismaik

NORMAN VINCENT PEALE

O dr. Norman Vincent Peale, um dos clérigos mais influentes de sua época, foi autor de 46 livros, entre os quais o *best-seller* internacional *O Poder do Pensamento Positivo*.

Foi pastor da Marble Collegiate Church por cinquenta e dois anos, onde ganhou fama como um carismático palestrante motivacional e cofundador da primeira escola de psicologia pastoral, chamada The Institutes of Religion and Health. Em 1935, o dr. Peale começou a apresentar um programa semanal no rádio chamado *The Art of Living* (*A Arte de Viver*), que permaneceu no ar por notáveis cinquenta e quatro anos. Também foi um dos editores da *Guideposts*, a maior revista motivacional do mundo, que existe até hoje como órgão do Peale Center for Christian Living (www.guideposts.com).

O dr. Peale recebeu de Ronald Reagan a Medalha Presidencial da Liberdade, em reconhecimento pelos milhões de pessoas que encontraram a paz interior com sua ajuda, graças a suas mensagens de esperança, positividade, coragem e fé. Morreu aos 95 anos de idade em sua casa em Pawling, estado de Nova York, na véspera de Natal de 1993. Sua esposa, Ruth Stafford Peale, faleceu em fevereiro de 2008.

A Fundação Peale é a atual responsável por divulgar a mensagem de Norman e Ruth Peale (www.pealefoundation.org).

Uma seleção de livros de Norman Vincent Peale publicados pela Editora Cultrix:

Como Confiar em Si e Viver Melhor

Confie em Deus

É Fácil Viver Bem

Mensagens para a Vida Diária

O Poder do Entusiasmo

O Poder do Otimismo

O Poder do Pensamento Positivo para a Juventude

O Valor do Pensamento Positivo

Pensamento Positivo Hoje

Pensamento Positivo para o Nosso Tempo

Você Pode, se Acha Que Pode

Hasan Abdullah Ismaik

Hasan Abdullah Ismaik é um empreendedor, escritor e pensador árabe, dedicado à divulgação da cultura filosófica e ao desenvolvimento do discurso racional árabe. Estudou o Alcorão e suas leis desde a infância em escolas particulares no Reino da Arábia Saudita, tendo passado dois anos em Meca, a *qibla* dos muçulmanos, e leu os livros sagrados da Bíblia cristã e da Torá hebraica, curioso para saber o que diziam sobre Jesus e Moisés – que a paz esteja com eles. Está estudando agora a filosofia que nasceu na Grécia, chegou aos países árabes e europeus e se difundiu a partir de lá.

Jordaniano de família palestina que reside em Abu Dhabi, nos Emirados Árabes Unidos, Ismaik preside as firmas de investimento Marya Group e First Capital Group Holding, cujos portfólios incluem empresas e *start-ups* de tecnologia, inteligência artificial, energia, investimento em imóveis, construção, transportes, decoração e arquitetura. Em 2014, a *Forbes* reconheceu Ismaik como o primeiro bilionário da Jordânia e o terceiro bilionário mais jovem do Oriente Médio. Ele se interessa pela juventude e pelos esportes em escala global e é o principal acionista do clube alemão TSV 1860 de Munique, uma das mais antigas equipes de futebol da Europa.

Entre os interesses humanitários de Ismaik incluem-se a promoção da harmonia entre o Oriente e o Ocidente; o apoio ao discurso religioso e à tolerância religiosa; a elevação da compreensão da filosofia islâmica e das tradições islâmicas de conhecimento; o trabalho pela cooperação internacional, a resolução de conflitos e a estabilidade no Oriente Médio; e, em especial, o fomento do bem-estar social e econômico dos jovens. Assim fazendo, Ismaik procura efetuar uma reaproximação espiritual que fortaleça os laços de amor e entendimento entre os crentes no Oriente e no Ocidente.

Para apoiar esses esforços, em 2018 criou dois institutos de estudos estratégicos no Oriente Médio. É presidente do Strategics Think Tank (STT) em Amã, Jordânia, que busca intensificar a comunicação e o entendimento entre o Oriente Médio e o resto do mundo, fortalecer os laços entre as nações, combater a violência e abraçar construtivamente nosso futuro comum, conduzindo análises qualitativas das transformações política, econômicas, sociais e demográficas que vêm ocorrendo no Oriente Médio, com ênfase nos contextos religiosos e culturais. O STT criou uma rede de relacionamentos de colaboração com outros centros de pesquisa de ponta nos Estados Unidos, na Europa, no próprio Oriente Médio e na África do Norte.